U0865199

乡村振兴战略下

宅基地“三权分置”的权利体系转型研究

张睿　马慧娟　申宇　著

法律出版社 LAW PRESS·CHINA | 北京

图书在版编目(CIP)数据

乡村振兴战略下宅基地“三权分置”的权利体系转型研究／张睿等著. -- 北京：法律出版社，2023
ISBN 978-7-5197-8627-4

Ⅰ. ①乡… Ⅱ. ①张… Ⅲ. ①农村-住宅建设-土地使用权-研究-中国 Ⅳ. ①F321.1

中国国家版本馆 CIP 数据核字（2023）第 238900 号

乡村振兴战略下宅基地“三权分置”的权利体系转型研究
XIANGCUN ZHENXING ZHANLÜE XIA ZHAIJIDI “SANQUAN FENZHI” DE QUANLI TIXI ZHUANXING YANJIU

张　睿
马慧娟 著
申　宇

策划编辑 徐　菲
责任编辑 徐　菲
装帧设计 贾丹丹

出版发行 法律出版社
编辑统筹 法律出版社
责任校对 王　丰　郭艳萍
责任印制 胡晓雅
经　　销 新华书店

开本 710 毫米×1000 毫米　1/16
印张 17.5　　**字数** 225 千
版本 2023 年 12 月第 1 版
印次 2023 年 12 月第 1 次印刷
印刷 唐山玺诚印务有限公司

地址：北京市丰台区莲花池西里 7 号（100073）
网址：www.lawpress.com.cn
投稿邮箱：info@lawpress.com.cn
举报盗版邮箱：jbwq@lawpress.com.cn

销售电话：010-83938349
客服电话：010-83938350
咨询电话：010-63939796

版权所有·侵权必究

书号：ISBN 978-7-5197-8627-4
定价：72.00 元

凡购买本社图书，如有印装错误，我社负责退换。电话：010-83938349

前　言

我国在社会经济发展的过程中,土地资源紧张与项目用地需求增长的矛盾不断加剧。与此同时,农村地区的宅基地闲置浪费严重,宅基地占农村建设用地总量一半以上,闲置率为 20%—40%。在此情形下,如何有效利用闲置宅基地成为推进乡村产业项目发展、实现乡村振兴战略的重要环节。为此,2018 年,《中共中央、国务院关于实施乡村振兴战略的意见》提出了宅基地“三权分置”改革,以此作为乡村振兴战略的配套性改革措施,来解决宅基地资源配置失效问题。

现有的宅基地制度与我国农村经济社会发展严重脱节,存在所有权虚置、使用权分配及流转困难、闲置浪费严重、退出机制不畅等一系列问题,导致制度效用不但难以显现,反而还成为束缚宅基地资源整合与高效配置的障碍。在我国城乡一体化发展、全面推进乡村振兴的新发展时期,宅基地资源配置低下及其财产利益无法显现等问题亟待通过多学科的交叉研究予以解决,尤其是如何通过改革试点总结有益经验,将政策上升为法律,将政策话语表达为规范概念,进而确保改革效果的长效化与稳定化,是法学学科应当重点关注和研究的内容。

本书立足于我国乡村振兴战略的总体要求,基于我国农村现实发展状况,以兼顾效率与公平的法价值追求,构建符合我国现实需要的宅基地权利体系;基于理论建构与实证分析,探讨宅基地各权利类型的性质、内容与运行效果,分析各权利的理论基础与规范内涵;基于宅基地制度的变迁,探究不同主体在宅基地制度运行及变革中的地位与作用,发掘不同主体的利益诉求;基于试点地区的典型案例,构建高效、公平、有序的宅基地权利体系,确保土地增值收益主要分配在村集体及农民手中。

本书作者在调研过程中,得到了有关部门和所调研村集体的宝贵支持和鼎力相助,他们为本书的写作提供了大量的帮助与相关资料。云南财经大学法政学院研究生李丹、罗秋燕、袁太全、周鹏程、高俊杰、刘良茂、马祎全程参与调研工作,在此对所有帮助和支持过本书创作的单位和个人表示衷心的感谢,正是因为有了你们的支持和帮助,本书才能够顺利出版。

目录

第一章 导　论

第一节 权利问题的提出

可以说,我们正身处一个权利的时代,当下的各种语境中充斥着"权利"二字,有的时候我们将其作为界分资源的说辞,有的时候其又成为我们论证利益正当性的权威性话语。"权利"一词在政治和法律的概念体系中如何获得明确且毫无争议的内涵,似乎成为一个异常棘手的难题。费因伯格认为,试图给权利下一个规范的定义是不可能的,权利只能被视为一个简单的、不可定义、不可分析的原初概念。这也给"权利"一词的滥用留下了便利,"只要自己认为是合理、正当的需求,就可以称之为'权利'"。[1]在土地问题上亦是如此。人们将其对于土地利益的各种主张假以权利之名,而并不去探究这些土地权利如何生成以及何以存续,使当下在讨论土地权利问题时极其混乱又充满虚假的争议。因此,在正式展开宅基地"三权分置"研究之前,我们有必要认真对待权利这一基本问题,即便无法在权利内涵上达成一致,至少也应当说明本书所遵循的权利定义为何,这将有利于避免很多无谓的讨论,更有利于探寻问题的本质。

尽管人们对于权利的内涵从来甚至在将来也难以形成一致意见,但在法学的视域中,"权利"一词无外乎基于两个层面,即在法律之内以及法律之外进行使用。前者是一种基于实证立场的用法,即将权利有无及内容如

---

〔1〕 夏勇主编:《法理讲义:关于法律的道理与学问(上)》,北京大学出版社2010年版,第330页。

何严格限定于现行有效法规范之中进行阐释，典型表述如"宅基地使用权人依法对集体所有的土地享有占有和使用的权利，有权依法利用该土地建造住宅及其附属设施"[1]；后者则是一种基于道德哲学立场的用法，即将权利有无及内容如何诉诸法律之外的权威和信念，典型表述比如"儿子具有的承袭父母财产的自然权利，是基于他们具有从自己父母的财产蓄积中取得同样生存以及生活物资的权利"[2]。

很多时候，我们非常清楚两种用法的区别，但有时候我们会有意或无意地混淆和模糊二者，这既因为在二者之间确实存在难以决然割裂的模糊地带，也因为在权利概念的哲学同质性被打破后，即便是基于规范立场，人们也越来越难以就某项权利的实质内涵达成一致理解。这种情形当然也发生在宅基地权利体系中，可以说相比其他权利领域其复杂程度更甚。尽管法律上规定了宅基地的所有权与使用权，但在当下对所有权和使用权的具体内容充满了大量的分歧和争议，尤其是当权利规范内涵与人们的期待不一致时，诉诸传统与现实的各种解释便充斥在相关问题的讨论上，所以，即便是在宅基地"三权分置"的政策话语提出之前，宅基地权利的争论就已令人眼花缭乱。法律规定的粗疏和简略，一方面给宅基地权利的自我生发提供了肥沃的土壤，另一方面也形成了人们对宅基地权利清晰认识的重重障碍。

在宅基地"三权分置"改革政策提出后，更加加剧了宅基地权利概念的模糊与复杂。人们不仅需要继续在法律规范意义上厘清权利的确切含义，还需要构建一套新的权利体系并赋予其中各项权利以明确含义，其中不可避免地需要借助各种道德哲学意义上的权利话语以证成其规范含义。这将导致权利的两层意义更加紧密地纠缠在一起，而且越是想要追求其清晰确定的含义，越会面临来自道德和政治层面的意义冲突。这或许就是宅基

---

〔1〕《民法典》第362条。

〔2〕［英］洛克：《政府论》（下篇），叶启芳、瞿菊农译，商务印书馆1964年版，第87页。

地权利面临农村土地整体性制度转型所不可回避的时代命题。

然而,这并非我们放弃探究宅基地权利明确含义的理由,相反,这恰恰是本书的主要任务。本书将尝试在区分规范意义和道德哲学意义上的权利意义基础上,赋予宅基地“三权分置”各项权利的规范内涵。当然,本书并不否认也不抵抗规范意义上权利内涵广泛而普遍地受到来自道德哲学意义上权利话语的影响。为了获得对于宅基地权利的清晰认识,首先有必要对“权利”这一法学基本范畴的本质进行梳理与界定。现今,各国的法治进程都不同程度地受到西方法治文化的影响,在经济全球化的背景下,基于市场经济构建起来的制度规范更加明显地反映和体现着以西方为主导的价值体系。需要我们警惕的是:西方基于自由主义构建的规范话语并非不证自明的真理,也并非适用于所有法律所调整的领域。从历史上考察,个体自由主义的自然权利观的出现和发展有着深刻的历史背景,其思想受特定社会经济环境的影响,如果我们不加分辨地将其作为一种正确的“主观权利形态”来批判我国宅基地权利的规范内涵,就陷入了一种简单化、范式化的研究陷阱中。

第二节 现代自然权利的基础与思想

一、权利的现代基础

现代化一般意味着传统农业经济转向工商业经济,生产方式从简单劳动转向社会大分工劳动,传统封建政治体制转向现代民主体制,集体主义转向个人主义等。权利的“主观”概念是现代化的重要组成部分,人们正是基于古典自然法构建的“主观”权利的概念,完成了对旧秩序的整体性批判并对其进行了彻底的改造,使传统文明走向了现代文明。我们需要考量的是,权利的“主观”概念从何而来,其产生的基础何在。任何观念的形成都并非一蹴而就,在中世纪神学构建的整体自然道德观中出现个人自由主义的权利观念且不断走向极端,这本身就值得人们深思。

第一,商品经济的发展与自治城市的出现。中世纪后期,西欧的商品经济发展迅速,随着生产技术的不断革新,剩余农产品增加,这不断刺激商品交易活动的发生,由此形成了大量的集市,并在此基础上发展成了市镇与城市。从11世纪到15世纪,西欧诞生了5000个左右的城市与市镇。[1]这些城市通过种种方式从封建领主那里获得了不同的特许状,不断扩大着城市的自治权,由此产生了以市民阶层为典型自由经济人组织的现代文明的雏形。可以说,是近代工商业刺激城市的兴起、城市的相对独立与自由奠定,并开启了近代西方的文明。

第二,传统农业经济的衰落逐渐摧毁了封建生产关系。商品经济造就了城市的经济中心地位,并慢慢在政治上获得相当的影响力,农民开始被城市吸引而逃离土地,农村人口的大量外流必然导致农业经济持续下滑,封建主的经济地位随之受到削弱,传统的人身依附关系慢慢瓦解,整体主义的道德观不再占据主导地位。

第三,海外殖民的拓展进一步解放了西欧各国的底层人民。海运业在中世纪末期开始蓬勃发展,15—17世纪的大航海时代使贸易进一步发展,为西欧各国的流民、宗教受迫害者与农民提供了新的谋生手段,海外殖民带来的巨额财富,以及通过奴隶贸易解决了农业劳动力的问题之后,传统的阶层关系不断被打破,大量民众不再需要通过依附关系获取资源和得到保障,其中一部分民众通过贸易积累财富变为资产阶级,大部分民众成为手工业者和服务业者集聚在城市,社会格局呈现复杂化的趋势。

第四,王权逐渐战胜神权获得统治地位,并逐渐成为旧秩序的维护者而遭到新兴阶级的攻击。封建王权与基督教神权的斗争是中世纪的主要政治议题,随着宗教革命的落幕,王权逐渐摆脱了神权的控制并获得了独立的统治地位。但传统的封建制王权是以土地为统治基础的,这就需要维

---

〔1〕 参见[美]哈罗德·J.伯尔曼:《法律与革命——西方法律传统的形成》,高鸿钧等译,中国大百科全书出版社1993年版,第108页。

持旧的生产方式并巩固旧的社会阶层关系，这种强依附性的社会结构与遵循自由平等的商品经济势必形成根本的冲突，其中当然有一部分旧贵族成为资产阶级，能够在封建王权与新兴资产阶级之间形成一定的妥协，但也有的国家爆发了彻底的革命，彻底废除了旧的等级制度。

中世纪后期西欧社会的经济关系、政治格局、社会结构都走向了多元化和复杂化，西欧的封建王权因此也没有走向彻底的专制化和极权化，往往在国王集权的过程中就遭到了各方势力的阻拦与反抗。任何社会思潮的出现都基于特定的社会经济基础，文艺复兴时期的人文主义（humanism）思想的重现与兴起是与反对封建王权和宗教神权密切相关的，是资产阶级早期反抗旧秩序的意识形态。其将人们的关注重心拉回到了人自身，从语法、修辞、艺术、诗歌、历史、伦理、法律等各方面构建起了一套基于人性的价值体系，财富、民主、自由等观念不再被视为是可耻或者有罪的，这为主观权利的进一步发展奠定了重要基础。

自然科学的发展不仅从技术上改变人们长期以来的生产生活方式，也从精神层面带来了新的价值理念，为人们提供了一种新的方法论和认识论。数学和物理学成为人们解释世界和自身的工具，神学空洞的概念体系越来越遭到人们的厌恶，这意味着人们从"形而上"走向"形而下"，视野从属灵的领域转向了现实的自然世界。机械论和自然规律的提出为人们提供了某种确定性和安定感，而这种确定性与安定感并不来自虚无缥缈的精神世界，而来自人类自身的实验与观察。

我们不能将这一时期的自然法思想简单地等同于斯多葛学派提倡的自然法，也不能将其等同于中世纪教会神学家提出的自然法，尽管其中都包含着应然与实然、恒常与俗世的二分，但其中区别也是显而易见的。古希腊古罗马时期的自然法则等同于支配世间一切的逻各斯，而中世纪教会神学家将自然法置于神的权威之下，其根基都不源自人自身，作为个体的人只能不断靠近和臣服于某种不来自人类自身的权威。而中世纪后期兴起的古典自然法学则将自然法塑造为一种表达人性与权利的世俗理论。

“根据古典自然法学派不同思想家的观点，理性不再是某种超验的施加于人的神秘力量，而是人类自然本性的体现。不仅如此，在古典自然法学派看来，人的理性的独立也意味人的意志自由与尊严的重新确立。那么，人的情感、欲望和需要就不应当被压抑，因为它们都反映了人的自然本性，都是在理性基础上人的意志自由的表现。而这些欲望和需要可以转变为人的不可剥夺的权利。”[1]

二、古典自然法的权利理念

古典自然法奠定了近代权利理论的基石，推动了资本主义各国的立宪运动，并深刻地影响了近代民法的制定。尽管后世经过社群主义、平等主义等思想的修正，但迄今仍未彻底撼动古典自然法确立的权利思想，其中的一些重要观点客观上推动了人类文明的进步，将人们的思想从神权的束缚中解放出来，且实现了个体在法律上的真正独立，权利真正具有了人性的光辉，使专制主义无可避免地走向灭亡。一般认为，古典自然法学派的自然权利观念包含着强烈的个人主义色彩，体现在：

第一，人本主义取代神权理论，重新树立了人在宇宙万物之间的中心地位，将“抽象的人的概念置于世界的中心”。[2] 霍布斯将自我保存作为人的本性，释放了被宗教束缚许久的人性，更是将人的欲望上升到了道德的层面，提出自然状态下“个人的欲望就是善恶的尺度”。[3] 这使权利的正当性基础从超验秩序中首次落回到实践层面，个人的欲望与需要取代了古希腊古罗马时代的逻各斯、中世纪的神学教义，成为衡量权利是否符合自然的现实标准。这使每一个人都可以真正地审视自身而非屈从于教会、国家、社会、阶层或者家族的利益，父权、王权与神权体系的衰落使每个人都有机会认真发掘自己的欲求，可以基于其自身的需求索取或放弃一切东

[1] 张亮：《古典自然法学派的权利思想研究》，吉林大学 2008 年博士学位论文，第 25 页。
[2] [美]科斯塔斯·杜兹纳：《人权的终结》，郭春发译，江苏人民出版社 2002 年版，第 65 页。
[3] [英]霍布斯：《利维坦》，黎思复、黎廷弼译，商务印书馆 1985 年版，第 121 页。

西,而不是受限于特定的身份不断忍让与克制。梅因所谓的“从身份到契约”的论断,揭示了人性不断张扬的进程,只有从人自身需求出发为自己设定的义务才能称为契约,如果义务来自特定的身份,则是一个压抑人性而满足神权或王权的过程。当人的欲望不再成为某种罪恶,甚至都称不上羞耻时,横亘于中世纪各派神学家关于财富的贪婪与占有的争论也自此不再受到人们的关注。我们可以将这一切称之为人性光辉的彰显,但基于某些宗教派别的观点,亦可称之为人性的堕落。

第二,个人主义取代了群体主义,个人自由与权利成为超越一切社会性价值的首要价值和原初价值。与古希腊提倡的城邦优先个人、中世纪倡导的伦理共同体不同,这一时期人们认为是个体优先于城市与国家,社会契约论的前提与基础就在于每个人拥有自我决定权,进而平等且自由的彼此签订契约形成国家,这一逻辑绝对无法倒置。之所以个人权利至上主义忽然大行其道,不仅仅是因为人们长期以来受到专制主义的压迫,还因为只有在相对自治的城市中,个人自由主义的思想才能得以生发与传播,而这些地方的人们,都处于一种松散、自由的社会结构中,彼此之间的交往除了利益并无其他等级、身份等因素的影响。因此,当每一个个体拥有足够的自我决定权,能够实现充分的自我管理,城市这一政治社会共同体就能有效运作。这亦是建立近代国家的重要思想来源,即国家来自每一个个体的授权,国家存在的意义在于维护和保障每一个个体的权利,这与城邦时代、专制时期的个人利益服从国家利益已然形成了完全对立之势。个体权利本位的必然逻辑就是人与人的平等,进而推出人与人之间不存在干预与控制,“人们受理性支配而生活在一起,不存在拥有对他们进行裁判的权力的人世间共同尊长,他们正是处在自然状态中”。[1] 这为现代民主和平权运动提供了思想基础,但其中也隐含着暴力与冲突。霍布斯就认为自保的权利不可让渡且无限制,这是绝对自我的;而洛克则为财产权在政治社会

---

〔1〕 [英]洛克:《政府论》(下篇),叶启芳、瞿菊农译,商务印书馆 1964 年版,第 12 页。

状态的无限占有提供了辩护，这在某种程度上否定了权威的绝对性，且为现实的财富不平等提供了合理性。

第三节　对权利问题争议的厘清

一、对古典主观自然权利的反思

尽管权利哲学在近代以后仍然蓬勃发展，从卢梭、康德、黑格尔、马克思，再到罗尔斯、诺齐克等，人们从不同的角度对权利提出了不同的见解，但始终未曾彻底撼动古典自然法学确定的权利观念。这种主观权利的深远影响不仅反映在西方国家的宪法和各项普通法律制度中，更成为一种被西方推行的价值观，随着海外殖民不断在世界范围内被传播，以至于现代文明的进程可以简单地归结为西方古典自由主义观念的传播史。这极大地影响了不同地域不同民族的价值理念，并导致了许多民族自身文明的异化与断绝。值得我们警惕与深思的是：生发于特定社会背景下的思想观念，是否真的是绝对的、正确的、恒常的真理？基于其价值理念之上构建的客观权利体系又是否适应于所有地区及民族？基于下述理由，本书对此深以怀疑。

第一，古典自然法提供的主观权利观念忽视了个体之于集体的义务。人之所以成为万物之灵，绝不是因为个体的强大，而在于人类具有团结协作的智慧，集体主义并非对个体利益的漠视与压制，而是基于人类生存需要的自然属性，这是超越道德评价之上的客观法则。集体性或者说社会性本身并不涉及价值判断，权威的存在亦是如此。古典自然法学派在打破阶层制的同时一并摧毁了集体主义，并赋予集体以价值判断，认为集体（以家族、村社、阶层为对象的传统集体）意识压抑了个人意识，是不符合自然法的，并认为个人与个人之间的状态在自然中是敌对的、战争的，这就使千百年来集体生活下的互助伦理成为一种反自然的状态。换言之，人们可以理所应当地将包括家族、村社等其他成员视为竞争对手而无视基于群体协作方能繁衍至今的人类社会性,一些隐含在其中的自然义务就被取消了。霍布斯所谓的“一切人对一切人的战争”的状态并非自然状态,而是基于论证需要建构起来的价值命题。这一价值命题将个人的一切(甚至是无限的)需求正当化,将构建权威的目的简单地归咎于维系个体的生存需求,将个人义务置于个人需要的基础上,完全忽视了个人之于集体的自然义务,也使个体与个体之间的关系彻底沦为利益关系。虽然霍布斯的理论打破了神权与王权专制对于个人的压制,但也加剧了个体与个体之间、个体与集体之间的冲突,随着价值的多元化与个体之间的平等化,其理论不可避免地导向政治社会的分裂而非整合。

第二,古典自然法提供的主观权利观念未能处理财富与公平的问题。洛克的财产权理论对后世影响巨大,是近代财产权法律体系的重要思想来源,其原因在于他的理论为资本主义经济方式提供了有力辩护。虽然他在自然法意义上对财产的占有进行了限制,但在政治社会状态中对财产权采取了一种彻底的保护主义,这使人们对财富的无度累积,对资源的无尽占有成为法律上的客观权利形态。然而,财产权本身并不是保障穷人的利益,而是对穷人的限制,是通过制度来防止穷人对资源的无偿利用。从西方各国的宪法制度设计上来看,财产权条款都“处尊居显”,对于本来就身无分文的大多数人们来说,这样的权利除让他们再也无法踏入原本属于集体的土地之外再无作用。财产权条款还被用来应对民主化后的国家立法可能对富人财富的再分配,美国宪法就有“不得通过公民权利剥夺法案或追溯既往的法律”之规定。尽管有关财产权的法律保护对市场经济的发展至关重要,但如果考虑到财富的初始积累就处于不公平的状态,那么对财产权的保护只会进一步加剧这种不公平状态,且使财富的再分配面临制度上的巨大障碍;除非借助革命,否则财富贫富分化的问题难以通过法律的方式有效解决。从长远来看,对财产权的保护必然会导致不同财富群体之间分歧与仇恨不断加剧,事实上这就是目前不同国家、地区之间的现状,也是很多国家内部面临的巨大问题。市场经济的发展与科技的进步使人类的总财富不断增长，但这丝毫没有改变大多数人的生存问题，贫富分化问题在过去几十年间不仅没有得到缓解，反而还进一步加剧了。

第三，古典自然法提供的主观权利观念抹杀了不同生存环境的差异。按照马克思的观点，人类社会的一切制度都是基于特定生存条件和经济基础上的，思想观念同样也是如此。本书不否认古典自然法对于西欧中世纪晚期的社会解放与发展具有强大的推动作用，但这些价值观念产生于特定的社会环境之中，依赖于特定的生存方式与经济模式。我们很难想象在一些原始部落里采用古典自然法的权利观。同样，在农业经济中，个体自由主义也难以实现，因为在集体协作的生存环境里，个体式的权利观除会加剧集体劳作的困难之外别无用处。这样的权利观也不适用于经济落后的地区，因为在生存还无法得到保障的时候，个体式的权利缺乏实现的可能。此外，我们还要关注到除了市场外的广阔领域，如医疗、教育、环境等，在这些领域，显然更需要关注到公共的、集体的利益而非个体的，因而也无法采用个人主义式的权利观念构建制度体系。遗憾的是，在很长的一段时间，古典自然法提供的权利范式迅速地改造了一切社会关系，粗暴地摧毁了一些地区和民族的集体主义权利观，并深入到各个领域中，市场机制与利益交换成为主要甚至是唯一的资源分配方式，并由此牺牲了大量的公共资源，产生了公共领域中的“私地悲剧”。

二、宅基地权利问题的厘清

本书认为，在我国宅基地“三权分置”的权利体系构造问题上，借由权利史的梳理，需要厘清几个基本的理论问题，否则会导致权利的法理基础缺失，导向一种自说自话或缺乏主体意识的论述中，这些问题的关键在于：权利是否具有唯一的价值标准，如果没有，则客观权利形态由什么决定？

首先，作为客观形态的权利本身不是价值规范，而是依赖于特定价值序列（主权权利形态）构建出来的，而特定的主观权利形态是受特定物质条件制约的。回溯历史不难发现：原始社会既无规范意义上的客观权利，也无主观权利观念,权利对于当时的人们来说既无用处也无意义,但这并不妨碍人类的繁衍生息。在这一时期,人类面临的生存威胁绝不允许个体权利的彰显,所有个体只在维系群体生存的基础上有存在的意义。古希腊时期是权利观念的萌芽期,尽管主观权利观念尚未正式形成,但已经产生了一些公共性的权利形态,如公民权、家父权等,这些权利建立在血缘和身份的基础上,且附着了浓重的公共性、社会性义务,即这些权利的行使是为了维系城邦和家族的生存发展。古罗马时期诞生了真正意义上的主观权利形态,是因为罗马帝国对欧洲的征服使城邦式的社会结构变为了一个庞大的国家状态,血缘与身份难以维系不同文化、不同民族组成的国家组织结构,加之贸易的进一步发展,一些人可以脱离土地的束缚通过商业贸易获得资源,村社、家父的权威被极大地削弱,从而使个体有获取和主张独立财产权的基础。中世纪的很长一段时间内,欧洲均处于典型的土地分封制下的农业经济模式中,在这样的经济模式下,除了依附于封建领主和家族,个体仍然难以获得有效的生存保障,因而个体式的权利难以独立出来。需要注意的是,我们绝对不能将如英国《自由大宪章》中关于保障财产的约定视为个体式权利出现的例证。从本质上看,《自由大宪章》只是封建契约的成文化,其中的约定限于调整国王与封建贵族之间的权利义务关系,确立的是封建特权而非近代意义的个体权利。所以,古典自然法思想提出个体式的主观权利理念也并不是真理的发现,其出现有其特定的社会经济条件,有特殊的历史使命,只适用于特定的社会经济约束下的地区和领域。解决特定的社会经济政治问题,任何脱离特定物质条件谈抽象的权利价值均背离了历史的发展规律,也无助于现实问题的解决。

其次,不同领域的权利问题是不同的,这种区别不仅仅是客观权利形态的差异,更包括主观权利理念的差异。从权利发展史的演变来看,我们可以明显地发现政治领域的权利与家庭领域的权利有完全不同的权利形态,其背后的价值基础也存在本质区分,这取决于其权利体系的建构目的为何,是为了满足人类社会的何种需要。例如,古希腊的公民权作为一种典型的政治性权利,其价值在于满足城邦统治的需要,维护阶层利益,因此权利的拥有者必须具备特定的身份和一定的财产,且权利的行使必须符合共同体的利益。家庭领域的权利则主要集中在父亲与丈夫身上,体现出强烈的人身依附性与权威性,但这种权利的享有是以父系社会当中父亲及丈夫承担家庭供养义务为前提的。如果说政治领域的权利强调平等的话,家庭领域中的权利则更加强调不平等。我们很难用单一价值构成所有权利的基础,这更多地取决于权利是否能满足特定的需要,主观权利形态的发展变化亦是在符合特定历史阶段和特定物条件制约下的人们的需要。因此,如果我们采用单一的个体式的主观权利观念去衡量所有领域的客观权利形态,就避免不了出现难以契合甚至是矛盾冲突的景象。这一明显事例就表现在我国的农地权利问题上,一旦我们套用西方的个体主义式主观权利观念,就会觉察到我国农村土地权利体系完全不符合那一套观念,无论是集体所有,还是无偿分配、用途限制,都难以嵌套进个体式的权利观念中。如果忽略权利观念的发生基础和物质条件,就很容易得出我国农地权利制度不符合现代法权体系的结论。然而,我国的农地权利体系并不建立在个体式的主观权利理念之上,其不需要也不应当符合西方的个体式主观权利观念和价值理念,因为二者所属的权利领域以及物质基础均是不同的。

最后,不仅不同领域和类型的权利的价值基础不同,即便是同一领域的权利问题也往往不具有一致的价值基础,即便具有相同或相近的价值基础,但在具体的客观权利形态上也往往存在不同程度的差异性。对于不同领域权利的价值基础存有差异,人们一般能够达成共识,但一般认为对于相同领域的权利应该具有一致的价值基础。例如,财产权的价值基础是自由,选举权的价值基础是平等。然而,权利发展史向我们展示了另外一番图景。选举权在历史上并不具有平等性,这种不平等性不仅是客观意义的,还是主观意义的,即便是在近代启蒙思想家那里,选举权应当由少数人享有仍然具有价值层面不可撼动的正当性,改变不过是将选举权的范围从封建贵族阶层扩大或改为有产者拥有。例如,政治权和统治权应该由社会精英垄断是自古希腊延续下来的价值观,底层民众被假定为智力和能力欠缺,如果他们拥有了选举权则必然导向无能者统治,这不符合构建选举权制度的目的。所以可以明显地看到,对于如选举权等政治性权利,社会主义国家与资本主义国家在价值基础上存在明显区别。社会主义国家对于政治权利主体更加彻底地贯彻平等主义,而资本主义国家则处处维护阶层利益和精英政治而对底层民众的政治权利加以种种限制。财产权也是同样的问题,我们很难想象在小农经济模式里采用个体主义的绝对所有权模式能获得成功,同样,在自由市场经济下对所有权的过分限制也会摧毁整个市场机制。从各国的所有权制度来看,其权利的边界总是随着经济社会发展的需要不断调整,呈现出复杂的权利形态,因此,任何试图将主观权利观念抽象化和将客观权利形态单一化的论断不仅犯了价值论上的错误,也违背了客观实际的规律。

第二章　宅基地“三权分置”的理论基础

严格来说,我国农村宅基地制度的历史并不久远,虽然我国古代就有发达的土地制度,但主要是聚焦于生产用途的耕地上,对于农民的居住用地管理较为松散,亦未发展出独立于其他用途土地类型的系统性制度。在农业经济主导的中国传统社会,土地制度是一切制度的重心,安居乐业是千百年来中国老百姓内心美好的生活愿景,也是历代统治者进行稳定统治的重要基础。因此,对于土地制度的思考,必须置于更加多元的视角下进行,尤其是与政治、经济问题相关联。与其他权利形态一样,土地权利并不能简单地抽象为个人主义式的绝对权利形态,我们应当考虑到土地在各类财产中的基础性地位和对人类生存的巨大价值,以及如何充分发挥土地的公共价值而非个体的价值。宅基地在我国尽管具有观念意义上深厚的私有属性,但自 1949 年以来在宅基地制度设计上却始终是以公共价值为基础的,这些公共价值围绕农业集体经济展开,包括实现集体内部的生存保障、有利于村民交流协作、有利于农业生产等。因此,与其他土地类型一样,宅基地制度也属于土地公有制的组成部分,宅基地“三权分置”改革也必须在坚持土地公有制的基础下进行。但是,这首先就会面临主张自由主义市场的学者的攻击,他们认为土地公有制阻碍了土地资源的有效配置,影响了农村的现代化进程。对此,我们必须要厘清土地制度尤其是土地公有制的一些基本问题。

正如长野郎在《中国土地制度的研究》开篇所言,“中国的土地制度,是中国社会、经济、政治的根源。中国的治乱,基于土地制度的兴废,国民生活的安危,也基于土地制度的整理与否;其次,农业国的中国,以农业为其经济的主要部分,自然是不消说的”。[1] 因为土地是提供人类基本生存场所和创造其他财富的基础,所以在制度安排上与其他财产有着本质的区别,具体表现为:第一,土地制度是实现其他制度目标的基础,尤其在农业社会,土地制度既是政治制度的组成部分,也是经济制度、军事制度以及文化制度的有机构成;第二,土地制度不仅是私法意义上的财产权制度,更是公法意义上的行政管理制度,即私法意义上的财产权制度,其受到的国家限制也比其他制度更为严格;第三,土地制度不仅具有国内法的属性,还构成国际法上的“领土”,具有国际法的属性。因此,土地制度自古至今从不单纯是一个财产权制度,而具有多重属性。我们无法在其所有制形态上抛开其他属性仅谈论其所有权归属,必须将其与其他国家基本制度关联理解。

第一节　土地制度形态与政治制度

按照马克思主义的国家理论,政治制度是指在特定社会中,统治阶级统治被统治阶级的原则和方式的总和,政治制度取决于国家性质。从词源上看,《尚书·毕命》有“道洽政治,泽润生民”。“政”一般有制度、秩序、统治手段、道德秩序、行政活动等含义,“治”一般有社会安定的状态、统治活动等含义。“政治”一词在中西的制度语境中有不同意蕴,中国传统中的政治主要是指统治,而西方的政治则滥觞于古希腊及古罗马,词义偏向于城邦联合体和民主决议,并且“政治”一词在不同的历史阶段内涵也不尽相同,基于不同的学科也有不同的定义方式。“在思想史上,人们对政治概念有不同的界定,例如,政治是经济利益的集中表现和阶级暴力统治;政治是社会冲突的表现形式;政治是敌友划分;政治是分配、分享和争夺强制权力

〔1〕［日］长野郎:《中国土地制度的研究》,强我译,中国政法大学出版社 2004 年版,第 1 页。

的领域;政治是自由平等的公民进行的公共交往活动”。[1] 然而,不管作何理解,政治总是关涉群体关系中一部分人统治(治理)大部分人的方式与策略,统治目的如何则构成了不同的国家性质。因此,从广义上说,只要存在人的联合状态就存在政治,正如沃尔特·李普曼(Walter Lippmann)所言,对于共同居住于一国或一地的人群来说,最大的必需品莫过于被统治,如有可能便实行自治;如蒙天赐,便受廉明政府统辖;但无论如何,非被统治不可。就此而言,土地一向是政治不可或缺的一部分,在生产力低下的农业社会,政治就直接建立于土地的占有和分配之上,“所谓‘土地政治’是指,由于土地是社会价值(或曰社会资源)的主要表现形态,拥有了土地就等于掌握了分配社会价值的权威或权力的社会基础的基础,而同时又以拥有土地的多少为标准而将分配社会价值的权威或权力强制性地分配给若干社会等级群体(阶级、阶层、集团)的那种政治形式。这就是说,土地政治是以土地及其等级制为核心的政治形式。这种政治形式的标志往往是君主制度的存在。纵观世界历史,我们不难发现,土地政治是奴隶制国家和封建制国家的主要政治形式”。[2] 即便是到了现代,土地资源的管理、分配以及土地产权的制度安排,仍然影响着一国政治的稳定。所以,土地所有制形态在某种程度上必须以满足政治需要为前提。

一、土地制度形态与政治制度的关系分析

当今学者对于我国古代究竟是土地私有还是公有的所有论争,归根结底在于对“所有权”的概念界定未达成一致,以致将抽象的所有权和具体的土地权利两个层面的内容置于同一个层面讨论。从抽象的所有权角度而言,在所有专制主义国家中,土地所有权均归属统治者所有,但这个归属仅具有表达君权神圣且至高无上的作用,至于土地的具体权利内容,比如买

---

〔1〕 尹树广:《政治概念的实践哲学反思》,载《马克思主义与现实》2010 年第 3 期。

〔2〕 施雪华:《论西方国家资本形式与政治形式的关系》,载《武汉大学学报(社会科学版)》2001 年第 6 期。

卖、继承、租赁、收益、使用、典当等(我国土地权利类型更为复杂),则在不同的时期根据统治需要进行不同的调整。另外,抽象的土地所有权还构成统治者分配土地与管理土地的基础,这是因为在现代民主国家形式产生之前,形式意义的行政权并未独立成形,“中国历史上并没有西方国家的分权概念。帝王君权中的‘三公九卿’‘三省六部’之类的国家组织体系,与源于西方国家基于洛克、孟德斯鸠的分权思想而形成的制度大异其趣”。[1] 因此,也不存在公法与私法的界分,所以土地管理的公权力在我国古代是通过笼统的“王有”或“皇有”予以囊括的。而按照现今的制度概念,管理权乃是政治权力的核心内容,所有权则仅仅是私法上的概念,两者的成立基础截然不同,前者基于诸如暴力、神授、社会契约等,后者则基于劳动、先占、转让、继承等。公权意义上的管理权无论在任何形式下的国家都属于当政者,而私权意义上的财产权则主要分配给自然人,因为财产权的制度意义在于通过保障权利人的财富激发其创造财富的欲望,唯有自然人能当此任,随后因为自然人协作的财富创造力更强从而出现了法人主体,所以财产权制度的发展变化是遵循有利于创造财富的逻辑推进的。如果不对此进行区分,而将统治者分配土地的权力视为现今私法意义上的所有权,则在制度概念上是大异其旨的。但在公权私权不分的时代,以“王有”或“皇有”这样抽象的所有权形式表达其分配与管理土地的权力,则有制度解释学上的意义,也符合当时的制度性表达。但无论如何,我们必须清楚用以表达管理权基础的“王有”与“皇有”是统合了公权和私权两种属性的混合性权利(力)。

土地财产权的安排还会影响政权的稳固,如果将影响国家政权的力量进行分类,除了以统治者为核心的中央政权、以贵族及地主阶层构成的地方政权,被统治阶层同样是强大的政治力量。当国家制定的制度不足以维系被统治者的基本生存需求时,就会产生暴动和革命,这一点在土地制度史上表现得尤为突出,甚至可以说世界历史上的大多战争都是因土地资源

---

〔1〕 章剑生:《现代行政法总论》,法律出版社2014年版,第1页。

争夺所致。因此，统治者在进行土地制度安排时，除了防止贵族地主势力通过截取地租对其政权产生威胁，还要避免因地租过重导致的暴动与革命。均田制的颁布既是为了与大地主进行地租争夺，同时也是为了避免流民过甚可能导致的暴动。林毅夫曾对制度变迁进行过分类，“诱致性制度变迁指的是一群（个）人在响应由制度不均衡引致的获利机会时所进行的自发性制度变迁；强制性制度变迁指的是由政府法令引起的变迁”。[1] 这种分类方式具有一定的意义，但从制度产生和发展规律来看，任何一项制度的变化发展均受到社会各阶层力量的影响，是各阶层力量综合博弈的结果，土地制度也不例外。政府颁发法令并不意味着法令内容不考虑各阶层利益，强制性制度变迁如果未获得各阶层接纳亦不可能成功，因为法令强制力的实质在于国家政权系统的有效性，“国家权力是法的载体和支点，法是国家权力这一物质力量的意识形态化和制度化”。[2] 我们不仅要关注国家政权对制度的影响，同时也应该注意到制度安排对国家政权的影响。

根据马克思主义的观点，统治阶级拥有统治力的基础在于对生产资料的垄断性占有，而土地则是最主要的生产资料。马克思曾对罗马史作此论述：“国内史可以明显地归结为小土地所有制同大土地所有制的斗争，当然这种斗争具有为奴隶制所决定的特殊形式。从罗马历史最初几页起就有着重要作用的债务关系，只不过是小土地所有制的自然结果。”[3]而罗马共和国的土地所有制变迁都伴随着政治制度的变化而变化，从公有制占主导到私有制占主导的变化导致了民主共和体制过渡为个人专断独裁的帝制。尽管我国古代并未出现罗马式民主共和制，但根据马克思的论述，我国属于典型的“亚细亚国家”。马克思认为“我们越往前追溯历史，个人就越表现为不独立，从属于一个较大的整体”。这些“整体”最初是由“完全自然的

---

〔1〕 [美]R. 科斯等：《财产权利与制度变迁——产权学派与新制度学派译文集》，刘守英等译，上海人民出版社 1994 年版，第 374 页。

〔2〕 张文显主编：《法理学》（第 4 版），高等教育出版社、北京大学出版社 2011 年版，第 48 页。

〔3〕 李雅书、杨共乐：《古代罗马史》（第 3 版），北京师范大学出版社 2010 年版，第 198 页。

家庭扩大成为氏族”，然后“氏族间的冲突和融合”形成了各种更大的共同体，这些共同体之上的统一体即“亚细亚国家”。在这些“共同体”或“统一体”中，个体本身就是“共同体的财产”，个体是共同体的附属物进而是“共同体之父”的依附。[1] 在这种形式的国家中，不存在土地私有制，而是土地公有制，并在土地公有制的基础上建立了严酷的专制主义。因此，在马克思看来，亚细亚国家中的土地公有制是专制的根源，私有制并非导致专制的唯一原因，这种理解导致了马克思主义学说的冲突，因为“根据斯大林时代的理解，‘专制国家’和‘奴隶制’只是‘私有制’的产物”。但无论如何，土地制度是构成政体的关键。至于马克思的论述，其本身仅是一个价值判断而非事实描述，马克思晚年亦认为并非家庭形成氏族部落而是部落解体为家庭。然而这并非土地公有制与专制主义的关键，其关键在于共同体中的个人意志是否独立，专制的本质在于对别人意志的操纵与独断。如果按此理解，在原始社会中，父权确实具有独断的性质，但能否将家父权扩大于部落首领乃至“天子”，则是存疑的。虽然我国并未有类似古希腊古罗马的民主共和政体，但这并不意味着个人无任何政治权力，在氏族部落内部，氏族成员地位平等、集体劳动、财富均分，在部落与部落之间，联盟首领也需通过联盟会议议决政事。如果将血缘形成的依附作为个体而没有独立性的基础，则无视了原始社会下的自然状态和生存状态，而如果将土地国有作为“共同体之父”进行专制的基础，实则导向了“共同体之父”的土地私有状态（国等同于统治者个人）。因此，在恩格斯看来，原始社会下的初民共同体是一种“原始平等”的状态，并不存在阶级专制的问题，真正的专制是在私有制出现之后才形成的。由此看来，我国的土地制度变迁与政体变化之间的关系与古罗马在本质上是相同的，根据马克思主义的观点，亦可视作世界各国的一般规律。

---

[1] 参见《马克思恩格斯全集》（第46卷）（上），人民出版社1979年版，第473页。转引自赵俪生：《中国土地制度史》，武汉大学出版社2013年版，第4页。

综上所述,我们可以将土地制度与政治制度之间的关系简要做如下总结:

第一,土地所有制会影响政体变化。在原始土地公有制下,尽管还未产生现代意义上的国家,运行的实质是一种基于血缘形成的民主政体,但这种民主政体并不具有现代意义的平等性,其中的不平等是基于生产能力的不平等导致的,这种民主政体的基础就在于土地公有、集体劳作与收益均分,在均等观念下,每户也享有同等的议事权。在私有制出现后,这种民主政体逐渐走向中央集权式的专制主义政体,对土地占有量的不同导致了阶层分化,大地主阶层拥有了专制力,均等观念也瓦解。正如学者所言:“土地产权不可避免地与统治权紧密相连;无论何时何地,产权制度都决定了政体的构成形式。”[1]

第二,土地所有制之于统治者的关键在于地租的收益权。尽管土地所有制包含了诸多内容,但对于统治者而言,地租收益权才是维系其统治力的基础,一旦其失去地租收益权就无力支付政权运行所需资本及军队开支,因此历史上统治阶层的斗争表面上看是土地的争夺,实质上是地租收益权的争夺。由于土地同其他财产的所有权有本质区别,作为最基础的生产资料,其价值取决于其使用价值,若有良田万顷而无人耕种,良地千顷而无人居住,所有权也是无意义的。因此,脱离于劳动力的抽象土地所有权是无价值的,这也就导出了土地所有制与政治的第三个关系。

第三,土地所有制的形成取决于各阶层力量的博弈。从历史上看,几次土地公有制的施行均同时反映了各阶层的利益诉求:屯田制的目的既在于巩固边防以安朝政,也在于安置流民以安社稷;均田制的目的既在于限制屯堡以利中央,也在于稳民于田以保其食。这几次土地公有制的施行从政治的本义来说是对社会的治理,治理在中国传统上有善恶之分,唯有善治是受到儒家学说和士大夫阶层所推崇的治理方式,这也是不容忽视的影

---

[1] [美]理查德·派普斯:《财产论》,蒋琳琦译,经济科学出版社2003年版,第41页。

响土地制度的因素。儒家一贯主张井田制,士大夫阶层则是极强的政治力量,也影响了统治者的制度安排。即便是主张以霸术治国的商鞅,其私有制的主张也是基于提高生产力和吸引劳动力的考量,这也引致了土地所有制与政治的第四个关系。

第四,土地所有制的变化取决于劳动力。如前文所述,政治的本质是人与人之间关系中的领导治理问题,一个人即便居于广袤无垠的星球,也不存在政治的问题,因为政治离不开一定数量的人口。纵观历史,对统治者而言最重要的财富除了土地就是人口,没有充足的人口即便沃野千里也终将贫瘠荒芜。商鞅提出:“故地狭而民众者,民胜其地;地广而民少者,地胜其民。民胜其地,务开;地胜其民,务徕。”招徕人口的核心就在于地制,地制的核心又在于地租。无论是群雄纷争的时候,还是如唐朝这样大一统的国家,都面临劳动力的问题,区别在于国与国之间争夺的是人口,大一统国家争夺的是可控人口。譬如唐朝,因为土地兼并导致流民四起,基层政权无法按照编户民征缴税赋,而租庸调制又进一步加剧流民产生,以致按丁征税无以为继,继而“舍人税地”采用两税法,以此减轻贫民的地租负担,使地租负担趋于公平。虽最终无法挽回土地兼并导致的政权不稳局面,但两税法得以在后世延续说明其制度的合理性。另外,我们可以比较容易观察到的一点是,土地公有制往往是在劳动力数量较少或维持不变的时候得以推行,一旦人口增加,国家就无力承担土地分配的职能。井田制和均田制的瓦解都反映了这一规律。当然,这里所谓的公有制主要是从使用权的意义上说的。因此,在人口增加导致公田资源不足或田地细碎的问题加剧后,统治者往往倾向于通过允许土地买卖的市场机制来分配土地的使用权,从而降低统治成本。

二、社会主义土地公有制的政治意蕴

需要注意的是,尽管我们可以大致勾勒土地所有制形态与政治制度之间的关系,但现实中二者的关系是微妙而复杂的。事实上,无论是土地产权制度还是政治制度,其复杂烦琐并不亚于穹顶繁星。譬如英国和美国,并不存在所谓的土地所有权制度,“在英国的土地法的历史上,始终没有产生大陆法意义上的绝对所有权,也就是说,英国土地法是在不涉及所有权的前提下建构各项制度和规则的。即便18世纪分析法学家将大陆法上的所有权概念引入英国后,面对英国独特的财产法律制度,他们始终无法将所有权概念引入英国的土地法律制度。对于大陆法系财产法律制度来说,所有权是整个财产权利体系的核心,没有了所有权是不可想象的事情,但在英国,由于没有了所有权,土地法在规范社会关系时反而更加具有适应性和灵活性”。〔1〕因此,无论在任何国家,当我们以私有或公有来对财产权形态进行分类的时候,都是进行程度上的区分,判断的标准很有可能是不确定的。譬如买卖一直被视作私有的标志,但如果允许买卖但收益全部归统治者,我们就很难认为这是私有。因此,将所有权的形态进行极致的逻辑推演就不存在任何国家的身影,然而这种纯粹的私领域的私权利在国家的社会形式下是不存在的,尤其对于土地来说。

能够确定土地权利制度的除了政治,还包括生产力、文化传统、宗教礼法、人口、天气等,因此,任何国家的土地制度都是独有的,其具体权利内容也是繁复的。政治制度亦是如此。我们也可以看到形形色色不同的具体政治制度,绝非将其以简单的逻辑归纳。

事实上,一切关于土地公有将导致极权的推论都建立于对政府极端不信任的基础之上,张五常就指出,“私有产权的界定及保障越清楚,非市场的决策就越难引起重大的分配转变。就算决策者是一个未经选举的独裁、无知无能、驱之不去,也难造成对社会的大损害。在私产的保障下,独裁者很难从损人利己的行为上得益,所以他的权力无足轻重。充其量,私产的拥有者可采用其他交易费用较高的方法,完全不理会独裁者。在削弱或废除私产的情况下,以非市场作决策的需要必然增加。缺乏清楚的产权界定

〔1〕 咸鸿昌:《英国土地法律史——以保有权为视角的考察》,北京大学出版社2009年版,第3页。

亦会引起浑水摸鱼的行为。独裁者的滥用权力，也会因为有利可图而得到鼓励”。在这种逻辑支配下，我国政治改革似应首先建立土地私有制，因为“政治到政治”的改革会因缺乏私有产权的支撑而失去根基。我们认为，这种逻辑始终无法自洽，原因在于：

第一，财产固然是构成政治权力的资本，但财产权未必是构成政治权力的资本，因为政治制度的形成并不仅仅是法定权利的作用，还取决于法外之力。而在国家形式下，财产总是以财产权的形式表现的，即将自然状态下私人对于财产的占用以国家认可的法律予以规定，从而形成法定权利受到国家保护。而法律的形成则取决于政治力量的博弈，这些政治力量的拥有者往往是财产和暴力的占有者，财产权是他们对既有财产赋予国家保护力的手段而非目的。因此，政治力量本身是超脱于法律秩序的。虽然当今法治国家强调政治力量的法秩序化，但也不得不承认法律秩序会发生变动的事实，尤其是当法律秩序违背社会秩序和法治精神时，对法律秩序的打破往往被认为是必要的。这个时候来判断财产权正当性的标准显得十分模糊，但有一点是不难被认可的：当统治阶层通过财产权制度对被统治阶层的掠夺以至于被统治阶层无法维持基本生存时，这种财产权制度是不正当的，因而也是可以不被遵守的。在这种情况下发生的革命与暴动，我们很难冠之以违法或犯罪，因为法秩序已经失效，政治制度才是此时值得讨论的核心问题，所以在革命中经常被讨论的是所推翻的政权的正当性而不是该政权制定的法律制度。在革命中也不存在财产权保护的问题，革命者可以无视现行财产权制度而占用其认为有需要的财产以帮助其取得革命胜利，从而构建新的政治制度进而建立新的财产权制度。当然，大多数时候政治制度的形成未必通过革命的极端方式达成。需要我们注意的是：被统治者尽管未必拥有土地财产权，但始终占有并使用一部分土地，这些土地即可构成其对抗统治阶层的力量，只不过这种政治实力往往是以隐而不用的方式存在并影响统治者的决策。因此，财产权本身仅仅是满足政治需要的构造物，而非决定政治的根基。

第二,即便通过法定权利的形式将财产赋予私人所有更具有形式上的稳固性,也仍无法抵抗所谓专制的独裁者。因为如果界定财产权利的法律能够制约独裁者,自然就能制约其专制的权力,也就无所谓独裁。所以问题的关键并不在于包括土地在内的财产是否私有,而在于国家的法治状态能否有效维持。独裁是人治主义的一种极端形式,其天然是与法治主义相对立的,在任何人治主义的国家,或者不存在法律,或者法律仅是统治工具,能被独裁者改变的绝非仅包括政治体制,也包括财产制度。

第三,就算是在比较的意义上谈论土地私有制与土地公有制对政治体制形成的作用,我们也很难得出私有制优于公有制的结论。其原因就在于:土地产权(权利)明晰不等同于所有权私有,同时所有权公有也不等同于土地产权(权利)不明晰。承接上述分析,在国家形态下,法定的财产权更具有形式上的稳固性,但财产权利本身就是复杂的,土地权利尤其如此,用所有权这种人为建构的高度抽象的概念试图将其简单化的努力始终是失败的。所有权这个概念就如马克思所说的那样,“在每一个历史时代中,所有权以各种不同的方式,在完全不同的社会关系下面发展着”。[1] 这一问题将在后文部分详细论述。这里关键的问题在于,经济学家一贯将公有等同于权利缺乏有效界定的状态,或必将产生代理人越位问题,从中推出公有必将因为私人无最终决定权从而导致代理人专制产生。当然,我们可以引入监督机制,但是监督费用的高昂会导致公有制不经济和低效率,因此,私有制是更优的选择。这种论断忽视了私有可能导致的问题——政治统合力消解与政治权力服从于资本。前一问题其实已经在我国农村基层组织中有所体现,从广义上说,农村组织自治仍是统治与治理的政治话语范畴,在承包经营权物权化趋向于私有后,村集体[2]治理也面临难题,原因

〔1〕《马克思恩格斯全集》(第4卷),人民出版社1958年版,第180页。

〔2〕编者注:本书所称村集体指农村集体经济组织或村民委员会,村集体成员指农村集体经济组织成员或本集体成员。根据《民法典》第101条的规定:居民委员会、村民委员会具有基层群众性自治组织法人资格,可以从事为履行职能所需要的民事活动。未设立村集体经济组织的,村民委员会可以依法代行村集体经济组织的职能。

就在于村集体丧失了运用土地资源进行公共管理的统合能力。因此,自改革开放以来,农村水利灌溉等基础设施建设有所滞后。后一问题在典型资本主义国家表现得也很突出,尽管选举权是每个公民的基本政治权利,但被选举人背后无不体现着资本的威力,"'西方式民主制的本质不在于谁有投票权,而在于谁能确定候选人,通过怎样的过程产生候选人'。普通公众只是被迫卷入这场投票的游戏。'在西方民主制度下,能够确定有希望当选候选人的,是依靠具有巨大资本力量支持的政党'。选举这场大戏为政党所支配,而政党的背后则是无孔不入的巨大资本。'西方垄断金融资本控制着全社会的养老金、医疗保险金、住房贷款等事关老百姓经济生活大事的资金,这些金融资本实质上通过金融网络绑架了全社会,因此只有那些能够在实施上保护这些金融垄断资本的政治人物才有可能成为候选人'"。〔1〕

所以,除非私有制能够将土地等财富永远均衡地恒固于社会大多数人手中,否则所谓"当新兴产权及其代理人的集体行动,强大到可以迫使国家及其代理人只有通过保护有效产权来谋求其自身的利益,才可能出现一个对双方互利的结果"〔2〕的判断只可能沦为一个浪漫的政治幻想。原因就在于这种判断将社会与国家进行简单二分,忽视了社会的阶层性,如果失去国家对财富的再分配力,产权愈私有则财富的再分配愈难。无数历史经验告诉我们市场机制仅仅具有促使资本两极化的效用,所以结局仍是资本绑架政治导致大资本家阶层专断。因此,土地私有制并不是实现民主政治的必要前提,甚至不能促进民主政治的发生,相反会阻断财富在社会各阶层中公平分配。

对于土地权利而言,公有制的核心在于剩余价值的公有,所以在形式

---

〔1〕 潘海燕:《资本逻辑下的民主幻象——以美国民主选举制下的政治献金问题为视角》,载《中北大学学报(社会科学版)》2015 年第 3 期。

〔2〕 周其仁:《产权与制度变迁:中国改革的经验研究》(增订本),北京大学出版社 2004 年版,第 4 页。

上既可以采用公有共用,也可以采用公有私用等。[1] 就此而言,我国目前最被诟病的集体土地所有制其实并无权利不清晰的问题,李昌平就此曾质问:“甲村的土地,乙村不可以侵占,甲组的土地乙组可以侵占吗?当然不可以!……甲组对某公司出租土地100亩,年收入10万元,由甲组村民民主支配这10万元,乙组村民无权无份,这怎么能说土地集体所有的成员产权模糊呢?”[2] 而在理想的图景下,当然是剩余价值公有更有利于民主政体的形成,因为这一分配制度能够确保剩余价值不被极少数人专断。然而,其中的问题也显而易见,“城市土地国家所有权表面上是清晰的,实际上各级政府都可以代表国家行使所有权,造成了各级政府为了解决拮据的财政经费问题出现大量低价出让土地以及政府官员寻租猖獗的局面”。[3] 这是质疑公有制最核心的一个论点,其立论点在于公有制中必然需要由一个机构(通常是政府,我国集体土地所有制则是村集体等)充当代理人对土地所有权人的土地进行经营,但在代理人有自身利益最大化追求的情况下,必然发生损害委托人的结果。同时,“在具体的经营活动中,市场风险是存在的,委托人必须给予代理人一定的经营自主权。但对代理人有关经营的行为和信息,委托人是不可能完全观察到的,这时就存在信息不对称”。“如果代理人得知委托人对其行为细节不很了解或保持着‘理性的无知’,即自己可以采取机会主义行为而不受惩罚,那么代理人就会受此诱惑而采取机会主义行为。如果委托人想要知道代理人是如何行使代理职责的,则需要耗费很高的观察成本(因为信息不对称的存在),这就是委托代理问题”。[4] 然而,这一论点的关键在于预设了代理人与委托人的目标不一致,这一预设又完全基于古典经济学的“经济人”的理论假设,即在“自利原则”和“最大化原则”两大基石上,将社会中的每一个主体视作个人利益最大化

[1] 参见赵阳:《共有与私用:中国农地产权制度的经济学分析》,生活·读书·新知三联书店2007年版,第95页。

[2] 李昌平:《大气候》,陕西人民出版社2009年版,第112页。

[3] 周其仁、陈书荣:《浅谈城市土地制度的创新思路》,载《改革与战略》2001年第5期。

[4] 纪丽娟:《土地一级开发模式研究》,西北农林科技大学2008年博士学位论文,第28页。

的追求者。需要我们注意的是,先不管这一假设距离现实有多遥远,将政府视作与其他市场主体具有相同的目标本身就是对现代国家功能最大的误读,尽管我们可以采用“经济人”假设对政府的某些行为进行解释,但不能将之上升为政府的目标。从政府的职能演变我们可以看出,“守夜人式国家”到“行政国家”的变迁,其目标就在于遏制自由市场在事实上导致的社会危机,“所谓‘行政国家’,是指社会发展到一定阶段以后,科技的进步和生产关系的调整导致了经济的迅猛发展,而经济的发展又同时导致了大量的社会矛盾和社会问题的产生,如垄断、环境、交通、失业、罢工,等等。为了解决这些越来越多、越来越频繁出现的社会矛盾和社会问题,国家不得不增设大量的行政机构和行政人员,对国家的经济生活和社会生活进行干预”。[1] 因此,即便是作为所有权人代表的政府,因其另一重身份——市场监管者的限制,其目标与其他市场主体的目标具有天然的区别,其代理人行为不仅受到所有权人的限制,还要受到来自公民、立法机关以及司法机关的限制,因而其首要和主要动机决然不应是政府利益最大化,而是公共利益最大化。

当然,应然与实然之间始终存在差距,“‘行政国家’‘全能政府’是人们在‘市场失灵’后对‘公共物品’(包括抑制垄断,防止不正当竞争,调节社会收入分配,防止贫富过分两极化,解决工人失业、环境污染、信息不对称等‘外部性’问题)需求大量增加后,人们为满足此种需求而自觉或不自觉地制造出来的一种奇特之物。这种奇特之物一经制造出来,确实给人们神奇般地生产和提供了各种各样所需要的‘公共物品’,但同时,也魔术般地生产出各种各样人们所不愿看到的副产品”。[2] 这些“副产品”主要有滥用权力、腐败、行政效率低下等,可以统称为“政府失灵”(goverment

---

〔1〕 姜明安主编:《行政法与行政诉讼法》(第6版),北京大学出版社、高等教育出版社2015年版,第8页。

〔2〕 姜明安主编:《行政法与行政诉讼法》(第6版),北京大学出版社、高等教育出版社2015年版,第10页。

failure)。代理人越位问题则是在“政府失灵”存在的前提下的“附随品”，其问题根源并不完全在于土地所有权公有，而在于“政府失灵”。在“政府失灵”的情况下，不仅公有资源会被代理人侵蚀，私有财产也难免受到政府侵犯。但“政府失灵”产生的原因是多方面的，主要在于政府过度干预自发经济秩序，这与土地所有制问题并无任何必然关联，无论是在公有制还是私有制下，政府的不当干预均会产生代理人越位等“政府失灵”现象，在典型的土地私有制国家亦是如此。所以解决“政府失灵”的问题，也不能从土地所有制形态来寻求途径。

无论是私有制还是公有制，我们都需要通过一套民主机制来约束政府的自我赋权行为，同时也都需要一套监督机制来约束政府的权力行使。唯一有意义的区别在于：私有制下的民主政体的基础建立于资本占有量上，而公有制下的民主政体建立于公有财产的共同占有上。相较于前者，后者显然更具有实质上的平等性，列宁也对此有过论述：“真正实现大多数人享受的民主制度，使大多数人即劳动者实际参加国家的管理。”[1]

第二节　土地制度形态与经济制度

从政治经济学的角度定义，经济制度一般指社会发展到一定阶段后占主要地位的各种生产关系的总和。作为最基础的生产资料，土地问题始终是经济学领域的核心问题，它几乎构成了政治经济学诞生以来所有问题的源头。正如威廉·配第所说，土地是财富之母，劳动是财富之父和能动因素。一切经济活动都离不开土地，也因此，马克思指出，只有一个人事先就以所有者的身份……把自然界当作隶属于他的东西来处置，他的劳动才成为使用价值的源泉，因而也成为财富的源泉。脱离于自然界(土地)的劳动是无法创造财富的，这也是土地为何能够成为统治者实施有效统治的根本。

---

〔1〕《列宁选集》(第3卷)，人民出版社1995年版，第722～723页。

一、土地所有制与财产制度

土地与经济制度发生关系，主要是其作为财富来源如何与劳动进行结合的问题。就财富的来源问题，18 世纪下半叶出现的重农学派认为只有农业是财富的唯一来源和社会所有收入的基础，因而土地是财富的唯一源泉。对财富的最一般的解释为“有价值的东西”，是否有价值取决于是否能满足人的需要，价值的大小取决于需求程度和东西的稀缺度。然而除了矿藏及自然产生的农作物这类对人们有价值的财富不源自人的劳动，其他的产品均混入了人的劳动，故而将土地视作财富的唯一源泉对现实现象的解释是乏力的，因此人们转而将劳动视作财富的源泉。

古典政治经济学也从未否认劳动是财富的来源，但在改革开放后，不少经济学家在论证按要素分配的合理性时，指出各生产要素在财富的创造中起到了共同作用，从而将劳动力降低为同企业、资本以及土地等生产要素同等的地位，使按资分配与按劳分配具有同等的合理性，这样的论断存有很大问题。首先，将土地和其他生产资料等同的说法是错误的，“经典作家多次论述财富源泉都是提‘土地’（‘土地’指自然资源或自然界，这是经济学常识）或‘自然界’而非生产资料”。[1] 土地与生产资料的主要区别在于：前者为后者提供了材料，并经由劳动创造出来。无论是生产设备、厂房、工具，其本身就是价值（财富），不过是通过这些财富又可以创造出新的财富来，其并非财富的来源而只是创造财富的条件。需要注意的是，所谓源泉指的是财富的最终来源，而其他所有生产资料均来自土地及其附着物。因此，在此意义上，我们必须承认土地是一切财富的源泉。

其次，把劳动等同于其他生产要素的问题在于我们如何看待土地和劳动对于财富的作用上。如前文所述，包括自然产品和生产资料均来自土地，因而土地是一切财富的源泉，但这无法解释工业品、精神产品和服务产

---

〔1〕 李济广：《公有制道路的理论基础历史检验和现实保障》，经济科学出版社 2012 年版，第 21 页。

品等由劳动创造出来的财富的来源问题。从某种层面,劳动者本身也是自然界的一部分,因而劳动也可以视为自然力的作用,劳动本身不过是一种自然力的表现。劳动并不可能创造物质,而只能对土地提供的物质的形态进行改变而已。因此,劳动本身不能独立成为财富的源泉,劳动只在具备物质条件的基础下发挥作用。尽管一切物质均来自土地而非劳动,但物质相对于的人的价值及使用价值却是可以由劳动创造出来的。对此,马克思已在《资本论》中作过阐释,即“一切劳动,从一方面看,是人类劳动力在生理学意义上的耗费,作为相同的或抽象的人类劳动,它形成商品价值。一切劳动,从另一方面看,是人类劳动力在特殊的有一定目的的形式上的耗费,作为具体的有用劳动,它生产使用价值”。因此,劳动和生产资料的关系表现为:脱离于生产资料的劳动无法形成价值,也无法创造使用价值,但生产资料本身并无法创造价值和使用价值。所以,生产资料是创造财富必不可少的条件,只有劳动与生产资料进行结合才能创造财富。在这个意义上,生产资料的占有决定了创造财富价值的可能性和数量,故所有制问题成为经济学研究的核心问题。

我们不能混淆劳动和其他生产要素的地位,虽然土地、生产资料、技术、信息等都是形成价值和使用价值的条件进而使这些生产要素的所有者能够参与财富分配,但是唯有劳动本身在创造财富和推动社会文明,这才是为何尽管在实然层面存在着按劳分配、按生产要素分配、按资分配等分配方式,但在应然层面我们只能赞成按劳分配具有实质正当性的原因。

土地和资本化的土地在很多时候被混为一谈,从而导致了许多当下有关土地问题争议的错谬。如前文所述,土地是财富的唯一源泉,劳动与土地提供的物质资料相结合创造价值与使用价值,因此人不可能脱离于土地进行劳动从而创造财富,这个意义上的土地是所有财富的原始要素或者特殊的生产资料,人们凭借对土地的占有攫取的财富被称之为地租,地租的高低取决于其所能提供的生产资料的多寡。而作为资本的土地表现为价值而非实体,需要比例以货币参与分配,而能够参与分配的基础只能是价值资本而非生产资料，这一点是容易被混淆的，“西方经济学往往把资本和生产资料混为一谈，实际二者完全不同：资本是价值，生产资料是实体；股东提供资本，销售者提供生产资料；资本归股东，生产资料归企业；市场经济中的所有制是资本所有制而不是生产资料所有制”。[1] 而作为资本的土地在财富分配中所占比例则取决于市场供求关系、国家政治、传统文化、生产要素地位等。

在市场经济机制中，土地具有双重属性，既作为生产资料又作为资本，作为生产资料可以获取地租，作为资本可以参与分配。如果采用土地私有制，土地所有者则可以同时获取地租和资本收益，攫取过高财富，从而产生分配不公。

二、土地所有制与经济分配制度

经济制度所要关注的不仅仅是对于财富的创造和占有，同时也要关注财富的分配问题，毕竟，对于财富的有效分配也会对财富的创造产生巨大作用。如果分配出现明显的不公正，就会削弱劳动者的劳动积极性，从而影响财富的创造。传统上人们认为创造出来的财富应该按照各生产要素的贡献进行分配，对于劳动者提供的劳动的贡献与其他生产要素的贡献之间的区别或比例问题，却存在很大的争议。在人力资本理论中，将劳动力也视为资本的一种形式，从而将劳动贬低到与其他生产要素相同的地位，又由于各要素的“贡献”比例不存在确定的量化关系，所以导致劳动力的分配比例在现实中完全被其他生产要素的占有者所决定。这种情况的形成主要是因为劳动者的数量是可以无限增长的，而土地则是有限的，基于土地所获得的物质资料也是有限的，所以占据土地等生产资料的人具有优势地位，拥有决定分配比例的权力。

既然劳动者所拥有的劳动力无法在财富分配中形成优势地位，土地的

---

〔1〕 李济广：《公有制道路的理论基础历史检验和现实保障》，经济科学出版社2012年版，第25页。

所有制形态就直接决定了分配的基础。显而易见,土地公有制相较于土地私有制在分配制度上更具有正当性,理由在于:第一,土地公有制能够确保地租不被个人垄断,而土地私有制将导致地租被个人所垄断,并由此导致劳动者被土地所绑架的;第二,土地公有制并不排斥土地作为资本参与财富分配,但土地资本的拥有者并不具有决定土地分配比例的权力,土地分配比例由全体土地的所有者共同决定,从而使财富的分配比例趋向民主化而不是由资本家专断。

三、土地所有制与经济体制的关系分析

尽管世界各国采取的经济体制各不相同,但可以以一条横坐标来表示:

……福利型、社会市场型、宏观调控型……

自由市场经济体制⟵——————————————⟶中央计划经济体制

作为坐标两个极端的经济制度模式只存在于理论中,现实中各个国家采取的经济体制均处于两端之间,只是存在倾向的程度问题。

自由市场经济体制基于古典自由主义的理论基础建构,这一模式设想了一个理想的市场经济模型,每一个个体被视为有能力实现自身效益最大化的“经济人”,其经济行为由亚当·斯密所形容的“看不见的手”所支配,供求关系和价格机制对个体的经济计划进行调节。在这样的模式中,不需要国家的介入即能实现个人利益最大化以及社会财富效益最大化。

中央集权式的计划经济体制则完全与自由市场经济制度模式相反,这一模式否认市场机制能够发挥调节人们理性的经济行为的作用,认为在市场经济模式下个体行为的自行其是将不利于社会财富的创造和分配,强调国家对于经济的作用。在这样的经济制度中,国家的经济计划和指令完全取代个体的经济决策,个人不仅不占有和支配生产资料,也不拥有分配财富的权利,个人负责按照国家自上而下的经济指令提供劳动,财富由国家

统一分配。[1]

从既存的制度经验考察来看,偏向于自由市场经济体制的国家大多实行土地私有制,偏向计划经济体制的国家大多采用土地公有制,当然除土地之外的其他财产亦与此相应。随着计划经济体制的失败,土地公有制也一并受到严厉抨击。对此,我们需要进行认真分析:

首先,为何自由市场经济体制采用私有制。这一问题看起来毫无意义,因为任何人都知道财产私有是市场经济得以运行的前提和必要条件,如果一个人不拥有对于财产的所有权,就无法对其进行交易,无法对其作出经济决策,也就无法形成市场交易。而在计划经济中,个体无需也无权就某个财产是否进行交易作出决断,因而也就不需要对某物拥有所有权。转换到土地所有制上,也是一样的,在自由市场经济体制中,只有一个人拥有对土地的所有权才能自由地决定如何使用和处置土地,也能通过土地市场使土地交易到最需要它的那些人手里,从而使土地的效用最大化。这种看似无可辩驳的理论却无法在实践中寻求经验支撑,甚至无法在理论假设中进行自洽。实际上,被认为一度实行最接近自由市场经济体制的国家大多并非实行土地私人所有制,当然,对于所有权私有这个问题本身就很复杂,对此将在后文进行分析。英国作为资本主义的发轫地,在20世纪以前一贯实行自由放任的市场经济体制,但英国从来没有实行过严格意义上的土地私有制,英国的土地制度十分复杂,每个人对于土地拥有的权利都是有限的。同样如此,欧洲大陆在封建制的影响下,土地制度也呈现出自上而下层层领导的特征,但在土地所有制未发生改变的前提下,自由市场经济仍然得以运行,其中的原因在于交易的发生或土地的使用并不需要一个绝对的所有权,仅仅需要拥有独立的处分权、使用权就足够。因此,土地私有制或财产的私有制并非市场经济的必要条件。

---

〔1〕 参见[英]弗雷德里希·奥古斯特·冯·哈耶克(F. A. von Hayek):《通往奴役之路》,王明毅、冯兴元等译,中国社会科学出版社1997年版,第90~91页。

其次,为何计划经济体制采用土地公有制。在计划经济体制下,国家需要统一安排生产活动,所以需要对生产资料拥有处分的权利,同时,又需要对社会资源和财富进行统一的分配,所以需要拥有对土地的收益权,否则计划经济将无法实现。然而,需要我们注意的是,尽管在计划经济体制下国家需要以土地公有制来实现有计划的经济生产,但这仅仅局限于生产领域和财富分配领域,对于与生产无直接关系并且属于个人生活必需的土地,国家仍然保留了私有制。事实上,如果对我国1949年以后的土地所有制进行规范分析,直到1975年《宪法》的修改,我国一直实行的是土地私有制。1954年制定的《宪法》第8条规定了“国家依照法律保护农民的土地所有权和其他生产资料”,第10条规定了“国家依照法律保护资本家的生产资料所有权和其他资本所有权”,第11条规定了“国家保护公民的合法收入、储蓄、房屋和各种生活资料所有权”,在没有例外规定的情况下,通过体系解释和文义解释,土地作为“生产资料”或“生活资料”被宪法承认为私人所有。即便是1975年和1978年修改后的《宪法》,也只是将“生产资料”规定为国家所有和集体所有,作为生活居住的土地仍属于私人所有。因此,我们也可以看出,即便在计划经济体制下,仍然存在土地私有制,所以土地公有制也非计划经济体制的必要条件,国家只需要具备调整和分配土地资源的权力就足以满足计划经济体制的要求。

综上所述,我们可以清楚地看到,土地所有制与经济体制尽管有着千丝万缕的关联,但并不构成某种特定的经济体制的必要条件,因而对于“计划经济必然是土地公有制,计划经济宣告失败意味着土地公有制是不可行的”这样的论断,我们必须要报以清醒的警惕。这里我们必须区分经济制度与经济体制的区别,前者是包含了生产资料所有制、分配制、交换制以及经济管理体制的综合概念,而经济体制则主要是从经济秩序的管理角度提出的概念,前者包含后者,但后者并不包含前者。比如,社会主义经济制度也可以采用市场经济体制,资本主义经济制度自20世纪初以来也广泛在特定领域采用计划经济体制。根据何干强的研究,生产资料所有制与经济管理体制存在明显区别。[1]

首先,生产资料所有制涉及生产、生存条件的物质利益关系,经济管理体制则关涉生产中的管理关系。正如前文所述,劳动必须与生产资料结合才能创造财富,因此劳动者的劳动受控于土地资料的占有者和支配者。在土地私有制下,土地私有者凭借土地拥有了控制和支配劳动者的力量,进而降低劳动者的劳动在财富分配中的比例,形成了土地所有者与劳动者之间支配、控制的利益关系。在土地公有制下,因为任何人均不拥有对于土地的垄断性权利,所以每个人均可以依据对于土地所有的份额参与财富分配,并在此基础上形成平等、协商、民主的利益分配关系。经济体制则是在一定所有制条件下的经济管理方式,无论是在土地公有制还是土地私有制下,只要是进行社会化生产,人与人之间必然要形成一定的协作关系,并且通过制定经济目标、计划,以管理和激励的方式实现这些目标,都要形成一定的经济管理体制。因此,所有制与经济管理体制不存在对应关系。

其次,生产资料所有制具有客观性和稳定性,在现实生活中不易被觉察,不直接作用于人们的行为;经济管理体制则具有主观性和易变性,直接作用于人们的行为。生产资料所有制的形成需要经过漫长的历史过程,是通过社会各阶层反复的斗争与博弈之后形成的,并与生产力水平、国内外政治经济条件以及特定的社会条件相适应,其一旦形成就具有长期的稳定性,除非通过暴力革命的方式,一般难以改变。而经济管理体制则是人们根据对社会生产力发展程度及生产关系的主观认识进行理性建构,并通过经验试错的方式不断修正,当经济管理体制的规则不符合经济规律的要求时,就会制约生产力的发展,严重的话还会导致社会生产关系出现冲突和矛盾,因而需要经常根据生产力水平的发展情况进行调整。

---

[1] 参见何干强:《公有制经济振兴之路》,企业管理出版社 2014 年版,第 45~46 页。

第三节 宅基地制度形态的相关性分析

回溯历史,宅基地问题与耕地问题具有极强的同质性,并且与西方的权利发展史一样,宅基地权利的边界始终摇摆于社会性与个体性之间,即便在名义上为土地私有的时期,宅基地的流转也是受到严格限制的,这些限制的考虑包括天下大公的价值追求、贵族阶层的利益维护、生产力的有效发挥、社会稳定和人口控制的需要等内容。我们可以清晰地看到,所谓的土地私有(事实上并不存在个体主义意义上的土地私有制)从来只是手段而非目的,只有当所谓的土地私有能更好地实现土地的效用时,才会适当放宽土地交易限制,提升土地配置的效率。因此,我们通过考察宅基地的历史演进,可以清晰地看出宅地制度与政治、经济的相关性,从而分析出宅基地制度的价值基础和法理根据。

一、宅基地制度变迁

宅基地制度是调整包括宅基地的分配、交易、使用、管理等一系列法律关系的规范的总和,是我国在长期历史发展过程中形成的具有中国特色社会主义土地制度的重要组成部分,集中体现了我国在保障农民居住权方面的制度建设成就。在制度设计上,宅基地制度也体现了我国社会主义发展的特点和阶段性,呈现宏观设计与微观构造之间的复杂态势,下面进行简要概括:

(一)宅基地权利初始分配期(1947—1961年)

正确地处理农村土地问题是中国共产党革命胜利的重要法宝,革命胜利之后,为了进一步巩固农村的革命政权,对农村土地权利进行了统一的初始分配,以1947年制定颁布的《中国土地法大纲》为标志,确立了新中国成立后农村土地的分配原则和方式。该大纲第1条即开宗明义地宣示,“实行耕者有其田的土地制度”;第6条确立了平均分配的原则,“不分男女老幼,统一平均分配,在土地数量上抽多补少,质量上抽肥补瘦,使全乡村人民均获得同等的土地，并归各人所有”，实行土地私有制；第 11 条规定，“分配给人民的土地，由政府发给土地所有证，并承认其自由经营、买卖及在特定条件下出租的权利”。1949 年通过的《中国人民政治协商会议共同纲领》作为新中国成立后起“临时宪法”作用的纲领性文献，亦确立了农民土地所有制的改革方向。《中国人民政治协商会议共同纲领》第 3 条规定，“有步骤地将封建半封建的土地所有制改变为农民的土地所有制”。1950 年公布的《土地改革法》进一步细化了土地法大纲的规定，总体上延续了土地法大纲的制度精神，在分配原则和所有权私有问题上均未做出实质改变。[1] 1954 年《宪法》更是以根本法的形式确认了农村土地所有权私有制，其第 8 条规定“国家依照法律保护农民的土地所有权和其他生产资料所有权”，对于包括耕地、宅基地等土地的初始平均分配，有效地解决了自宋开始的土地兼并带来的土地剥削问题，实现了社会主义制度消灭剥削的革命目标，同时也有利于满足我国小农经济的恢复与发展，在短时间内解决占全国 80% 以上的农民的温饱问题，对于平复战争带来的创伤，稳固政权有着积极意义。

然而，小农分散地权也面临农业生产不经济和征粮效率低下双重问题：一些大型农业机械农户无力购置难以达成联合购置和使用的约定，阻碍农业生产现代化；在粮食征收征购方面，以户为单位的计量统计导致征收征购成本过高，难以完成国家对于粮食生产的统购统销计划。基于对上述问题的综合考量，国家在农村地区开展了公社化运动，其目的在于通过生产资料的公有化提高生产资料的集约化利用，提高农业生产效率，节约国家在粮食征收征购上的运行成本，通过实行从原来的政府对接成千上万的农户变为对接一

[1] 1950 年公布的《土地改革法》第 10 条与 1947 年通过的《中国土地法大纲》第 6 条类似，规定了分配原则：“所有没收和征收得来的土地和其他生产资料，除本法规定收归国家所有者外，均由乡农民协会接收，统一地、公平合理地分配给无地少地及缺乏其他生产资料的贫苦农民所有。对地主亦分配给同样的一份，使地主也能依靠自己的劳动维持生活，并在劳动中改造自己。”但是与《中国土地法大纲》不同的是，该法强调了对无地少地的农民进行分配，同时也对地主的土地分配问题进行了规定。《土地改革法》第 10 条与《中国土地法大纲》第 30 条承袭了《中国土地法大纲》第 11 条的规定，基本未作变动。

定数量的公社的方式,可以有效实现管理目标。但这一阶段并未对宅基地的私有性质作出改变,如1956年的《高级农业生产合作社示范章程》作出"社员原有的坟地和房屋地基不必入社"的规定。因此,在社员参与集体劳动的公社化阶段时期,因为社员并不离开生产经营地,作为生活资料的宅基地的供需矛盾还不突出,所以在制度上仍旧保留了其私有的属性,农民拥有较为完整的权能,包括买卖、使用等。在这一阶段,对于宅基地的私法规制和公法管理都不完善,没有形成系统的宅基地制度体系,宅基地所有权私有意味着农民在符合用途的前提下可以自由处置和使用宅基地。

（二）宅基地"两权分离"形成期(1962—1978年)

20世纪50年代末60年代初,国际国内形势严峻,我国工业、农业现代化道路面临巨大阻力,城市劳动力过剩。为了在短时间内构建起我国的工业基础体系,同时解决城市待业青年问题,国家积极倡导农业哺育和支持工业建设,号召知识青年上山下乡,限制城市人口无序增长。例如,1958年颁布了《户口登记条例》,首次将有计划地控制人口迁移引入户籍管理制度中。与此同时,经过十多年的农业发展建设,农村人口得到了恢复,宅基地交易开始出现,产生了少数失去宅基地的农民,在城市就业机会缩减的压力下,为了防止城市流民的出现,国家亦对宅基地的交易进行了严格限制,并将宅基地所有权一并收归集体。例如,1962年通过的《农村人民公社工作条例(修正草案)》明确规定,"生产队范围内的土地,都归生产队所有。生产队的土地,包括社员的自留地、自留山、宅基地等等,一律不准出租或买卖。"1963年《中共中央关于各地对社员宅基地问题作一些补充规定的通知》首次采用了"宅基地使用权"这一概念,初步确立了我国宅基地"两权分离"的制度模式。有学者认为该宅基地制度模式的特征为"集体所有、成员使用,一户一宅、限制面积,免费申请、长期占有,房地分开、差别赋权"[1]。

---

[1] 国务院发展研究中心农村经济研究部:《集体所有制下的产权重构》,中国发展出版社2015年版,第21页。

可以看出，这些制度特征一直保留至今，其后制定的法律规范大都是在此基础上进行完善和修订。

（三）宅基地制度发展成熟期（1979—2013年）

20世纪80年代我国进入了新的历史发展阶段，在政治上结束了“文化大革命”，在经济上开始了改革开放和市场经济，在国家治理上选择了法治化道路，相应地，对宅基地问题也顺应经济社会的发展进行了大量的制度建设，主要体现在：

第一，构建了较为完善的宅基地使用权利制度。20世纪70年代末通过政策和司法政策确立了宅基地使用权的私有化，尤其是1979年颁布的最高人民法院《关于贯彻执行民事政策法律的意见》规定：凡是当地仍按土改时所确定的宅基地的所有权，改变为使用权的，该宅基地的使用权不变；凡是当地宅基地已经统一规划过的，按所规划后确定的社员宅基地的使用权处理；凡是经过合法手续已进行调整的，按调整的决定处理；如宅基地使用权确有必要变更的，人民法院应根据党和国家的政策法律规定，与有关部门共同研究，妥善处理。2007年的原《物权法》更是专章对宅基地使用权进行了规定，正式从法律层面确立了宅基地使用权的用益物权属性，其第152条规定：“宅基地使用权人依法对集体所有的土地享有占有和使用的权利，有权依法利用该土地建造住宅及其附属设施。”2021年实施的《民法典》继承了原《物权法》的有关规定，亦通过专章的方式明确宅基地使用权的主体、内容和消灭。但无论是原《物权法》还是《民法典》，其对于宅基地使用权的规定都比较简单，均以引致条款的方式引入《土地管理法》的相关规范。这也意味着宅基地使用权是受到公法全面规制的私权，其取得、行使和转让，都不以私法中的平等自愿、意思自治、等价有偿等原则为首要考量，而必须以公法设置的特殊规则为基本遵循。这并非私法规范对此问题采取回避态度或研究不充分，而是立法者已经充分意识到，宅基地使用权是一项具备公共利益和公法属性的权利，不宜简单地由私法规范进行调整。

第二，建立健全对宅基地的公法规范体系。包括宅基地在内的所有土地,都因为涉及公共利益需要接受公法上的规制,私法调整的主要是权利的归属与侵权问题,公法调整的主要是宅基地的用途、建设、取得、使用等问题。公法规制的目的主要包括确保农村居民的基本居住需求、提高宅基地的使用效率、防止无序建房导致的土地浪费、构建和谐美丽的村居环境等。基于上述目的,20 世纪 80 年代,中共中央、国务院就发布了一系列有关农村建房的文件,严禁农民占用耕地无序建房,推行实施农村建设规划。1982 年颁布的《村镇建房用地管理条例》,建立了农村建房审批制度,详细规定了用地手续和建房手续,将农村建房行为纳入了行政管理范围。1986 年制定出台的《土地管理法》,标志着我国宅基地的行政管理走向法制化,该法明确了土地管理行政主管部门,规定了宅基地行政审批和行政规划的具体程序,对宅基地的面积作出了明确限制,对宅基地的取得条件进行了规定。1991 年出台的《土地管理法实施条例》进一步细化了宅基地使用权的申请程序,有关宅基地行政管理的法律规定基本完备。但是上述法律规定在实施过程中并未得到很好落实,农村中私自建房、占用耕地建房现象一直未能有效解决。1998 年国家对《土地管理法》进行了修改,进一步严格了宅基地的申请条件,对宅基地违法行为明确了法律责任,尤其是更加明确了对于耕地的保护,加强了对违法占用耕地建房行为的打击力度。

自此,我国在宅基地制度方面已经具备了较为成熟的制度体系,相关规范已经制定完备,各地也配套出台了地方性规范和文件,对于宅基地的面积根据各地实际情况进行了限定,细化了各地的宅基地审批流程。

(四)宅基地使用权制度改革期(2014 年至今)

随着我国社会经济的发展变化,城乡二元格局发生了重大变化。自 20 世纪 90 年代以来,农村居民不断涌入城市,城镇化率从 1996 年的 30.48% 提升到 2022 年的 65.22%[1],城乡人口和经济模式也随之发生重大变化,

---

[1] 参见《国家统计局:2022 年城镇化率为 65.22%》,载中国经济网,http://www.ce.cn/xwzx/gnsz/gdxw/202301/17/t20230117_38351913.shtml,最后访问日期:2023 年 5 月 19 日。

建立于城乡二元格局基础上的宅基地制度已逐渐无法适应新时代下农村土地资源的发展变化，出现了宅基地闲置、一户多宅等突出问题。为此，中共中央、国务院及有关主管部门先后制定出台系列政策文件，并在全国确立了改革试点地区，开启了新时代下我国宅基地制度的改革序幕。国家出台的主要政策有：

2014 年，中共中央办公厅、国务院办公厅印发了《关于引导农村土地经营权有序流转发展农业适度规模经营的意见》，要求对于农村土地经营权的流转机制作出积极探索，通过引导农民有序流转承包耕地的经营权实现农业的规模经营。尽管该文件并未提及宅基地使用权的改革措施，但已经在农村土地资源配置上明确了通过市场机制进行配置的改革方向和原则。[1]

2015 年，中共中央办公厅、国务院办公厅印发《关于农村土地征收、集体经营性建设用地入市、宅基地制度改革试点工作的意见》，标志着我国农村土地制度正式进入全面改革时期，该意见明确指出当前宅基地方面存在的问题为“宅基地取得困难、利用粗放、退出不畅”，提出的改革方式包括“完善宅基地权益保障和取得方式，探索农民住房保障在不同区域户有所居的多种实现形式；对因历史原因形成超标准占用宅基地和一户多宅等情况，探索实行有偿使用；探索进城落户农民在本集体经济组织内部自愿有偿退出或转让宅基地；改革宅基地审批制度，发挥村民自治组织的民主管理作用”。随后，在全国确立了 33 个县（市、区）开展宅基地制度改革试点工作，围绕保障农户居住权、建立宅基有偿使用和退出机制、下放宅基地审批权等问题进行了探索。

2018 年，中央一号文件《中共中央、国务院关于实施乡村振兴战略的意见》首次提出宅基地“三权分置”的政策概念，对宅基地制度改革采用了类似农用地制度改革的话语体系，其中明确提出：“完善农民闲置宅基地和闲置农房政策，探索宅基地所有权、资格权、使用权‘三权分置’，落实宅基地

---

〔1〕 参见喻文莉等：《农村宅基地置换的法律问题研究》，法律出版社 2020 年版，第 15 页。

集体所有权,保障宅基地农户资格权和农民房屋财产权,适度放活宅基地和农民房屋使用权,不得违规违法买卖宅基地,严格实行土地用途管制,严格禁止下乡利用农村宅基地建设别墅大院和私人会馆。”[1]由此,学界围绕宅基地“三权分置”的基础理论和制度话语表达进行了广泛的研究,各试点地区也围绕“三权分置”的具体制度进行了广泛的探索。

2020 年,中央全面深化改革委员会第十四次会议审议通过了《深化农村宅基地制度改革试点方案》。2020 年 9 月,中共中央农村工作领导小组办公室、农业农村部在北京召开深化农村宅基地制度改革试点电视电话会议,在全国 104 个县(市、区)以及 3 个地级市启动实施新一轮农村宅基地制度改革试点。其改革的重点包括实质性启动宅基地退出、打通宅基地与集体经营性建设用地、探索闲置宅基地和闲置农房盘活利用的多种模式。与此同时,为了防止改革脱离预定目标,改革试点方案明确了维护农民权益是改革不容触碰的底线,要求建立宅基地退出和流转的市场定价机制,确保宅基地退出和流转不以损害农民权益为代价。

2021—2023 年中央一号文件均将推进宅基地“三权分置”改革工作列为重要内容。2021 年中央一号文件《中共中央、国务院关于全面推进乡村振兴加快农业农村现代化的意见》提出:“加强宅基地管理,稳慎推进农村宅基地制度改革试点,探索宅基地所有权、资格权、使用权分置有效实现形式。规范开展房地一体宅基地日常登记颁证工作。”[2]2022 年中央一号文件《中共中央、国务院关于做好 2022 年全面推进乡村振兴重点工作的意见》提出:“稳慎推进农村宅基地制度改革试点,规范开展房地一体宅基地确权登记。”[3]2023 年中央一号文件《中共中央、国务院关于做好 2023 年

---

[1] 《中共中央、国务院关于实施乡村振兴战略的意见》,载中国政府网,https://www.gov.cn/zhengce/2018-02/04/content_5263807.htm。

[2] 《中共中央、国务院关于全面推进乡村振兴加快农业农村现代化的意见》,载中国政府网 2023 年 10 月 31 日,https://www.gov.cn/gongbao/content/2021/content_5591401.htm。

[3] 《中共中央、国务院关于做好 2022 年全面推进乡村振兴重点工作的意见》,载中国政府网,https://www.gov.cn/zhengce/2022-02/22/content_5675035.htm。

全面推进乡村振兴重点工作的意见》提出：“稳慎推进农村宅基地制度改革试点，切实摸清底数，加快房地一体宅基地确权登记颁证，加强规范管理，妥善化解历史遗留问题，探索宅基地‘三权分置’有效实现形式。”[1]从3份文件的表述来看，基本内容一致，但也有细微差别，尤其是2023年的文件提出要妥善化解历史遗留问题，这说明宅基地的改革障碍主要在于长期积累的历史问题难以化解，需要各地结合本地实际慎重解决。

值得关注的是，自2017年党的十九大报告提出实施乡村振兴战略以来，宅基地“三权分置”改革就开始融入乡村振兴战略中，如何充分释放宅基地的财产属性、增加农民财产权益成为宅基地“三权分置”改革的重点，这也说明，宅基地的生存保障功能随着经济结构的变化、城镇化水平的增加和生活水平的提升，不再是宅基地制度的唯一价值目标（见表2－1）。

表2－1 1947—2023年宅基地法律法规及政策文本梳理

阶段	时间	法律法规或政策文件	内容要点及主要条文
宅基地权利初始分配期（1947—1961年）	1947年	《中国土地法大纲》	废除土地剥削关系，分配房屋及土地，实行土地私有。第8条规定，“乡村农会接收地主的牲畜、农具、房屋、粮食及其他财产……分给各人的财产归本人所有，使全乡村人民均获得适当的生产资料及生活资料”；第11条规定，“分配给人民的土地，由政府发给土地所有证，并承认其自由经营、买卖及在特定条件下出租的权利”
	1949年	《中国人民政治协商会议共同纲领》	明确土地制度改革任务。第3条规定，“有步骤地将封建半封建的土地所有制改变为农民的土地所有制”
	1950年	《土地改革法》	规定了土地改革和分配的具体条件与情形，对地主、工商业家等的房屋的没收与征收进行了规定

[1] 《中共中央、国务院关于做好2023年全面推进乡村振兴重点工作的意见》，载中国政府网，https://www.gov.cn/zhengce/2023-02/13/content_5741370.htm。

续表

阶段	时间	法律法规或政策文件	内容要点及主要条文
宅基地权利初始分配期（1947—1961年）	1954年	《宪法》	国家保护农民的土地所有权、公民合法的房屋所有权，但可以征购、征用或收归国有。第8条规定，“国家依照法律保护农民的土地所有权和其他生产资料所有权”；第11条规定，“国家保护公民的合法收入、储蓄、房屋和各种生活资料的所有权”
	1955年	《农业生产合作社示范章程（草案）》	初级社阶段自愿将生产资料上交公社，高级社阶段土地等主要生产资料公有化，作为生活资料的宅基地、房屋等保留在社员手中。第3条规定，“无论是在农业生产合作社的初级阶段或者高级阶段，社员所有的生活资料和小块园地……都不实行公有化”
宅基地“两权分离”形成期（1962—1978年）	1962年	《农村人民公社工作条例（修正草案）》	明确了土地全归生产大队所有，房屋则归社员个人所有，房地所有权分离。第17条规定，“全大队范围内的土地，都归生产大队所有，固定给生产队使用”；第43条规定，“社员的房屋，永远归社员所有。社员有买卖或者租赁房屋的权利”
	1963年	《中共中央关于各地对社员宅基地问题作一些补充规定的通知》	第一次明确了宅基地所有权与使用权“两权分离”，宅基地的申请与无偿取得方式。规定了“社员的宅基地，包括有建筑物和没有建筑物的空白宅基地，都归生产队集体所有，一律不准出租和买卖。但仍归各户长期使用，长期不变，生产队应保护社员的使用权……宅基地上的附着物，如房屋……等永远归社员所有，社员有买卖或租赁房屋的权利。房屋出卖以后，宅基地的使用权即随之转移给新房主”
	1978年	《农村人民公社工作条例（试行草案）》	禁止买卖和出租土地（包括宅基地）。第7条规定，“农村土地包括宅基地一律不准出租和买卖”

续表

阶段	时间	法律法规或政策文件	内容要点及主要条文
宅基地制度发展成熟期（1979—2013年）	1981年	《关于制止农村建房侵占耕地的紧急通知》	针对农村建房热和乱占土地现象提出明确要求，“分配给社员的宅基地、自留地（自留山）和承包的耕地，社员只有使用权，既不准出租、买卖和擅自转让，也不准在承包地和自留地上建房”
	1982年	《村镇建房用地管理条例》	对村镇建房实行规划和标准控制，完善审批制度，明确出卖、出租后不得申请宅基地。第15条规定，“出卖、出租房屋的，不得再申请宅基地。社员迁居并拆除房屋后腾出的宅基地，由生产队收回，统一安排使用”
	1986年	《土地管理法》	以法律形式对之前政策及法规确立的宅基地“两权分离”、“一户一宅”、面积控制等进行了规定，允许非农业户口居民使用村集体土地建房。第41条规定，“城镇非农业户口居民建住宅，需要使用集体所有的土地的，必须经县级人民政府批准”
	1989年	《关于确定土地权属问题的若干意见》	对不同情形下的土地权属问题进行了细化
	1990年	《关于加强农村宅基地管理工作的请示》	严格控制宅基地审批，允许各地开展宅基地有偿使用试点工作，合理确定收费标准，收取费用用于村内基础设施建设和公益事业
	1995年	《担保法》	明确规定耕地、宅基地等集体所有的土地使用权不得抵押
	1998年	《土地管理法》修正	删除城镇非农业户口居民使用集体土地建住宅的规定
	2004年	《关于加强农村宅基地管理的意见》	进一步规范审批程序，推进农村建设用地整理。“各地要因地制宜地组织开展‘空心村’和闲置宅基地、空置住宅、‘一户多宅’的调查清理工作”

续表

阶段	时间	法律法规或政策文件	内容要点及主要条文
宅基地制度发展成熟期(1979—2013年)	2007年	《物权法》	明确宅基地使用权为用益物权。第152条规定,“宅基地使用权人依法对集体所有的土地享有占有和使用的权利,有权依法利用该土地建造住宅及其附属设施”
	2008年	《关于促进节约集约用地的通知》	鼓励村民退出宅基地。“对村民自愿腾退宅基地或符合宅基地申请条件购买空闲住宅的,当地政府可给予奖励或补助”
宅基地使用权制度改革期(2014年至今)	2013年	《中共中央关于全面深化改革若干重大问题的决定》	提出对宅基地制度进行改革试点。“保障农户宅基地用益物权,改革完善农村宅基地制度,选择若干试点,慎重稳妥推进农民住房财产权抵押、担保、转让,探索农民增加财产性收入渠道”
	2015年	《关于农村土地征收、集体经营性建设用地入市、宅基地制度改革试点工作的意见》	对农村“三块地”改革提出明确要求,确定农村土地改革试点地区,正式展开宅基地制度改革。“探索农民住房保障在不同区域户有所居的多种实现形式;对因历史原因形成超标准占用宅基地和一户多宅等情况,探索实行有偿使用;探索进城落户农民在本集体经济组织内部自愿有偿退出或转让宅基地”
	2018年	《中共中央、国务院关于实施乡村振兴战略的意见》	正式提出宅基地“三权分置”改革。“探索宅基地所有权、资格权、使用权“三权分置”,落实宅基地集体所有权,保障宅基地农户资格权和农民房屋财产权,适度放活宅基地和农民房屋使用权”
	2019年	《关于坚持农业农村优先发展做好“三农”工作的若干意见》	推进宅基地使用权确权颁证工作,稳慎推进宅基地制度改革,研究宅基地使用条例,开展闲置宅基地复垦试点
	2019年	《土地管理法》修正	明确乡镇人民政府负责农民住宅用地审批,农业农村部门负责宅基地制度改革工作。第62条规定,“国务院农业农村主管部门负责全国农村宅基地改革和管理有关工作”

续表

阶段	时间	法律法规或政策文件	内容要点及主要条文
宅基地使用权制度改革期(2014年至今)	2020年	《深化农村宅基地制度改革试点方案》	在2015年改革试点的基础上,开始新一批的宅基地改革试点,扩大试点地区和范围。明确要求进一步放活宅基地使用权,探索打通宅基地与集体经营性建设用地的具体机制
	2021年	《民法典》	第十三章规定了宅基地使用权,在具体表述上基本沿用了物权法的规定
	2021年	《中共中央国务院关于全面推进乡村振兴加快农业农村现代化的意见》	“保障进城落户农民土地承包权、宅基地使用权、集体收益分配权,研究制定依法自愿有偿转让的具体办法”
	2022年	《农村宅基地管理暂行办法(征求意见稿)》	根据改革政策要求对宅基地申请、审批、使用、出租、转让、退出、收回等问题进行了明确规定

二、宅基地制度变迁的法理逻辑

随着我国在全球政治经济地位的不断提升,如何充分发挥中国制度性话语权在全球治理中的主体性作用,也成为新时代下全球治理的重大命题。宅基地制度作为典型的内生性制度,较少受到西方制度移植的影响,如何确保在改革的过程中继续延续宅基地制度的本土性,防止改革进程偏离改革初衷,有必要对宅基地制度变迁的逻辑进行梳理,充分发掘其背后的各影响因素。

(一)宅基地制度变迁的参与主体

1. 国家基于政权稳定、经济发展和社会稳定进行的宅基地管制。根据马克思的观点,国家利益最大化是国家推动制度变迁的主要原因,而所谓的国家利益最大化就是统治阶级利益最大化。新中国成立以来,作为代表最广泛人民根本利益的执政党，中国共产党为了最大多数农民能够分享革命胜利的果实，保障农民的居住需求，巩固新生政权的稳定性，对宅基地实行了无偿分配的方式，获得了占据中国绝大多数人口的农民的拥护，顺利实现了中华人民共和国成立初期的政局稳定。在农业合作化的过程中，保障农民的居住需求，确保社会经济的稳定发展亦成为国家考量的重要因素，而宅基地“三权分置”则体现出国家对于宅基地经济属性的重视。因此，在宅基地制度变迁的过程中，国家作为主要的推动主体，需要综合考量各类公共价值因素对制度的发展变化作出平衡。但学者认为国家对社会稳定存在特有偏好，土地的政治功能及社会保障功能远超过经济功能，致使宅基地制度变迁中经济功能往往处于较弱地位。[1]

2. 地方政府基于本地财政及经济考量而进行的宅基地政策创新。地方政府一方面是国家意志的执行者，一方面又是地方利益的维护者。自20世纪90年代分税制改革后，地方政府基于财政税收和经济发展的双重压力，以土地资源激励地方经济发展，用地指标的紧张推动了地方政府通过各项改革政策提高包括宅基地在内的各类土地的经济价值。比如，“两分两换”“宅基地置换”“增减挂钩”等就是一些地方政府基于缓解用地紧张的客观因素推行出来的政策，甚至一些地方政府还对宅基地的面积和申请条件作了更加符合地方实际的规定。

3. 村集体及成员对于宅基地制度实施效果的直接影响。从法律制度上看，村集体是宅基地的所有权人，集体成员是宅基地的使用权人，这两个权能所指向的利益性质是不同的，前者是一种集体利益，后者是一种私人利益，村干部缺乏为了集体利益破坏其与村民之间感情的动力，后者则拥有强烈的扩张意识，又因为宅基地使用权是无偿分配的，进一步刺激了村民通过不合理的分户等方式不断扩张自己的宅基地使用权，如果无法从正

---

〔1〕 参见孙涛、黄少安：《制度变迁的路径依赖、状态和结构依存特征研究——以改革开放以来中国农村土地制度变迁为例》，载《广东社会科学》2009年第2期。

式途径获批宅基地,则会通过侵占耕地或其他集体建设用地的方式建房,导致宅基地无序扩张十分严重,以至于在村集体内部形成了一套宅基地使用的潜规则,村集体经济组织及成员对于正式的宅基地制度的认知度和认同感并不高。

(二)不同阶段宅基地制度变迁的逻辑分析

1. 宅基地权利初始分配期。这一时期国家的主要任务是巩固新生政权,政权的变更是制度重置的合法性基础,而中华人民共和国是社会主义新兴政权,社会主义的性质就决定了生活资料与生产资料的公有制,且在长期的革命斗争中,中国共产党主要依靠土地革命取得广大农民群众的拥护与支持,将宅基地和耕地无偿分配给农民,既有利于确保政权的稳定性,也为战后秩序重建和恢复农业发展提供了物质基础。作为欠缺资金和技术的落后国家,一方面土地资源的无偿化构成了个体经营的重要保障;另一方面赋以农民完整的宅基地私有产权,还在一定程度上拉动了内在消费需求,农民通过土地交易消费了国家新发的货币量,进而拉动各个产业的进一步发展。从村集体及农民的角度看,其追求的利益与国家利益并不冲突,在生存保障、经济恢复等问题上追求的利益是高度一致的,这使各方主体的行动逻辑具有了一致性,从中央到地方,从政府到个人都高度参与到打土豪、分田地的运动中,从而顺利完成了宅基地私有、无偿、平均的初始分配工作。

2. 宅基地“两权分离”形成期。随着农业集体化进一步发展,土地公有制的范围已经从生产资料拓展到了宅基地,上地制度的改革还与国际国内政治经济环境有较大关系。一方面,彼时中国在国际上被美苏孤立,资金和技术受到进一步限制,城市就业岗位严重减少,农村作为劳动力过剩的缓冲区发挥着经济软着陆的重要作用;另一方面,基于农村生活生产一体化的现实,村集体必须拥有统筹耕地与宅基地的能力,如果宅基地完全私有就可能会导致村集体无法满足农业生产人口的居住需求,进而引发农村生活秩序混乱。在这一时期,农民仍然有一定的房地交易需求。为此国家在制度上采取了“地随房走”的模式，允许农民通过出租和买卖房产的方式流转宅基地，因而宅基地所有权收归集体并未引发农民的强烈反应，国家在推行“两权分离”的制度时并未遭遇较大的阻力。但在这一时期就已经存在基层政府和村集体对于政策解释不一致和改革方案执行方式不统一等问题，为今后的宅基地管理工作埋下了隐患。

3. 宅基地制度发展成熟期。20 世纪 70 年代末，我国财政压力进一步增加，国家不得不减少对于“三农”的投入，同时把土地权利和发展自主权交给农民，农村开始了“大包干”，后来发展为家庭联产承包责任制。[1] 随着农村生产力的解放，农村土地使用乱象也日益突出，尤其是随着乡镇经济发展和六七十年代生育潮高峰出生的人口开始成年分户，农村宅基地用地出现紧张局面，“1985 ~ 1988 年间全国农村建房占用耕地 415 万亩，占同期全国各项建设占用耕地数量的 1/3”。[2] 从本书课题组调研看，许多违规乱占乱建问题也大都形成于这一时期。为此，国家加强了宅基地的法律规制和行政管理，各地结合实际情况划定了农村建房的面积和房屋标准。20 世纪 90 年代开始，随着城市产业尤其是加工业的兴起，大量农村劳动力迁移至城市，有的农村之间开始迁居合并，宅基地出现无序扩张和闲置浪费并存的局面。鉴于工业用地的紧张，各地出台了激励农民退出宅基地并整理复垦为耕地以换取建设用地指标的政策，但相关政策收效甚微，实践中除非是有易地搬迁政策等不得不退出宅基地的情形，几乎没有农民主动自愿退出宅基地。农民不愿退出宅基地的主要因素包括农民缺乏进城落户的能力和资格、补偿标准低于心理预期、对宅基地的未来升值空间有较大期待、宗族乡土情结等。在此过程中，村集体对于宅基地的监督和管理积极性也并不高，因为宅基地的管理不能为村集体带来明显的管理收益，

---

〔1〕 参见《温铁军：20 世纪 80 年代亿万农民对国家的贡献》，载百家号 2020 年 12 月 21 日，https://baijiahao.baidu.com/s? id = 1686684517863853480&wfr = spider&for = pc。

〔2〕 杜焱强、王亚星、陈利根：《中国宅基地制度变迁：历史演变、多重逻辑与变迁特征》，载《经济社会体制比较》2020 年第 5 期。

反而需要支付较大的管理成本。因此,学者认为这一阶段体现出来的特点是:国家及地方政府基于城乡增减挂钩背景积极推进宅基地腾退政策,但部分地区实施过程中政府积极性高而农户退出意愿低,村集体组织及其成员与国家、地方政府间存在一定失恰。[1]

4. 宅基地制度"三权分置"改革期。随着经济发展和人们权利意识的加强,对宅基地违法行为的管控越发困难,在农村人口不断减少的情况下,宅基地面积仍然不断攀升,以至于部分地区直接冻结了宅基地的申请审批程序,但这并无法杜绝违法占用耕地建房的行为。如何妥善化解历史遗留问题并将宅基地管理纳入法治轨道,成为近十年来国家关注的重点。基于各地经济发展、乡村治理、宅基地管理情况差异较大,国家并未制定过于细致的刚性制度推进改革,而是通过政策提出改革的方向和要求,赋予地方政府以更大的改革自主性,"即地方政府基于任务环境中多重目标解读中央政策,并依据地区宅基地存量、经济水平、劳动力转移及利益偏好等因地制宜推动宅基地改革,并及时调整和不断适应外部环境"。[2] 但显而易见的是,当前各方主体对于宅基地的价值偏好并不一致,因此在改革进路和方向上,各地存在较大差异,部分地区并无改革动力,大多数典型农村的村集体因为缺乏足够的治理资源从而缺乏配合推动改革工作的动力,集体成员则因为境况不一致,对改革普遍持消极态度,尤其是改革需要触碰其既得利益时,都会表现出强烈的抵触情绪。因此,受制于参与制度变迁的各方主体的利益偏差较大,宅基地制度改革目前走入了深水区。

制度变迁始终是一个多方利益博弈的动态过程,是多重逻辑长期交互作用产生的结果。国家设定的制度目标要想落地实施并形成有效的制度,还需要地方政府与村集体、村民的认同和配合,否则就会出现与国家制度目标不一致的制度失灵或制度扭曲局面。然而,与类似选举、犯罪、知识产

---

[1] 参见刘锐:《农村宅基地性质再认识》,载《南京农业大学学报(社会科学版)》2014 年第 1 期。

[2] 杜焱强、王亚星、陈利根:《中国宅基地制度变迁:历史演变、多重逻辑与变迁特征》,载《经济社会体制比较》2020 年第 5 期。

权等问题不同,宅基地权利是一种典型的内生性权利,其权利的内容是经由人们在长期的生活生产交往中构筑出来的,国家设定的制度目标如果背离人们的需求或者偏离人们的认知,就无法推进正式制度的变迁,进而需要与非正式制度达成妥协,形成各方主体都能够接受的制度,最终完成制度的变迁。因此,与大多数可以较为容易地通过移植完成制度变迁的制度不同,宅基地制度的变迁并非完全由国家强制性推进的,其中还包括了诱致性变迁的典型特征,“诱致性制度变迁是个人和群体为追求自身利益而自发倡导和组织实施对现行制度的变更或替代,具有营利性、自发性的特征;强制性制度变迁是由政府主导的自上而下强制实施的,纯粹由政府行为促成的制度变迁,具有强制性和利益双重性特征”。[1] 如果说在宅基地制度发展的前两个阶段主要体现出强制性变迁的特点,那么在后两个阶段则体现出诱致性变迁的一些因素。

第四节　宅基地制度的价值

一、宅基地的功能

宅基地就其概念而言,当指农村居民用于建造住宅及附属设施的集体建设用地,功能则是事物对于人和他物所能产生的正向作用与影响,因此,宅基地的功能就是作为一类特定用途的土地,其对于所有者和使用者所能发挥的有利作用。宅基地作为被限定了用途的一类土地,在制度层面已经规定了其功能为满足和保障农村居民的居住需求,但是宅基地在现实中从来也不仅仅发挥着居住功能。农村的生产生活形态天然地混合在一起,居住与交往从不分开,随着经济社会的发展,宅基地的功能更呈现出从居住保障向财产增益的变化趋势。对此,有必要从功能主义的视角对宅基地的多重功能进行梳理归纳。

---

〔1〕 谈璐:《中日农业合作制度变迁比较:强制性或诱致性》,载《农业经济》2017 年第 9 期。

（一）生活居住

生活居住是每一个人与生俱来的生存需求，自古而今，“安居乐业”“住有所居”都是老百姓的生活愿景和统治者进行统治的重要考量，对于居住条件的艰难与困苦，诗人也曾发出“安得广厦千万间，大庇天下寒士俱欢颜”的呼号。宅基地制度从设计之初就是为了保障农村居民建房居住需求，1963 年中共中央发布的《关于各地对社员宅基地问题作一些补充规定的通知》创设了“两权分离”的宅基地制度，其中就明确了“宅基地上的附着物，如房屋……等永远归社员所有，社员有买卖或租赁房屋的权利。房屋出卖以后，宅基地的使用权即随之转移给新房主”。

从生活居住的需求出发，人们更加关注的是宅基地上的住宅的安全性与功能性。农村住宅与城市住宅尤其是高层商品房存在一定的差异，通常是由村民自建或村集体联建，包括满足生活居住需求的住房及其相关附属设施，比如厨房、厕所、院墙等。在部分农村，也存在统筹统建的高层住宅，主要用以解决因无新批宅基地产生的无房户、缺乏建房能力的贫困户、外来无地无房户的居住需求。部分用地紧张的地区，也会通过统筹统建高层住宅的方式集约化用地。这些方式虽然保障了农村居民的住宅需求，但也剥夺和限制了他们的宅基地使用权，而且高层住宅与村民生活习惯和方式不匹配，由此产生了一系列社会矛盾。国家先后多次明令禁止“赶农民上楼”的行为。

（二）辅助性农业生产活动

家庭式的农业生产与工业化生产不同，许多生产环节并不能集中在一个场所完成，虽然农用地是进行农业生产的主要场所，但是比如种子培育、农作物晾晒、农业生产器具堆放维护等生产活动大多需要在居住场所完成。在合作社时期，可以通过分工协作、统一生产的方式进行，进入家庭联产承包之后，除了专业化、规模化、企业化运作的农业企业或生产合作社，大多数农业家庭都会利用宅基地进行一定的农业辅助性生产活动，许多农村因为用地紧张，甚至将原来的公共性农业生产场地改为他用，宅基地越来越多地负载起各家各户的农业辅助性活动需求。

(三)家庭副业活动

农村的生产活动从来也不只是农林渔牧,自古而今,农村在没有政府限制的情况下都呈现出百业兴旺的景象,手工业、农副产品加工业、饲养业、运输业、服务业等是许多农村家庭都会从事的副业。一般来说,小规模的家庭副业收益有限,农户一般不会专门租赁场地从事副业,宅基地就成为从事家庭副业的主要场所,农户会在住宅内或住宅旁建造作坊、鸡圈、窝棚等,并设置相应的设施设备完成副业劳动。这种在宅基地上同时实现居住与副业的建筑方式是许多农村家庭住宅的常见形态。

(四)经营性活动

随着经济的发展,许多农村家庭也通过开设商店、民宿旅馆、餐饮服务等进行专门的经营性活动获取收益,这些经营性活动通常都是在自家的宅基地上进行。随着乡村生态游、乡村露营的兴起,农户的经营性活动会越来越多,甚至一些农村宅基地的主要功能将变为经营,而居住功能退居其次。

(五)人情交往

大多数农村还处于熟人社会的社会结构中,人情往来、情感交流是生活在农村的人们日常的生活需求,这些交往既发生在农村的公共场域,如活动室、祠堂等,也发生在家庭住宅之中,尤其是家族内部的交往,如家庭聚会、家庭事务决议等,通常是在住宅内进行,这是维系乡村人际关系和伦理秩序的重要内容。

(六)文化传承

乡村居住布局、住宅形态与建筑风貌是乡土文化的重要承载体,宅基地的分布以及宅基地上的建筑布局亦是这种文化的重要体现,反映着中国传统文化“天人合一”的重要理念,宅基地也同时寄托着人们对于祖先的崇敬追思之情。宅基地上形成的聚落景观和建筑景观已经越来越受到国家的重视与保护。

（七）资产增值

随着宅基地“三权分置”改革的推进，村集体和农户可以通过宅基地置换建设用地指标、以土地入股项目等方式获得土地资产增值收益，农户也可以通过资格权入股以及使用权出租、转让、抵押等方式参与土地增值收益的过程。

综上所述，宅基地的功能呈现不断扩展的趋势，尤其是经营性功能与资产增值功能，这是以往宅基地制度通过用途管制的方式予以抑制的，伴随着宅基地功能的扩展，势必需要通过改革宅基地制度向权利主体进行放权和赋权，由权利主体根据经济社会发展的实际需要决定宅基地的利用方式。

二、现行宅基地制度的价值分析

如果我们将人自身与共同体的所欲及所求作为目标，那么法律制度及法治实践都只是实现某种目标的方式，而那些被人类社会普遍认可的应当追求的目标则构成了法律的价值基础。价值是构成一切制度及政治活动的出发点和最终归宿，也是证成制度的重要标尺。从人类的制度发展史来看，正是不同历史时期人类社会的价值变化推进着制度的变革。因此，只有明确了价值并确定了与之相应的原则，法律制度与法治实践才有明确的方向。自古而今，人们对于法价值的论述汗牛充栋，争议不断。因论述的目的不同，本书仅从一般性认知出发对基本的法价值进行简单的梳理归纳。

（一）自由

自由就其本义来说，就是一个人不受外在约束做任何自己想做的事情。每一个人天生就有排斥束缚的自然属性，自由也因此成为人类最为珍视的价值。古罗马法学家西塞罗较早地挑明了法律与自由的辩证关系，“为了自由，我们才做了法律的臣仆”。在明确法的价值在于实现人的自由的同时，西塞罗也指明了自由应当受到法律的约束。古典自然法将自由价值推向了极高的地位,霍布斯指出,“‘自由人者’,乃一个于其智力所及而愿做之事,能做之而无阻之谓也”。在反神权——反王权斗争的过程中,古典自由主义对于自由的定义范式充满着对于国家权力的排斥,“在一个有法律的社会里,自由仅仅是:一个人能够做他应该做的事情,而不能被强迫去做他不应该做的事情”。然而,人们很快认识到,排除国家的强制,仍然会面对各种自然条件和社会条件的限制,关键并不在于人的自由是否受到约束,而在于约束本身是否合理。1958 年,英国哲学家以赛亚·伯林区分了消极自由与积极自由,这被视为关于自由理论上一个新的里程碑。以赛亚·伯林认为,所谓消极自由,即免于外在强制的状态,积极自由更强调基于个人意识能够作出选择的能力。法律不仅仅要在消极自由外面竖起坚固的围墙,还必须要求国家确保人们拥有足够的能力实现自己的自由。在资本主义的生产关系中,对自由最大的限制来自经济剥削,因此,马克思更加关注的是每个人是否具有摆脱资本主义私有制造成的人支配人的社会关系。综上所述,法律所要保障的自由并非哲学意义上的精神自由或绝对意志自由,而是基于客观自然条件约束下的个人免于他人、国家不合理的强制的自由,这种自由不仅包括免于不合理的强制,还包括具备选择的能力。如果仅有法律规定的自由,但因为特定的生产关系实际上处于无自由的境地,那么这样的自由毫无意义。正是基于此,国家干预具备了正当性,当资本通过经济剥削和压制导致大多数人处于不自由的状态时,国家必须通过法律和行政干预的方式对各方的经济自由权进行限制,这种限制恰恰是为了实现社会的整体利益。在宅基地权利上,亦是如此。宅基地的绝对私有在权利上是最自由的状态,但是这种看似自由的背后却隐含着被资本操纵的巨大风险。

(二)秩序

相较于西方对于自由的推崇与重视,我国自古就重视秩序的维持,这与我国道法自然、顺应万物的农业社会传统有密切关联。《诗经·小雅》有“宾之初筵,左右秩秩。……是曰既醉,不知其秩”的描述,“秩”与“序”不仅用来表达有条理不混乱的状态，更用来指称伦理纲常之序、官员职级之别、贵贱等级之差。因此，我国经典论著中所谓的秩序，绝不是原子化的散乱状态，而是人与人基于特定的目标和需求根据其身份地位能力排列组合的稳定和谐状态，这种秩序典型的表达在乡土社会之中。《牛津法律大辞典》对法律秩序的描述是："法律秩序要素所涉及的是，一个群体和政治社会是否采纳某些组织规则与行为标准的问题。这些规则与标准，按其设想，是要给予为数众多却又混乱不堪的人类活动以模式和结构，从而预防不能控制的混乱。"马克思亦对秩序价值予以特别关注，"规则和秩序本身对任何要摆脱单纯偶然性或任意性而取得社会的固定性和独立性的生产方式来说，是一个必不可少的要素"。对于绝大多数学者而言，秩序都被视为法律的基础价值和首要价值，法律的产生与发展都是基于创造规则定分止争达到社会稳定有序的状态，如果法律无法维系秩序，那么就意味着法律失灵以及其所体现的国家意识的崩溃。秩序往往处于自由的对立面，秩序允许差别对待和必要的限制，但缺乏秩序约束的自由会导向无政府状态。当然秩序也反对专制主义，专制主义之下并无法秩序可言，因为专制者并不受到法秩序的约束。因此，秩序并不抹杀自由，而是基于特定的社会价值目标为自由创造适宜的土壤，避免人们陷入无尽的纷争之中。宅基地制度显然在创造一种秩序，其设定的权利边界和行使条件，都在避免宅基地权利冲突和权利滥用，但是秩序价值能否实现取决于一系列现实因素，包括秩序的正当性和人们的内心服从度等。从目前的实践情况看，显然宅基地制度的秩序价值受到了严重的冲击，宅基地管理秩序和权利运行秩序都不同程度地出现了"失序化"的现象。

（三）效率

效率一直是经济学的核心范畴，其核心要义在于成本与收益之间的关系，它描述了一个特殊的均衡点，即当我们说生产是有效率的时候意指生产者不可能以更低的成本获得既定的产量和产出水平。关注效率问题，其核心在于自然资源和社会资源都是具备稀缺性的，无论人们决定将任何一种资源用于某一特定的生产领域或消费领域都要面临机会成本的问题(如果用于其他领域是否可以获得更多的收益),正是由于资源的稀缺性和机会成本的客观存在,效率成为衡量人类行动是否具备理性的重要标准。效率体现了人类的理智特征,凝结着人类的理想,包含着人类处理矛盾的原则。因此,效率是一个基本的价值范畴。普遍认为,亚当·斯密是首位将经济学分析扩展到法律领域的学者,直至波斯纳形成了法经济学的完整体系,效率亦成为法的基本价值之一。波斯纳认为,法律对权利的分配与界定必须遵循效率原则,以实现资源的有效配置和高效利用进而达到社会财富最大化为目的。需要明确的是,作为法的基本价值的效率,并非简单地指向经济效益最大化,还包括社会效率(益)最大化,而社会效益的范围十分宽广,包括公正感、幸福感和民主程度等。因此,所谓法的效率价值,就是立法、执法、司法活动应当充分考虑到效率因素,以效率为价值取向对有限的自然资源和社会资源进行合理界定和公平分配,达到法律治理的收益最大化。“卡尔多—希克斯”效率(Kaldor-Hicks Principle)被认为是衡量法律效率的重要标准,其核心要义在于:如果一项制度会使一些人受损而另一些人受益,如果总体或长期来看益大于损,就表明社会效益增加了,所有人的境况都会因为社会效益的增加而自然获得补偿。如果用效率价值标准检视我国现行宅基地制度,则会发现其已经表现出明显的低效特征,主要体现为:第一,无偿分配的方式导致土地资源支出的社会成本极其高昂,但所保障的居住权益已经弱化且可以通过更低成本的方式替代,无偿分配还刺激土地占有行为,降低自然资源的利用效率;第二,限制宅基地的流转(交易条件限制、抵押禁止等)和抑制宅基地的财产属性,在损害使用权主体的基础上,并未增加社会收益,反而增加了宅基地的管理成本。用“卡尔多—希克斯”效率衡量宅基地“三权分置”改革,从短期来看,未分配到宅基地或占有宅基地面积较少的农户的权益会受到损害,合法拥有宅基地数量多的农户获得更大的收益;从长期来看,宅基地资源的财产效益增加,作为所有权主体的村集体收益也会增加,可以通过二次分配的方式弥补权益受损的农户,如果通过宅基地制度改革推进乡村经济发展,那么农户都可以获得因经济发展带来的新增收益,因此从长期来看,宅基地"三权分置"改革的社会效益大于制度成本。

(四)平等

平等既是政治学的核心概念,也是法学的核心范畴和重要原则,然而对于平等这个概念却处处充斥着争议,以至于很难清晰地界定。平等从政治口号上升为法律原则的进程,应当是自资产阶级革命开始的,当时的平等口号虽然是"人人生而平等",但是其主要指向的是阶级平等而非人与人之间的平等。如果再深究一步,所谓的阶级平等也并非所有阶级的平等,而仅仅是资产阶级与当时特权阶级的平等,这种平等主要表现在政治领域和经济领域,即通过革命以使资产阶级获得平等的选举权和经营自由权为目的,无产阶级、贫民等并不在平等的范畴之内。平等的核心要义在于"合理差别",平等并不要求法律对所有人一律等同视之,但人与人之间的个体差异、资源禀赋存在差别时,当然允许法律区别对待,但这种区别对待必须是合理的。例如,收入高的纳税多、劳动多的收益多。又如,老弱病残孕等特殊群体受到法律的特殊对待和保护,均符合平等原则和价值的要求。差别对待的合理标准主要取决于主权国家的国家性质、政权性质、社会普遍观念等,而社会主义国家将国家、公共、集体的财产权予以特别保护,并不能认为是违反平等的价值要求。平等这一法价值之于法律的作用,主要在于防范现代民主机制下多数人对少数人实施的合法压迫,因此又可以说,平等这一价值是宪法及法律为少数人权利提供的重要保障。我国的宅基地制度在设计之初,体现了朴素的平均主义,即按照户结合人数平均分配宅基地,然而这一看似平等的制度在运行中却产生了不平等的结果:一方面,随着社会经济发展和人口变化,户与户之间出现了明显的差别,但现行制度却未予以合理的差别对待;另一方面,未考虑到村与村的差别,在城市化进程中,一些村因区位优势通过征收拆迁分享了社会经济发展的巨大增值收益,大部分村却未能从国家和城市的发展中平等地分享到这些收益。

平等在不同的权利类型中,其合理差别的审查标准并不相同,一般来说,政治权利范畴应当贯彻更为严格的平等原则,经济权利则会因为个体努力、天赋等允许存在一定的差别对待。就宅基地“三权分置”改革来说,值得关注的是:其一,应当在制度设计上充分考量城乡差异,通过合理的差别对待实现平等价值,即应当基于农村较为落后的发展现状为农村分配更多的资源和赋予更多的权益,同时应当充分考虑到地区之间、村之间的分化和差别;其二,在宅基地所有权的行使上,应当充分贯彻政治领域的民主平等原则,禁止一切不合理的差别对待,通过村民大会等民主机制防止农村的强权势力通过宅基地改革攫取不当的利益。

(五)正义

自古罗马的《法学阶梯》将法学称为正义之学以来,法律就与正义纠缠不休,正义为法律披上了正当性和权威性的外衣,法律为正义施以盾牌与刀剑。在大多数人的观念里,法律的存在就是为了捍卫和实现正义,但对于何为正义,人们的说辞却变幻无常,从自然法则、神的意志、理性主义、功利主义到社会公平论,人们越是试图厘清正义的概念和内容,越是会被它那张“普洛透斯”的脸所迷惑。本书并不试图详细考证与阐释正义理论纷争,仅从最一般的定义出发,正义关注的是“各得其所”或“应得”的问题,正如西塞罗所说的那样,正义就是使每个人获得其应得的东西的共同精神意志。因此,正义的核心问题在于以何种标准来判定或证成何为“应得”,比如满足自然的需要、根据神的旨意、服从于权力、满足最大多数人的最大幸福等。正义与其他法价值不同之处在于,它往往居于各价值之上形成统帅地位,正如罗尔斯在《正义论》中所说的,“正义是社会制度的首要价值,正像真理是思想体系的首要价值一样。一种理论,无论它多么精致和简洁,只要它不真实,就必须加以拒绝和修正;同样,某些法律和制度,不管它们如何有效率和有条理,只要它们不正义,就必须加以改造或废除”。从正义的种类上,可分为实体正义与程序正义、国家正义与个人正义、绝对正义与相对正义等。值得我们关注的是绝对正义与相对正义的区分。在漫长的历史长河中，绝对正义一直占据主导地位，典型的话语表达是“永恒正义”“抽象正义”“自然公正”等，从斯多葛学派到古典自然主义法学派都认为正义是绝对的、恒常的。相对正义的思想渊源也同样漫长，可以追溯到古希腊的普罗塔哥拉斯(Protagoras)，他认为一切道德和法律都是相对有效的，它们与产生它们的人类社会紧密联系在一起，不同民族的政体和法律，如同他们的语言、宗教观念和道德体系一样，都只不过是传统因袭的习俗。人们认为相对主义的正义观会导向正义的虚无化，关于正义的讨论会陷入自说自话的问题中。马克思主义认为不可脱离于特定的历史阶段和物质基础讨论正义，正义应当是“现存经济关系的或者反映其保守方面，或者反映其革命方面的观念化的神圣化的表现”。罗尔斯则力图消除相对正义产生的不确定性，他通过构建“无知之幕”摒弃人们的价值好恶等前见，力图构建一个与个体所持立场无关的普遍正义原则。但是需要注意的是，罗尔斯的正义二原则并非价值标准，而是程序原则，他并不否认价值多元主义的客观存在，因此他主要提供分配正义的政治观念，而并非输出分配的价值理念。

综上所述，我们可以看出，在现代语境下，多元价值体系为相对正义论提供了更强有力的支撑，“在后现代语境下，作为一种宏大话语的正义不复存在，不同的正义观念在各自的有限领域多元存在”。回到宅基地制度上，如何通过制度重构实现宅基地权利的分配正义是当下宅基地制度面临的核心问题，这一问题的关键在于：现有的权利分配方式是否正义，需要以何种标准来衡量宅基地权利的分配是否正义。对此，本书认为：宅基地权利的平均分配方式在公社时期既不违背罗尔斯有关社会的和经济的不平等安排应当有利于最少受惠者的最大利益的原则，也符合社群主义关于群体连带关系的正义观念。关键的问题在于农村社会进入家庭化甚至个体化之后，平均主义并未充分照顾到最少受惠者的最大利益，而农村熟人社会向半熟人社会转型后，基于社群主义的分配原则显然也需要进行调试，因为事实上绝大多数农村都处于无地可分的状态，原有的制度在代际之间形成了不正义的后果。另外,对于宅基地的权利限制导致社会经济发展红利未能向农村和农民释放,亦违背了罗尔斯的正义原则。

三、重构宅基地制度的价值基础

本书认为,如果按照法价值位阶理论,宅基地制度形成之初的价值排序大致为平等—秩序—正义—效率—自由,这主要是因为:

第一,实现阶级平等和人人平等是社会主义革命的根本任务,土地革命是我国获得革命胜利的重要法宝,消灭地主剥削阶级是巩固新生政权、全面恢复生活生产秩序的重要基础。为此,1954 年的《宪法》就在多处规定了平等原则和平等权,之所以在这一时期将平等价值置于首位,是因为当时的主要社会矛盾是阶级矛盾,是生产资料和生活资料的占有不平等对社会产生了巨大阻碍,当然也需要注意的是,初期的宅基地制度是建立在平均主义上的平等,即将宅基地按照人口和家庭平均分配的基础上,综合考虑地主、富农等不同阶级成分家庭的宅基地分配问题,差别对待的主要标准是阶级成分,主要是考虑到对地主等剥削阶级进行社会改造。

第二,宅基地制度是为了适应农村生产生活秩序需要而产生的,稳定农村秩序,尤其是确保城乡劳动力合理配置,避免城市因大量农村劳动力聚集而出现混乱是当时宅基地设置的重要考量价值。因为在中华人民共和国成立之初城市工商业基础薄弱,无法承载过多的劳动力,城市住房也无法满足进城的农民居住,所以通过无偿分配的方式稳定农村劳动力是当时较为可行的方式。

第三,新中国成立初期,我国总人口 5.4 亿,农村人口约占 90%,通过国家强制性的平均分配解决农村土地占有严重失衡的现状,是完全符合正义分配原则的。这一分配实现了使处于社会弱势地位的群体获得最大收益,奠定了我国农村发展的基础,而且这种平均分配也有着充分的民主基础,得到最广大人民群众的支持,因此从政治层面来说也是符合正义要求的。

第四,一个有意思的现象是,我国宅基地制度设定之初,采取的是私有制,而且不禁买卖禁租赁,这在某种程度上是满足效率的需要。之所以禁止租赁是因为,有些学者认为地租是一种剥削,而根据部分学者的观点,允许买卖则是因为在新中国成立之初,我国认同苏联提出的社会发展阶段论,即原始社会—奴隶社会—封建社会—资本主义社会—社会主义社会—共产主义社会,而我国未曾真正进入资本主义社会,未形成工业化社会大分工,没有进入社会主义的经济基础,因此无论是城市工商业资产还是农村土地资源,我国都保留和允许私有制的存在。从实践情况来看,当时的农村土地私有制,确实产生了相当的社会效率,土地买卖消化了印发的大量货币,为我国工商业发展累积了原始资金。

第五,新中国成立初期直至现行的宅基地制度,对自由都进行了较大的限制,甚至许多学者将之称为“产权残缺”,但不能因此否认宅基地制度包含的自由价值,前文已就自由价值的内涵做过阐述,对自由的限制如果是合理的,能够保障农民具备选择的能力,则应当认为是符合积极自由的价值要求的。事实上,宅基地制度在设计上,也确实通过国家制度干预的方式对消极自由进行了限制,以期达到保障农民积极自由性权利(居住等生存性权利)的目的。在对消极自由进行了较大限制的基础上,宅基地缺乏流通性和增益性,但是农民以此作为基本生活保障获得了投身农业及工商业发展的基础。换言之,当宅基地不通过市场配置,价格机制就无法形成,作为需求方也就无须因为宅基地价格的上涨而背负巨大的压力,当然前提是无偿分配机制能够有效运行。

当宅基地功能趋向多元化和复合化,加之生存保障功能弱化,如果仍然坚守旧的制度价值体系,则必然产生制度的不正义和不效率。一切的法律都是处于一定的时间结构当中生成并演化的,在价值多元的社会中,不同的价值取向与价值判断会影响和推动着法律的构造模式与路径选择。因此,通过宅基地“三权分置”改革重构我国的宅基地制度,首先就需要重构宅基地制度的法价值体系。结合上文分析,宅基地的生存保障属性关涉的是国家的作为义务,对于生存性保障资源的制度设计一般以平等和秩序为主,而宅基地的财产属性关涉的是国家的不作为义务,对于财产性权利的制度设计一般以自由和效率为主。长期以来,我国的宅基地制度仅从宅基地的居住需求这一生存保障功能出发,压制其财产价值,在物质匮乏、社会家庭发展扁平化的时期,这种制度设计能够适应社会经济的需求,因而是正义且有效率的。但随着经济社会发展,以生存保障为导向的秩序稳定价值显然与以财产为导向的经济效率价值之间产生了摩擦与碰撞。为此,我们必须要重新审视权衡秩序平等价值与效率自由价值之间的关系。价值权衡的过程也是法制度动态发展的过程,是法律调整对象功能释放的过程,必须综合考虑制度成本与制度收益、权利义务的平衡,实现价值排序的重建。

制度的价值由制度调整的内容和目标所决定,在理想的状态下,好的制度应当能够尽量兼顾各种价值,或至少不能为了实现某一特定价值牺牲其他价值。目前宅基地制度的法价值至少存在两个问题:一是强调秩序价值而过分压制了效率价值;二是价值排序不适应权利主体对于宅基地功能的实际需要。学者认为,从居住的生存保障功能来说,应当是国家通过建立健全社会保障体系依赖国家财政开支进行,而将居住这一保障功能完全附加于宅基地制度上,成为宅基地制度难以承受之重,且国家通过一次性的土地资源投入免除了持续性的生存保障义务,亦不符合正义的要求,这是宅基地作为用益物权却发挥着类似医疗资源的功能而产生的权利异化现象。本书并不反对通过土地制度设计发挥土地的生存保障功能,因为土地本来就是一种公共资源而非其他财产,但本书赞同国家不能通过一次性的土地资源投入完成公民生存保障的国家义务,这在其他生存权领域亦是如此,国家除了初始投入,还必须保障制度的有效长期运行,投入必要的资源和成本。显然,目前宅基地制度的生存保障功能不仅弱化而且部分失灵,所体现的秩序价值也难以维系,宅基地隐形市场的出现就是法律所欲维系的秩序失灵的重要标志。本书并不赞同以效率取代秩序价值的主张,面对秩序价值的崩塌,我们应当是通过制度变革去维系和发挥这一价值,而不是去否定它。只有当宅基地的生存保障功能弱化时,我们才可以通过调整秩序的价值位阶提升其他法价值的位阶。

基于前述分析,本书认为宅基地制度的法价值重构既面临既有法价值的加强,也面临着法价值的重新排序。首先,当前的宅基地的法价值已经难以通过制度运行予以彰显,其不仅是无效率的,而且是失序且不平等的,对此前文已经在多处分析;其次,效率价值与自由价值容易被忽视和压制,应当提升其价值位阶,否则难以发挥市场机制在资源配置上的决定性作用,导致制度成本过高而社会收益较低。宅基地“三权分置”改革正是为了解决上述问题而进行的,其价值考量是清楚的,在确保和巩固宅基地制度的秩序价值和平等价值的基础上,充分发挥宅基地制度的效率价值和自由价值,进而实现宅基地及增值收益的分配正义,这应当是宅基地制度改革的正确方向。需要注意的是,许多学者认为宅基地制度摇摆于社会保障与财产权益之间是宅基地运行存在问题的主要成因,应当将宅基地制度彻底物权化以实现宅基地资源的高效配置。本书并不认同此观点,虽然宅基地价值应当重新排序,但这并不意味着是一道二选一的选择题。秩序价值与效率价值不是矛盾关系,从我国农村的现实情况考虑,以秩序价值为基础,提升效率价值,做到两者并重才是适宜的选择。有偿使用、有偿退出等改革政策已经充分证明秩序与效率是可以并存的。

第三章　宅基地“三权分置”的现实考量

第一节　宅基地制度的现实问题

如前文所述，现行宅基地制度形成于20世纪60年代，包括宅基地“两权分离”、取得方式、无偿分配、流转限制等主要内容并未发生实质性变化，但制度运行的社会经济已经发生了质变。学者普遍认为，“宅基地无偿分配制度所立足的城乡二元分割、农业支持工业的社会背景已经发生变化，该制度已经明显滞后于农村土地制度系统化改革的步伐。从深层次考虑，农户宅基地取得难、粗放利用和闲置、退出困难、需求增长等问题都与现行宅基地的分配政策有关”。[1] 从制度运行效果的角度分析，当前的宅基地制度已经出现了较为严重的运行问题，部分地区甚至出现了制度失灵的问题，而冻结宅基地审批、强制腾退等只是制度失灵的具体表现。要对制度变迁的未来走向和法理基础作出正确阐释，必须直面我国宅基地制度在运行过程中面临的问题。

一、宅基地所有权行使存在的问题

毫无疑问，作为宅基地所有权主体的村集体是宅基地监管的第一责任主体，从审核使用权申请资格、确定宅基地范围和面积到发现和处置违法占地行为、收回闲置宅基地等，村集体都具有管理上的优势和方便。但在

---

〔1〕 韩松：《论宅基地分配政策和分配制度改革》，载《政法论丛》2021年第1期。

制度上,村集体拥有的宅基地所有权是一项私法权利,其对于宅基地的分配和管理并非一项严格意义上的公法权力,这就导致村集体缺乏必要的强制性手段进行宅基地的管理。在宅基地申请上,村集体虽然负责对申请条件做初始的实质性审查,但宅基地使用权的批准与发证机关并非村集体,村集体不拥有最终的决断权,也无需承担因批准决定违法或不适当而产生的行政内部追责和外部追责,村集体在既缺乏监管收益又缺乏负面约束的情况下,更倾向于通过村民的申请以维系熟人社会的关系。在确定宅基地范围和面积的问题上,虽然宅基地使用权是无偿的,但宅基地地块显然是存在交通便利、地势地利、面积大小等价值差异的,如何实现分配上的公平公正亦是村集体要处理的难题。一方面村集体无论以何考量进行分配都会面临部分村民的不满;另一方面也确实为村干部制造了寻租空间,一些村民会以分配不公为借口肆意占用土地建房,加剧了宅基地管理的问题。对于宅基地相关违法行为,村集体既无行政处罚权,也无行政强制权,只能向有关行政部门报告处理,但这存在两个方面的问题:其一,村集体干部对于宅基地违法行为的报告会激化其与村民的矛盾,导致村干部的工作会遭遇各种阻碍,但村干部从报告行为中并无任何收益,因此,除非遇到专项行动或者有其他村民举报,否则行政机关很难通过村集体获知宅基地违法行为。其二,对宅基地管理的行政机关主要包括农业农村主管部门和自然资源主管部门,两个部门对于管理权限存在一定争议,会影响对违法行为的及时处置。另外行政部门资源有限,存在监管处置力量不足的问题,如果村集体无法形成有效配合的话,单靠行政部门是难以及时制止宅基地违法行为的。实践中往往是当行政机关知晓违法行为时,违法建房已经完成,再进行强制拆除会面临极大的社会风险,加之各地都存在大量的历史遗留违法行为未予化解,对于新增违法行为的处理会面临更大的社会稳定性风险。村集体作为所有权主体有权收回闲置的宅基地,但在实践中几乎没有村民主动自愿无偿退回宅基地,村集体又没有强制执行权,对于闲置宅基地的处置也往往不了了之。此外,关于所有权主体行使权利的方式,还面临民主决策机制建设等一系列条件的制约,在劳动力外流严重的大多数农村,有关宅基地事项的表决机制也处于停摆状态。

二、宅基地使用权运行面临新的障碍

随着我国经济发展和人口增长,土地资源日趋紧张,耕地流失严重。为了保障粮食安全,我国制定了世界上最严格的耕地管控制度,严格限制土地用途,禁止村集体随意调配土地建房,各级政府也严格控制土地用途变更审批,限制新增宅基地。在一系列的法律及政策控制下,许多村集体已经没有可供分配的宅基地资源,宅基地无偿分配名存实亡,即便地方政府不冻结宅基地申请审批,宅基地使用权的申请也只能在村集体内部积压着。宅基地资源即便紧张,但如果申请减少或宅基地退出机制畅通,也可以勉强维持宅基地无偿分配机制的运行。然而,虽然农村人口外流严重,但因进城落户困难等因素,进城务工农民长期处于“离土不离乡”的状态。虽然他们长期生活在城市,但仍然具有宅基地使用权的申请资格。在土地增值的心理预期支配下,即便大多数人并无实际居住需求,也都积极提交申请,在“不占白不占”的心理作用下,也不乏一些农民以他人违法占用土地没人管为由跟风占用土地建房,这种心理极其容易引发集群效应,大家不仅不会认为占用土地建房不合法不道德,甚至会形成某种合意,因为他们认为占用集体土地并不会导致个人利益的直接损失,于是就出现了“公地悲剧”的结果。

无偿分配之所以难以为继,其原因主要在于土地资源紧张导致土地价值攀升。在征收拆迁、增减挂钩等制度因素作用下,宅基地并非没有参与土地增值获得收益的可能性,以无偿获得的资源期待可能出现的巨大利益,在进一步巩固人们积极参与申请的同时,还诱发人们乱占、多占土地建房的行为。如果宅基地的经济价值不通过支付相应成本的方式体现出来,那么申请数量不减反增、宅基地无法退出等问题就无法有效化解。宅基地制度的设计初衷是为了维系传统小农经济下以家庭为单位的生活居住需求,因此确立了以户为单位分配宅基地的分配方式。但随着农业生产方式的改变、家庭结构的多元化,依托传统的家庭式生产单位确立农户的认定标准也面临较大困难:首先,村集体成员身份界定困难。村集体成员的身份大多是继承自公社成员资格,但是随着人口流动变化,新加入的成员如何认定集体经济组织成员身份,各地存在一定差异,而村集体表决一般都不愿意新增成员以分割集体利益。其次,“户”的认定标准也难以统一。实践中“户”一般是以公安机关登记为基础,综合考虑各种因素予以认定,但外嫁女带着子女回村能否申请宅基地,外出就学工作因失业回村但为单身大龄的能否申请宅基地等各种情形,成为困扰村集体的问题。此外,还有不符合分户条件但是家庭矛盾尖锐的如何处理居住问题也是本书在调研中村干部提出的一些困扰。随着新时代婚恋、就业、家庭结构等的发展变化,新的问题还会层出不穷。

三、宅基地隐形流转亟须加强规范化管理

无偿申请宅基地只解决初始分配问题,却无法化解因为人口变化、家庭变化、经济变化等产生的二次分配问题。在传统的城乡二元经济结构下,村集体家庭关系和人口结构较为固定,宅基地供需矛盾还不突出,但是随着社会经济的发展,家庭内部、户与户之间的宅基地资源供需矛盾不断显现,有的农民家庭已经定居城市,其宅基地长期处于闲置状态,而有的农民家庭人口增加却无法获得新的宅基地,居住状况十分恶劣,就有了购买或租赁宅基地的意愿。当然,供需矛盾的产生还有家庭财富状况发展不均衡、城市居民下乡居住、乡村产业发展需求等多种原因。虽然法律制度对宅基地流转有着严格的限制,但是实践中宅基地的流转现象一直存在,包括租赁、抵押、买卖都一直在进行,“小产权房”就是宅基地及房产交易导致的社会现象。实践中,村民与村民之间、村民与城市居民之间的宅基地流转行为并不受到村集体及有关行政部门的有效监管。首先,就租赁而言,宅基地使用权人租赁宅基地应当向所有权主体报备,但因为所有权主体权

利虚置,且宅基地使用权人和村集体都并不认为有此必要,他们基本都认为是否出租自己的房屋及宅基地是个人的事情,与村集体无关。因此,在部分乡村产业或旅游业发达的村集体,租赁市场十分发达。不过,由于缺乏村集体的有效管理,租赁纠纷也极其容易爆发,尤其是承租方违规使用和改扩建房屋、将宅基地用作生产经营用途等,都已经违反了现行法律的规定。其次,因房屋交易而发生的宅基地买卖也较为频繁,现行制度规定宅基地买卖只能在村集体组织成员之间进行,且一旦出售宅基地就不可以再申请宅基地,但实践中因为搬迁、就学就业、婚嫁等进行宅基地买卖的情形十分常见,其中不乏非本村集体成员买入的,还有的村民有钱之后想改善居住条件也会购入其他村民的宅基地,但这会导致购入方的宅基地面积超过标准,而卖出方往往是因为经济困难而卖出,然后又会以无住房为由要求村集体分配给其宅基地,从保障基本居住需求的角度出发,村集体往往不得不想办法解决其住房需求。从本书的调研情况看,农村的宅基地买卖也基本不会通过村集体同意,村集体往往并不掌握村民之间的买卖关系,等到知晓买卖行为时,往往买卖行为已经结束多时,即便存在违法情形,也无法制止和解决。最后,对于抵押而言,村民一般是对房屋进行抵押,但因为“房地一体”的原则,房屋抵押必然会涉及宅基地使用权,现行制度不允许宅基地抵押,银行等金融机构一般不接收宅基地使用权的抵押,但这同时又带来另一个问题,当村民需要资金发展产业时,因为宅基地使用权无法通过抵押获得资金,会直接导致缺乏必要的产业发展资金,当无法从正式渠道获得资金时,就只能通过民间借贷进行,其中就会涉及以房屋及宅基地作为抵押物进行借贷,而对于抵押物如何处置会成为非常棘手的问题。上述讨论反映出来的问题是,现行宅基地权利制度无法面对和适应宅基地财产价值显化的问题,基于身份属性确立的权利分配和使用制度,与宅基地要素市场化配置需求之间存在严重冲突。

第二节　宅基地制度运行问题的原因分析

基于我国传统的小农经济模式，农村地区一直以“生产、生活、生态”三合一的形式构建土地权利制度，宅基地的分配与分布，不仅关涉到农户家庭，更与整个农村的生产生活秩序密切相关。土地制度既是农村农业的根基，也受到农村农业形态的塑造与影响，当农村经济社会结构、农业生产方式发生改变时，建立于旧的经济社会结构之上的土地制度就必然因为调试能力欠缺而发生制度失灵问题。因此，归根结底宅基地权利制度运行的问题在于制度建立的基础和因素发生了变化，主要包括：

一、农村经济结构的变化

中华人民共和国成立之后到三大改造完成，我国实行的都是以户为单位的小农经济，由于中华人民共和国成立前大多数农村还是以佃农为主，因此通过分田到户消灭了地主对于农民的剥削，有利于促进和解放农村生产力。与此同时，单一的家庭农户生产方式符合我国大多数地区的地理条件。但不可否认的是，家庭式的小农经济存在两个问题：一是抗风险能力较弱，也难以在例如水渠、道路等公共设施建设的协作事项上达成一致；二是国家在征购粮食和统合生产资料方面需要支付的成本过大，不利于中华人民共和国成立初期国家有效调动和分配资源进行生产建设。实际上，初始分配完成后，农村就已经出现了土地买卖的现象，而似乎只要赋予农民完整的土地私有产权，土地兼并就是难以避免的事情。

从 1951 年底，国家就针对上述问题进行了详细论证，最终确立了农民土地私有制转变为社会主义集体所有制的改造路线。在初级农业生产合作社阶段，农民虽然保留土地所有权，但通过土地入股的方式失去了土地的使用权和分配权。在高级农业生产合作社阶段，土地及附属设施、生产工具等生产资料都收归集体，农民失去了作为生产资料的土地所有权，但这一时期合作社并不干预和支配农民生活领域的财产。在人民公社时期，公社成为一级基层政权组织，既调整经济事项，也干预生活事项，包括宅基地、自留地等都统一由公社调节分配，但这种过度干预抑制了个体的生产自主性和积极性，与当时我国的生产力水平和经济发展水平不相适应，并且存在严重的监督失灵的问题。因此，从 1958 年至 1978 年的人民公社时期，我国农业总产值年均增长率仅为 2.6%，此外，农村的工业、手工业和商业活动也被禁止，农村地区处于单一的集体化农业经济结构中。

在经济压力不断增加、农业经济发展面临严重问题的背景下，安徽凤阳小岗村开始了承包到户的实验和探索。承包到户在不改变集体土地所有制的前提下，将土地使用权分包到户，家庭在完成生产任务后，可以获得农业生产结余，这一做法极大地调动了农民的生产积极性，使得农业生产秩序得以恢复和发展。在经过考察论证后，中共中央于 1982 年 1 月批转的《全国农村工作会议纪要》支持了这一实践，并于次年中央一号文件中对此进行了理论总结，正式确立了家庭联产承包责任制。家庭联产承包责任制通过国家让渡土地使用权的方式恢复了小农经济模式，考虑到我国的生产力水平，小农经济模式更加符合当时的社会实际，因此在家庭联产责任承包制推行之后，我国农村经济就得以迅速恢复和发展，自 1979 年至 1984 年，我国农业总产值取得了年均 5%—6% 的增速。此外，需要注意的是，在 20 世纪 80 年代进行市场经济改革后，乡镇企业迅速发展，工商业成为许多农村的主要经济来源，尤其是浙江和苏南部分农村更为典型，出现了以村为单位的工商业集聚区。这意味着农村经济结构已经从单一的第一产业转向了第一产业与第二产业共同发展的结构模式。

随着我国不断加强对外开放，不断探索社会主义市场经济道路，农业在国民经济中的比重不断下降，以加工制造业为代表的工业占国民经济的比重不断上升。因此，第二产业和第三产业吸纳了大量从农业转移出来的劳动力，且城市中的工商业也向农村外溢和转移，农村经济结构进一步多元化。据学者调查，虽然农村中农业的基础性地位仍未改变，但二、三产业在农村经济中的作用逐渐加强，“2007 年，农村产业结构中农业产值最高的样本村的比例下降为 75.3%。与此同时，二、三产业产值最高的样本村的比例增加，如，1978 年还未出现商业服务业等第三产业产值最高的样本村，2007 年，商业服务业产值最高的样本村的比例已经达到 12%；工业产值最高的样本村的个数也由 1978 年的 4 个村增加为 2007 年的 14 个村，说明农村经济呈现多元化的发展趋势”。[1] 另外，在农业经济结构中，种植业的比重也呈现下降趋势，畜牧养殖业则呈现较快的上升趋势，林业、渔业也有所增加但不太明显。随着经济发展和国民饮食结构的改变，农业经济结构可能会继续发生改变。

由于农村经济结构的变化，土地用途也出现了多元化需求趋势，原来将农村土地以农用地和建设用地进行的简单划分显然已经无法适应和满足农村经济结构变化产生的新需求。对于农村建设用地来说，主要就是宅基地、公益性公共设施用地和集体经营性建设用地三类，其中只有集体经营性建设用地可以用以发展工商业。据测算，全国的农村集体经营性建设用地有 4200 多万亩[2]，仅占集体建设用地 10% 左右，且还存在布局分散、配套不足、利用率低等问题，无法得到有效开发利用，在地方城市工业用地紧张的情况下，还会在地方政府的主导下通过复垦为耕地换取城市工业用地指标，进一步压缩了乡村工商业发展用地的空间。此外，集体经营性建设用地属于集体支配，也无法满足家庭式经营发展的需要，而宅基地却占了集体建设用地的 54%，约为 1.7 亿亩[3]，其中长期闲置不用的宅基地在

---

〔1〕 于乐荣、左停：《1978～2008 年：中国农村经济和农业生产变迁——一项来自中国 150 个村的调查报告》，载《经济体制改革》2010 年第 1 期。

〔2〕 参见《韩长赋：农村集体经营性建设用地有 4200 多万亩、要管好用好》，载搜狐网 2019 年 9 月 27 日，https://www.sohu.com/a/343879860_99986045。

〔3〕 参见《我国农村宅基地总面积约为 1.7 亿亩》，载中国环保新闻网，https://www.cepnews.com.cn/a/xiangcunzhenxing/xiangcunlvyou/20210109/126129.html。

5000 万亩以上。如果还是将宅基地用途严格限定为居住用途且压制其经济属性,则无法满足农业经济结构的发展变化,还会对乡村振兴的项目落地和开展形成直接制约,宅基地闲置与农村产业缺地的矛盾将始终无法化解。

二、农业生产方式的变化

农业问题的本质就是农业生产方式,所谓的农业现代化也就是农业生产方式的现代化。我国目前正处于从传统农业生产方式向现代农业生产方式转型的过程中,在此过程中,除了技术、管理和机械等要素的作用,土地制度亦是影响农业生产方式的重要因素,反过来,也就意味着土地制度必须要适应我国的农业生产方式变革,从制度经济学的视角来看,"如果制度安排不能导致有效率的所有权,生产力就不能得到发展"。[1] 所谓生产方式,按照马克思的定义,广义的生产方式包括生产的技术条件和生产的社会形式,有学者据此认为生产方式是指在一定社会中人们运用生产资料进行生产以保证自己生活的方式,包括生产的条件和形式两个方面。[2] 按照马克思的观点,农业生产方式可分为传统农业生产方式、资本主义农业生产方式和社会主义农业生产方式三种主要类型。东方式小农生产方式属于传统农业生产方式,具有生产条件简陋、生产技术落后、生产规模较小、依赖经验和手工劳作、缺乏有效的生产分工协作机制等特点。恩格斯说,小农"是指小块土地的所有者或者租佃者,尤其是所有者,这块土地通常既不大于他以自己全家的力量所能耕种的限度,也不小于足以养活他的家口的限度"。小农生产方式以自给自足为目标,属于典型的自然经济而非商品经济。资本主义农业生产方式通过对直接生产者的生产资料的占有,剥削其劳动力,获得生产利润。资本主义农业生产方式打破了个体农

---

〔1〕 孟婕:《历史唯物论与马克思主义经济学》,社会科学文献出版社 2016 年版,第 32 页。
〔2〕 参见于金富:《社会主义生产方式新论》,社会科学文献出版社 2005 年版,第 58 页。

民小规模的生产方式，实现了社会分工与协作，并且推动了科学技术在农业生产中的运用，成功将农业经济从自然经济模式转向商品经济，促进了农业产品与其他部门商品的交换与流通。社会主义农业生产方式建立在生产资料公有制的基础上，通过合作社联合体按照国家生产计划有组织地进行生产，既消除了资本主义生产方式下的剥削关系，又有利于提升农业生产现代化水平。

在中华人民共和国成立之初的土地私有制下，我国的农业生产方式是典型的小农生产方式，不仅生产规模小，而且生产工具简陋、生产技术落后，基本以劳动力投入生产，缺乏基本的机械化耕种。从合作社时期到人民公社时期，国家希望通过联合生产的方式从传统农业生产方式过渡到现代农业生产方式，实现社会主义现代化农业，虽然在生产机械化和生产技术方面取得了一些进步，但并未实现真正意义上的社会化大生产。学者认为，“通过集体化所建立起来的人民公社生产模式只不过是小农经济捆绑式的集合，实质上是小农生产方式的袋装化。这种模式没有从根本上摆脱传统农业生产方式的基本特征，不可能实现农业生产的社会化、商品化和现代化”。[1] 自家庭联产承包责任制实施以来，中国的广大农村在20世纪80年代恢复了家庭式的小农生产方式，主要体现在：第一，从农业生产要素投入看，主要还是以土地、劳动力投入为主，缺乏现代科学技术、管理技术和信息技术的规模投入；第二，从农业生产规模来看，基本以家庭劳动力和需求为限，人均一亩三分地，耕地面积过小且细碎，缺乏扩大生产规模的动力；第三，市场化、标准化、商品化程度较低，农业生产的目的具有自给自足的典型特征，农业生产效率和利润较低。

21世纪初尤其是2010年以来，国家加大了对农业的技术投入和政策扶持，农业生产方式出现了明显的转变，具体表现为：第一，农业生产要素多元化，资本要素加入农业生产要素中，且通过承包经营权流转等方式，改

---

〔1〕 于金富：《马克思恩格斯农业生产方式理论及其现实意义》，载《经济研究导刊》2011年第30期。

变了小农经济下劳动力和土地要素不可分割的状态，实现了农业生产中按劳分配和按生产要素相结合的形态。第二，农业生产经营向规模化、组织化转变。由于农民家庭收入途径多元化，部分农民脱离专职农业劳动成为兼业化农户，加之土地经营权流转限制放开，产生了专业化农户或农业企业，农业生产规模得以扩大，并通过雇佣、兼职等方式形成了组织化的分工协作生产体系。第三，农业生产市场化、产业化水平不断提升。2015 年起，中央一号文件提出要促进农村一二三产业融合，打通农业生产与农产品加工、销售各环节，加强了农业生产的市场化供需导向机制，有效提升了农业生产的效率和利润。

农业生产方式的变化与农用地“三权分置”改革相互适应，即通过承包权与经营权的分离，实现了土地经营权的有效流转，提升了农用地的利用效率，促进了农业生产要素的流动。农业生产方式的改变同时产生了以下一些影响：首先，培养了具有现代市场意识和企业精神的农民，传统的互助式农村生产习俗被市场化的契约规则所取代。其次，区域间资本流动更加频繁，一方面城市资本转入农业生产经营，推动了技术的革新，另一方面农民也通过资本投资参与城市工商业收益分配。最后，剩余劳动力大量出现且转移到二三产业中。由于土地经营权的集中流转和规模化经营，农业生产效率提升，原来的家庭式劳动下的多余劳动力纷纷进入城市，劳动或工作场所与居住地也随之发生了转移。

综上所述，农业生产方式的改变在三个方面形成了宅基地制度运行问题：其一，规模化、分工化的农业生产方式，使得大量劳动力从农业生产中解放出来并进入城市，宅基地因无人居住而闲置，形成“空心村”的现象，各地村庄的农房空置率普遍在 20% 以上，部分地区甚至超过 40%；其二，土地经营权流转使得农民可以通过土地要素参与农业生产剩余分配，当土地经营权流转出去之后，农民获得了改善住宅的资金，也可以长期脱离农业生产地；其三，即便是继续从事农业生产的农民，由于现代化农业生产技术的引入和交通的发达，也可以实现居住地与生产地的适度分离。从各地的乡村居住空间和规划上看,随着农业生产方式的改变,乡村居住形态也随之发生了较大变化,原来的“生产、生活、生态”一体化格局被打破,人们更愿意集中居住在教育、医疗、商业资源丰富的乡镇和城市近郊,这也会导致原有宅基地的荒废。农村经济结构和生产方式的变化,在农村内部形成了财富分化,也对宅基地的供需产生了非常大的影响:一方面有钱的农民通过购买、扩建等种种方式扩大其住宅和宅基地面积,另一方面经济贫困的农民则通过出卖住宅换取经济来源。与此同时,经济贫困的农户也对于申请宅基地的意愿不高,因为缺乏建房的必要资金,所以出现几代人挤在老宅的情况,居住状况堪忧。

三、农村社会结构的变化

社会结构是一个广泛使用的概念,但其内涵和外延需要因研究的对象和目的而定。从广义上说,社会结构涵括经济、政治、社会等各个领域多方面的结构状况,社会学领域更加关注社会阶层结构,本书亦是从社会阶层结构的角度进行分析。基于社会阶层的分层理论主要有 3 种:一是马克思创立的阶级分层,以生产资料的占有情况对社会成员进行阶级划分;二是韦伯提出的多元阶层划分理论,即划分社会阶层的标准包括财富、声望、权力、社会资源占有等;三是布迪厄提出的以消费(兴趣)作为划分阶层的标准。[1] 按照马克思的理论,土地作为最重要的生产资料,对其的占有情况与农民的阶层结构有着直接关系。与此同时,我们也不能忽视因土地权利体系的变化间接导致的农民收入、声望等方面的变化所形成的社会阶层结构。可以说,农村社会结构既受到社会经济整体发展变化的影响,也是农村土地制度变化的产物,反过来,农村社会结构的变化也是土地制度变迁重要的诱致性因素。

---

〔1〕 参见侯麟科:《农村劳动力大规模转移背景下的中国农村社会分层分析》,载《中国农村观察》2010 年第 1 期。

小农经济形塑了我国乡土社会的水波纹式的同心圆结构，这已被费孝通先生在《乡土中国》中予以充分阐释。传统乡土社会以血缘关系和地缘关系为纽带形成的差序格局，与西方基于商业关系形成的团体格局有着非常明显的区别。从中国的历史传统来看，国家力量虽然在农村社会结构中具有主导性地位，实际上基于治理成本的考虑，农村具有较大的自治空间，国家往往需要依靠豪强地主的权威及力量完成对农村地租和劳动力的管控与征收，尤其在清朝末期，国家及各地政府对农村的管控能力不断下降，使得农村地区事实上形成了以大地主核心的宗族势力处于社会上层，绝大多数佃农和自耕农处于社会底层的社会结构。但是两者之间又存在强烈的依附关系，在缺乏其他经济来源和谋生途径下，绝大多数佃农和自耕农都需要地主的庇护获得较为稳定的生活，因此，地主阶层与农民阶层形成了较为稳固的共生关系。各阶层的利益具有同质性，但阶层之间存在较大的利益差距。占农村人口 5% 的地主阶层从农民手中获得利益后往往会到城里投资工商业，其利益诉求在于谋求城市中的发展，占农村人口 5% 的富农则更倾向于谋求在农村中的利益，占农村人口 20% 的中农、70% 的贫农和雇农则挣扎在生存线上[1]。各阶层之间在礼仪、婚嫁、饮食、消费上有着严重的隔阂，体现在宅基地上亦是如此，因为明清时期已经允许土地交易，所以宅基地的面积与家庭所处的社会阶层直接相关。

新中国成立后进行的土地改革运动，在很快的时间内消灭了地主剥削阶级，中下贫农成为农村社会阶层中的中坚骨干力量，得到了更多的土地资源，政治地位也得到提升，农村社会阶层结构发生了第一次重大变革。随后的互助合作运动，在制度层面则实行农村社会阶层平等化，消除一切特权，进行了政治运动型的平均主义化，在收入及生活物资分配上，大多数合作社采用“劳六人四”的分配原则，即 60% 的合作社收入按劳动力的工分

[1] 中国农村的基本问题，简单地说，就是农民的收入降低到不足以维持最低生活水平所需要的程度。中国农村真正的问题是农民的饥饿问题。参见费孝通：《江村经济》，商务印书馆 2018 年版，第 167 页。

分配,40%的合作社收入按农户人口分配,因为土地是按人口平分的,所以这一分配原则实施下来的效果就是农户之间的收入和物资差距很小。合作化运动从制度和财富层面消除了农村社会阶层的差别,在中国历史上第一次最大限度地实现了农村社会阶层之间的资源平均化。随后的人民公社运动,更是将农村内部各阶级的差别最大化消除,农村内部呈现高度的平均主义特质,在住宅与宅基地上亦是如此,所以按照人口平均分配宅基地的制度具有良好的运行和实施基础。

1978年以后,“农村社会的阶级阶层结构变迁最显著的特点就是从无效率的平均主义化走向快速的分化,农村社会已经逐渐告别低发展水平的平均主义化,走向快速发展的分化之中”。[1] 阶层的快速分化主要动因来自经济结构的发展变化,尤其是市场转型推动了农民财富状况的快速分化。实证研究表明,农村社会分层在20世纪80年代就出现了结构性变迁,农村20%最富裕的阶层中,较多的是具有创收能力的市场化公司的企业主和其他新兴致富者,而市场力量毫无疑问是导致农村阶层结构性变迁的重要因素。[2] 另外,从20世纪80年代开始,国家在减少农村各项管理开支的同时,也赋予农村更大的自治权限,国家力量对于农村管控的减弱,也使得农村平均化格局被打破,具有较强管理能力和经济实力的村民与能力和财富欠缺的农民之间形成新的阶层分化格局。

需要注意的是,自改革开放以来,我国不同地区的农村社会结构存在较大差异,难以用一个结构模型予以概括和描述。按照贺雪峰教授的观点,“南中北主要源自对村庄内血缘共同体关系的考察,其中华南农村多聚族而居的宗族结构,至今仍然在农村社会治理和农民生产生活中发挥一定作用。华北农村大多存在相互独立的血缘小亲族集团,这些小亲族之间的斗争与联合深

---

〔1〕 陆益龙:《中国农村社会阶层结构六十年的变迁:回眸与展望》,载《马克思主义与现实》2009年第6期。

〔2〕 参见[美]倪志伟:《一个市场社会的出现:中国社会分层机制的变化》,载边燕杰主编:《市场转型与社会分层:美国社会学者分析中国》,生活·读书·新知三联书店2002年版,第253页。

刻地影响着村庄治理和农民行为模式。长江流域村庄原子化程度很高,村庄缺乏以血缘为基础的结构性力量”。[1] 以上分析在解释不同地区农村阶层分化的因素上值得关注,因为本书并不主要探讨区域农村社会结构的差异,所以仅分析现今农村社会结构呈现出的总体性变化趋势。

从全国范围来看,东部沿海地区的农村率先通过发展二、三产业出现了经济结构的变化,也因此首先出现了阶层分化,体现为通过私人承包集体企业和农村个体工商户兴起的新兴经济主体与继续从事农业生产的农民或成为企业雇工的农民之间的分化。因为东部沿海地区在改革开放后承接了大量的国外转移的制造业,所以大量的私营业主在东部农村产生,形成了一个新的阶层,其他农民则一般成为乡镇企业的员工,或将土地入股参与集体企业分红,也逐渐脱离农业劳作。中西部的农村则因为工商业不发达,在农业生产方式变革后,剩余劳动力大量转移到东部的工厂企业中,形成了另一个新兴阶层——农民工群体。中西部农村中剩下的群体又分为人数不多的青壮年农民群体、老弱病残的留守群体和进城务工后因种种原因返乡的群体,其中留守的青壮年农民群体被贺雪峰教授称之为“中坚农民”,他们是中西部农村中的强势阶层,是宅基地权利的坚定捍卫者。一般来说,在外经商或务工获得较高收入的农户家庭更加愿意进城买房安居,虽然这一部分群体的经济收入较高,但实则已经脱离于农村社会结构。大多数家庭处于外出务工与家庭农业兼顾的状态,这一部分群体的经济状况良好,因为不愿意彻底脱离农村,所以大都将外出务工所得投资于农村住宅建设,期望回乡落脚养老,这一部分群体对于宅基地权利也较为看重。而因种种原因只能依赖家庭式农业种植获得收入的家庭则处于农村社会结构的底层,如果还存在其他致贫因素,则连基本的居住需求都难以满足。需要注意的是,自改革开放以来农村阶层结构的变化并非阶级关系的变化,亦不存在阶级对立、矛盾的关系,因为最主要的生产资料——土地的所有权主体并未发生变化,不存在马克思所谓

---

〔1〕 贺雪峰:《农村社会结构变迁四十年:1978—2018》,载《学习与探索》2018 年第 11 期。

的基于生产资料所有发生的一个阶级占有另一阶级劳动的问题。

综上所述,我国现在的农村社会已经不存在宅基地制度构建时期的均等化结构,虽然地区间的农村社会结构存在一定差异,但总体而言现在的农村社会结构已经呈现多元化、差异化的阶层格局,基于人口按照家庭实行的平均分配制度难以维系,不同的阶层对于宅基地的需求存在较大差异。第一,东部沿海集体经济和私营经济发达的农村,大都通过统建联建的方式统一规划建设了农村住宅,住宅质量、外观、规格均与城市住宅无异,不存在居住问题,许多农民在城市也购买有住宅,宅基地管理上比较规范,较少存在宅基地闲置浪费问题,闲置的宅基地基本通过村集体集中整理的方式予以利用。但是,上述情况必须建立在村集体经济发达或村民财富状况较好的基础上,否则村集体缺乏必要的住宅建设统建资金和宅基地整理资金。第二,东部欠发展的农村和中西部大多数村集体经济不发达的农村,农村社会阶层结构呈现多元化,对于宅基地的权利诉求也呈现复杂多元的趋势。“中坚农民”群体主业在农村进行农业生产,因此对于宅基地的权利诉求牢固,更倾向于保持宅基地使用权的无偿化和长期化,当然这部分群体也不存在所占有的宅基地荒废闲置的情况。外出务工与农业生产兼顾的家庭,视经济情况不同又分为城里购房家庭和农村置业家庭。就前者而言,虽然青壮年主要劳动力长期不居住在农村,但是一般有老人居住在农村,如果分户出去的还存在宅基地闲置的情况,而这一部分农户还不具有足够扎根城市的能力,因此仍然十分看重其在农村的宅基地权利,因为长期不居住在农村,对于宅基地被回收有着强烈的担忧,更倾向于将宅基地所有权私有化。而后者多是无力在城市购房的家庭,处于常年往返城市与农村的状态,宅基地并未处于闲置状态,这部分群体更愿意将收入投入农村房屋的建设上,对于保持和购买宅基地有较大的热情,他们更愿意宅基地使用权流转进一步放开,方便其在农村通过宅基地交易改善居住状况。收入较低的农户,因为缺乏改善住宅的资金,所以根据其所在村的情况有几种处理方式:一是维持原状不予改变,当房屋出现危险时由政府补助进行加固;二是由村集体通过建造农村公寓统一安置,原有的宅基地由村集体回收使用;三是依托美丽乡村建设项目、脱贫攻坚项目、易地扶贫搬迁项目、宅基地置换项目等解决其住房问题,宅基地一般根据项目的需要予以回收补偿或进行置换(宅基地换宅基地或宅基地换住房等)。无论上述何种情况,我们都可以看到,通过国家力量介入强制性的平均分配机制已经不能适应农村社会现有的多元化阶层结构,如果各阶层的权利诉求无法通过正式制度得以满足,则不可避免地会出现隐性的交易市场和权利规则。

四、乡村治理方式的变化

如本书对土地史及土地相关形态的考察分析那样,土地问题从来不是一个纯粹的财产权问题,在绝大多数方面,土地的公共属性都高于私益属性。因此,包括宅基地在内的土地资源无法单纯通过市场机制完成合理公正配置,这必然就涉及土地的管理问题。从农村集体土地管理方面,我国采用的是两种管理方式并存的立法体制,一种是基于国家利益和社会公共利益的行政管理体制,另一种是集体土地所有权主体对其他权能主体的私法监管方式。即便是追溯历史,乡村治理的基础很大程度上都建立在土地地租的占有上,如果失去了土地基础,则一切治理活动都会因为缺乏经济基础而失去运行效能。

关于乡村治理的概念,学界存有不同的观点。有从治理的内容进行界定的,"乡村治理有两个方面的内涵:一是关乎乡村秩序;二是关乎乡村发展,概括起来即为秩序和发展"。[1] 有从治理的目标进行界定的,"现阶段我国乡村治理问题的性质是坚持和完善中国特色社会主义制度,落实实施乡村振兴战略的总要求"。[2] 有从治理主体和方式界定的,"乡村治理是我

---

〔1〕 陆益龙、李光达:《中国式乡村治理现代化的本质要求与路径选择》,载《江苏社会科学》2023 年第 2 期。

〔2〕 秦中春:《乡村振兴背景下乡村治理的目标与实现途径》,载《管理世界》2020 年第 2 期。

国乡政管理与村民自治二元并存的结果，是自上而下的国家管理权力和自下而上乡村自治权力的结合”。[1] 本书认为上述界定都从不同的角度揭示了乡村治理的内涵，鉴于本书讨论的问题，既需要考察国家政权对于宅基地的管理方式，也需要考察村集体在宅基地治理方面的变化，但均须从宏观的历史变迁视角进行梳理分析，着重从治理方式的变迁分析宅基地所有权主体的治理问题成因。

新中国成立之初，我国通过宪法确立了乡作为国家的基层政权直接管理农村事务，在农村成立农业协会协助基层政权进行管理。进入农业合作社阶段后，合作社取代了农业协会成为了农村管理的主要组织。到了高级社阶段，宗族势力和乡绅豪族势力已经彻底从乡村管理主体中被清除，由党组织领导的合作社成为农村管理的核心主体，但这时候合作社还主要是作为生产组织对生产性事项进行管理。到了人民公社时期，开始了“政社合一”的管理模式，人民公社开始对农村各项事务进行全面管理，1958 年颁布的《中共中央关于在农村建立人民公社问题的决议》规定：“由于农林牧副渔、工农商学兵综合性的发展，公社的管理机构也必须有适当的分工，要在组织精干和干部不脱离生产的原则下，建立若干分工负责的部门。并且要实行政社合一，乡党委就是社党委，乡人民委员会就是社务委员会。”人民公社发展到后期，已经全面介入农民的生活，宅基地的分配与管理也由人民公社进行。在这种高度集中的管理模式下，宅基地的分配、使用都未出现较大问题，但这种模式需要国家承担较重的财政负担，且不利于发挥农民的生产积极性和创造性，无视了农户之间的个体差异和利益偏好，以至于到了后期，乡村失去发展活力，出现了严重的“管理失灵”。

20 世纪 80 年代开始的家庭联产承包责任制动摇了人民公社的经济管理功能，遂逐渐退出历史舞台。1982 年，广西合寨村在党的领导下通过民主投票的方式选举产生中国的第一个村委会，村民自治开始登上历史舞

---

〔1〕 陶斯妍：《乡村治理问题研究综述》，载《社会科学动态》2022 年第 12 期。

台,全国各地开始成立村民委员会进行乡村自治式管理。1998 年《村民委员会组织法》的通过,标志着我国乡镇政权与村民自治的二元治理模式正式形成。从法律的规定看,村委会的管理职责不限于发展经济,还包括公共事务、公益事务、调解纠纷和维护社会治安等各项职责,另外还需要协助乡镇政府开展工作。从实践上看,村民委员会实际上成为基层政权和基层行政部门行使职能的真正负担者,需要接受和配合上级各部门完成所有管理事项。国家通过费改税、免除农业税等一系列措施,进一步弱化了行政部门对村集体的管理和干预,村集体获得了更大的自治空间。然而,赋予村集体自治权和扩大其自治范围,与乡村治理能力提升并无因果关系,一般来说,只有集体经济发达、村内民主机制健全、村民法治意识良好等因素具备时,村民自治才能有效运行且获得良好的治理成效。但是,我国农村差异较大,部分农村在行政力量撤出后反而出现了严重的治理问题。从实践中看,在行政管理弱化后,乡村治理状况出现了明显的变化,部分农村因为获得了较大的经济自主权,从 20 世纪 70 年代末的治理危机中转型成功,实现了经济发展与治理水平的共同提升,但许多资源缺乏型农村却因为行政资源的撤离产生了更为严峻的治理问题。

根据学者的分析总结,造成我国乡村治理转型困局的主要原因在于,“传统封建思想和宗族意识阻滞村民民主意识发展;城市化进程加剧乡村建设主体流失;乡村基层民主治理法律体系不健全,法治化滞后于现代化发展,村民自治组织与政府关系紊乱,经济利益驱动导致治理实践流于形式;农民文化水平、法律知识和政治素养有限,法律意识淡薄,民主吸纳程度较低,政治参与渠道梗阻,民主治理理论与实践滞后,政府总体协调能力不足等问题”。[1] 尽管每个村在治理问题方面的原因有差异,但以上分析基本概括了大多数农村治理问题的共性原因。近两年,基于乡村治理问

〔1〕 张元、高金强:《新时代乡村基层民主治理困境及其现代化转型路径》,载《榆林学院学报》2023 年第 3 期。

题,国家提出了一系列政策方针要求,加大了对乡村治理的资源投入力度,推广“三治融合”“枫桥经验”等成功的乡村治理经验,取得了许多成效,但基于不同地区的实际情况,乡村治理方式的转型仍随着时代的发展在不断探索和发展中。

在土地管理方面,《村民委员会组织法》第 8 条第 2 款规定:“村民委员会依照法律规定,管理本村属于村农民集体所有的土地和其他财产,引导村民合理利用自然资源,保护和改善生态环境。”同时,《土地管理法》第 11 条规定:“农民集体所有的土地依法属于村农民集体所有的,由村集体经济组织或者村民委员会经营、管理”;第 62 条第 4 款规定:“农村村民住宅用地,由乡(镇)人民政府审核批准”;第 62 条第 7 款规定:“国务院农业农村主管部门负责全国农村宅基地改革和管理有关工作”;第 67 条规定:“县级以上人民政府自然资源主管部门对违反土地管理法律、法规的行为进行监督检查。县级以上人民政府农业农村主管部门对违反农村宅基地管理法律、法规的行为进行监督检查的,适用本法关于自然资源主管部门监督检查的规定。”从上述规定来看,在宅基地管理上同样适用行政管理和村民自治的二元治理模式,在实践中,村民的宅基地申请向村民委员会提出,由村民委员会进行实质性审查并通过村民表决予以公示,然后送交乡镇人民政府,由乡镇人民政府对材料进行合法性审查和批准。对于宅基地的其他违法行为,则由村民委员会报告乡镇人民政府或主管行政部门,由相关部门予以处置。对于宅基地的收回以及整理工作,由村民委员会负责组织实施,相关主管部门进行指导和督促。

乡村治理方式的变化对宅基地的管理状况产生了至关重要的影响,主要体现在:第一,政府管理与村民自治之间的关系混乱。村集体作为所有权主体享有的是私法上的管理权,但实践中却需要承担乡镇政府委托的各类宅基地管理事项,导致公法管理职责与私法管理职责交织不清。政府将村民委员会作为其下级组织指使其承担相关管理职责的做法甚至还使村集体的宅基地所有权受损,从而难以获得政府部门的救济,因为政府认为村集体有能力和职责自己解决。第二,村民自治缺乏有效的民主运行机制,村民参与公共事务决策的意愿不高。根据本书的调研,村民对于其他村民的宅基地申请和分配情况并不关心,即便要求其参加投票表决,也只是走个形式,同意与否主要取决于申请和分配是否损害自己利益。部分村因为常住人口流失严重,甚至都无法召开村民大会进行表决。因此,宅基地的管理事项往往由村干部决定,事后如果有村民不满意,则以决定事项违背其意志进行申诉和举报。第三,政府部门和村集体都缺乏管理宅基地的动力。政府部门认为宅基地所有权主体是村集体,宅基地管理质效与其无太大关系,政府也无法从宅基地的管理中获得管理收益,因此往往以属于村民自治事项拒绝介入;村集体虽然是宅基地所有权主体,但宅基地并非经营性用地,村集体无法通过有效整理宅基地获取额外收入,缺乏参与管理的热情,而村干部则觉得宅基地事关一个家庭的根本利益,处理不当则引发较大风险,所以也不愿意过多干预,这样容易导致宅基地违法行为难以在发生之时就被及时制止。第四,村民对宅基地制度缺乏充分的了解和认识,仍然以宅基地属于私人财产的观念看待宅基地管理问题,没有形成宅基地的集体财产属性观念,因此对违法使用宅基地的行为见怪不怪,甚至形成心照不宣的集体合谋式违法。第五,村民委员会作为所有权主体的代表缺乏有效的治理手段。村委会虽然接收并初步审核宅基地申请,但如果不予通过的话,村民会直接到乡镇政府申诉举报,最终的决定权还是在乡镇政府而非村委会。对于超面积建房、乱占耕地建房等行为,村委会只能报告有关部门处理,这又可能遭遇有关部门以属于村集体自治事项予以拒绝。因此,村委会缺乏有效的治理手段导致村集体所有权不仅在实体层面处于虚置状态,在救济上也存在虚置的可能。

五、农村家庭模式的变化

家庭是社会中最小的组织性单元,也是我国宅基地制度确立使用权主体的基础,家庭结构的变化直接影响宅基地使用权主体的增加与减少,家庭功能的变化也会直接与宅基地的流转、退出意愿直接相关。所谓家庭结构,"是指有血缘、姻缘和收养关系成员所形成的不同类型的生活单位。家庭结构研究以同居成员的代际、婚姻对数和家庭人口数量为认识基础,辨别共同生活者的关系并进行分类组合"。[1] 一般认为,家庭规模和家庭劳动力是讨论家庭结构的重要因素,家庭规模的大小会决定家庭的发展空间,家庭劳动力的多少直接影响家庭资源的获取能力。除此之外,家庭的决策主体、决策民主化程度、代际差异、收入构成等也对家庭结构变化有着重要影响。按照不同的标准可以将家庭结构做不同的划分,如以家庭规模为标准,可分为传统大家庭和小型家庭;按照家庭的维系力量,可分为情感型家庭、经营型家庭、伦理型家庭等;以农户生计来源为标准,可分为老弱病残户、半工半农户、中坚农民户、非农经商户等。

宅基地权利制度的设立是为了满足家庭式农业生产单位的居住需要,因此在农业经济时期,具备足够的农业生产能力是形成一个家庭的关键因素。同时,因为中华人民共和国成立初期主要通过劳动力投入获得农业产出,所以充足的劳动力是进行农业生产的必备条件。这就决定了长期以来我国农村家庭以三代户为主,且在家庭内部形成明确的生产分工关系,这在土地私有制的时期尤为明显。20 世纪 50—70 年代末的合作社和人民公社时期,家庭生产功能被打破,"农民社员的劳动、收入和分配都由生产大队和生产队决定,农民家庭除了可以支配少量的自留地上的劳动以外,从总体上退出了生产过程"。[2] 然而实行家庭联产承包责任制,家庭的生产功能又迅速得以恢复,但是与新中国成立初期的土地私有制时期不同,20 世纪 80 年代已经出现了多元化的收入方式,尤其是当时乡镇企业兴起,一些家庭成员"离土不离乡"进入各类工厂、企业中劳动,还有一些农户投身于手工业、运输业等副业中,家庭从单一的农业生产转变为工农商多元化

---

〔1〕 王跃生:《农村家庭结构变动及类型识别问题——以冀东村庄为分析基础》,载《人口研究》2010 年第 2 期。

〔2〕 蒋艳:《当代中国农村家庭结构变化的原因分析》,载《安徽农学通报》2007 年第 2 期。

劳动。自20世纪90年代起,多元化的收入结构更加明显。随着乡镇企业的倒闭,大多数农民进入了“离土又离乡”的状态,还有不少农村家庭成员通过念书、当兵、考公务员等方式彻底脱离了农村,这使家庭结构更加复杂。家庭结构的变化产生了以下一些影响:

第一,家庭的决策主体多元化且民主化程度提升。在单一的农业生产及以三代户为主的家庭结构,一般决策主体由年长的男性成员(户主)担任,但是随着家庭收入结构的多元化和农业收入的减少,决策方式逐渐从家长式决策转为自我决策,体现在宅基地和建房、退出宅基地等事项上,不同的主体基于自身的利益偏好,在家庭内部难以达成一致意见。

第二,传统三代户家庭结构转变为小家庭结构或核心家庭结构,导致按户分配的宅基地申请数不断上升。虽然农村家庭的三代户高于全国平均水平,但变化趋势与全国一致[1],一代户比例不断上升,二代户占据主流,家庭规模呈现小型化,一代户与二代户家庭合计占农村家庭总数的80%以上,由此产生的直接影响就是按户分配的宅基地申请数不断上升。但许多地区并未针对小型家庭调整宅基地面积进行限制,使得宅基地总面积并未因为农村人口减少而下降,如果不是土地用途管制对宅基地总量进行控制,宅基地分配面积会呈现上升态势。

第三,留守家庭、独身家庭、离异家庭、失孤家庭等新型家庭呈现不断上升趋势,基于传统家庭设置的宅基地分配制度不适应新型家庭结构的需要。从统计数据看,20世纪90年代以留守儿童、留守老人单独留守为主的留守家庭在2000年后发生了转变,“‘上有老下有小’的留守家庭比例有所上升,两代人留守比例减少……三代留守群体同住无疑能更便捷、低成本地保障家庭基本功能实现”。[2] 不同的留守家庭在宅基地上的问题也存在

---

〔1〕 2020年我国家庭户平均人口规模为2.62人,比2010年减少0.48人。具体论述参见陈功:《我国人口发展呈现新特点与新趋势——第七次全国人口普查公报解读》,载人民网,http://finance.people.com.cn/n1/2021/0513/c1005-32101889.html。

〔2〕 秦敏、吕利丹:《我国农村留守人口规模、家庭结构与发展趋势》,载《延安大学学报(社会科学版)》2020年第4期。

差异：单独留守儿童或者寄居在亲戚家，或者寄宿在学校，家里的宅基地处于闲置状态，单独留守的老人一般居住家中，行动不便的也有居住在村或乡镇统一建设的老年公寓中，因而两代或三代共同居住的留守家庭才是宅基地的主要使用者，他们对于宅基地的持有诉求最强烈；独身家庭、离异家庭和失孤家庭都是人口较少的家庭，居住成员一般是一两个人，宅基地一般只作居住用途，也有部分地理位置好的多余的房间会被用来出租，一些家庭因为所需居住面积不大，更希望能够通过交易或置换的方式处置宅基地改善居住条件。

第四，家庭的维系力量多元化复杂化，小农经济下的农村家庭的维系力量包括生产经营、婚姻、伦理等，由此形成一个基于血缘和地缘的大家族式的家庭结构，且在其中会有一个权威中心对家庭资源进行分配，其他家庭成员在经济资源和伦理关系的支配下服从于家长权威。随着家庭收入多元化，家庭关系也从生产分工关系中脱离，成员之间不仅缺乏经济支配关系，还会因为缺乏共同劳动和生活、缺乏情感连接产生分化。近年来，农村家庭矛盾纠纷呈现上升趋势，包括代际矛盾、夫妻矛盾等，其中宅基地使用权纠纷也是家庭矛盾纠纷的重要类型。宅基地使用权按户分配使用的规定难以对个人的使用权问题进行清晰界定，而这种权利的捆绑状态有时候并不利于家庭关系的维系和矛盾纠纷的化解。

此外，据实证调研分析，在有偿退出的基础上，不同的家庭结构因素对宅基地的退出意愿有着一定的影响：户主受教育程度越高退出宅基地的意愿越高，因为受教育程度与信息获取渠道和收入水平成正比，更具备脱离农村生活的能力和利益偏好；户主非农化程度越高退出宅基地的意愿越低，因为当前小农经济收入无法满足其家庭支出所需，宅基地是家庭的重要生活保障性资源；家庭收入结构越多元退出宅基地的意愿越高，因为多渠道的收入可以提高家庭的抗风险能力，退出宅基地可以更好地优化家庭资源配置；家庭有抚养子女的退出宅基地的意愿高，因为抚养成本较高，通过退出宅基地获得经济补偿可以有效地弥补其在抚养和教育成本上的不足。[1]

综上所述，基于传统三代户建立的为保障家庭生产单位居住需求的宅基地权利制度已经不能适应家庭结构的多元化趋势，家庭结构的变化无论在个体性权利诉求、宅基地面积还是宅基地功能上都出现了不同的制度改革需求。总体而言，改革需求的共同点在于：第一，构建更为宽松灵活的宅基地流转规则，以满足不同主体按照其利益诉求处分宅基地使用权的需要；第二，充分释放宅基地的财产属性，以满足不同主体利用宅基地进行家庭资源配置的需要；第三，推行合理的有偿退出制度，以满足进城家庭和小型家庭通过退出宅基地获得货币补偿的需求。

六、文化价值观念的变化

物质基础决定文化价值观念。我国的乡土文化是经由漫长的农业生产活动形塑的，正如费孝通先生将中国社会结构定性为乡土性那样，这种乡土性是内生于农业文明中的，是浸润着自然与泥土，顺应着四时与人伦的。乡土文化以农业社会为基础，凝结着农民的智慧与经验，体现着农民的情怀与价值。价值观念同样指引着人们的行为，“乡村社会的民间信仰、生活习惯、人文特性及社会风格与农业社会浑然一体，共同塑造了地域特色鲜明的乡土文化，可以说，乡土文化是农业文明的核心内容，并在乡村的生产、生活和生态等方面有重要的社会功能”。[2] 当我国被迫卷入西方主导的政治经济文明体系后，我国社会整体就开始面临经济体制、社会结构与价值观念的重构问题。改革开放后，我国加快了自主性的转型进程，农村亦在转型中面临着传统价值观念的衰微与新的价值观念的塑造，正如学者总结的那样，“城市化的生活方式和工业化的生产方式不断侵蚀乡土文

[1] 参见张林艳：《家庭结构、功能认知与宅基地退出意愿研究——以山西省为例》，山西财经大学 2021 年硕士学位论文，第 21 页。

[2] 朱启臻：《把根留住：基于乡村价值的乡村振兴》，中国农业大学出版社 2019 年版，第 8 页。

化，大批农民离开乡土社会而进入城市和工业社会，离土离乡成为这个时代的显著特征，由此逐步导致乡土文化的全面式微”。[1] 我国宅基地制度显然是基于传统农业经济下的乡土文化建立的，其满足了农村“生产、生活、生态”三合一的功能，维系了乡土社会的血缘和地缘结构，无偿取得了符合我国儒家文化提倡的仁爱思想，按户分配满足了传统家庭亲情伦理的需要。而20世纪90年代中期在城市开始的商品房改革，则是商品经济和工业文明的需求与特征的典型体现和反映，我国的物权制度也主要基于现代商业社会设立。因此，我们要思考的是：宅基地权利作为物权制度中的特殊构造，其特殊性的基础是否仍在，尤其是能否符合当代农村的乡土文化与农民的价值观念。基于论述的目的，本书主要从以下几个方面予以分析。

第一，农村乡土社会中的世代定居文化被越来越频繁的迁居生活所取代。《汉书·元帝纪》有云：“安土重迁，黎民之性；骨肉相附，人情所愿也。”农业社会与商业社会的区别就在于，人必须是依附于土地生存的，用费孝通先生的话来说，就是“农业和游牧或工业不同，它是直接取自于土地的。游牧的人可以逐水草而居，飘忽无定；做工业的人可以择地而居，迁移无碍；而种地的人却搬不动地，长在土地的庄稼行动不得，侍候庄稼的老农也因之像是半身插入了土里，土气是因为不流动而发生的”。[2] 也因此，世居一地是农业社会中的常态，也是生活安定和家族繁盛的理想图景。人们本能地对迁徙流动予以排斥，因为他们认为，那一般意味着战乱、灾祸或者贫困，甚至基于社会安定的考虑，“流民”也被历朝统治者所重点关注。由此，农村社会有着浓厚的乡土情结，人们重视祖居宅邸的建造与修葺，宅基地被视为祖先灵魂的安息之地和家族情感的寄托，人们会将大量的家庭财富投入祖宅之中，而迁居被认为是一项非常重大的事项，需要举行繁复的仪式。这种世居文化对宅基地权利观念有着深远的影响，至今在许多农村地

---

〔1〕 陈小锋、徐礼志：《乡土文化的变迁历程、维系困境与应对路径》，载《延安大学学报（社会科学版）》2022年第4期。

〔2〕 费孝通：《乡土中国》，北京出版社2009年版，第11页。

区宅基地仍被视为是绝对的私人财产而非公共财产。在宅基地制度设立之初,因为人口数量较少且无频繁的人员流动,国家只需要考虑初始分配,基于定居的思想观念,宅基地可以通过世代继承的方式予以延续,所以不会发生大规模的宅基地二次分配和调整的风险。即便在人民公社时期,宅基地所有权虽然收归集体,但因为事实上集体并不行使或较少行使所有权,宅基地私有的观念从中华人民共和国成立初期延续至今也未遭遇制度运行上的问题。然而,随着工商业取代农业成为社会的主要经济支柱,城乡之间人员流动加快,迁居和异地定居也成为农村社会的常态,祖宅观念逐渐淡却。如果说20世纪90年代进城务工人员还对农村怀有浓厚的“乡愁”,以年老后回村定居作为奋斗的终点,那么许多随进城务工的父母从小生活在城市的新生代年轻人已经没有了这种对乡土的依恋,他们既缺乏农业生产的技能又不适应农业生产生活方式,乡土故乡对他们而言已然只是父辈口中遥远又模糊的存在。也因此,当代农村的乡土故居情结逐渐成为过往,对于常年在异乡的农村青年人来说,并非故居情结在阻碍他们退出宅基地,而是缺乏合理有偿的退出补偿标准导致他们不愿意退出。当然,我们也必须意识到,对于很多中老年人来说,乡土情结仍然是阻碍闲置宅基地回收的重要因素,祖宅对他们的情感价值远远超过经济价值,但随着代际更迭,宅基地的有偿退出势必会成为大多数人的理性选择。

第二,农村乡土社会中的群体连带关系被独立自主的交往关系所改变。农业经济具有天然的脆弱性和不确定性,在农业社会中,任何脱离于集体的个体都难以独自生存,因此以农业生产的自然性形成的生存依附关系构成了农村“亲缘”“地缘”的群体差序连带关系。在这种关系中,个体需求让位于集体利益,为了延续群体的共同生存与发展,人们聚村而居形成抵御自然风险和社会风险的共同体,共同体内人们服从于集体决策,相互之间通过情感和道德处理纠纷,这使包括宅基地在内的集体事务比较容易通过共同体潜在的共识性规则予以化解。然而这一切在20世纪90年代发生了转变,“乡间社会的特点就是道义和情感义务、人与人之间亲密无间、社会凝聚和持久的连续性。这都是乡间社会的特点，而人们转向城市生活以后就不复存在了”。[1] 如果说20世纪90年代以前中国的农村一直处于熟人社会状态，其成员有服从共同体意志的自觉性，那么20世纪90年代尤其是21世纪后，这种乡村共同体已经开始瓦解。据学者们的调查分析，我国的农村已经进入“无主体半熟人社会”，其特征在于：其一，村庄社会多元化，异质性增加，村民之间熟悉度降低；其二，伴随共识的丧失，村庄传统规范难以约束村民行为，加速了村庄内生秩序能力的丧失；其三，村民日渐丧失对村庄的主体感，村庄越来越难依靠内部力量维系村民生产生活秩序而不得不更多地寻求外部力量的介入，以至于村庄都逐渐变为外在村民的存在。[2] 这种“无主体半熟人社会”给宅基地管理带来了显而易见的困难：一方面，村民之间因为长期不接触不交往，难以在宅基地权利纠纷上相互理解形成共识，加之各主体的行为逻辑和利益诉求分化严重，使谈判成本和解纷成本不断上升；另一方面，村委会失去了组织农业生产经营的职能，加上农民获取经济收入的途径多元化，基于生存风险而形成的集体责任感也渐次减弱，维护村庄共同生活价值和秩序的道德义务随之丧失，这也是现在村集体内部宅基地供需矛盾难以解决的主要原因。

第三，农村乡土社会中的行动理性被商业社会的经济理性所影响。对于农民是否具有经济理性，不同的学者有不同的观点。传统认为农民不具有商业社会中的经济理性，因为他们在农业生产生活中表现出来的互惠互助行为违背理性经济人的行为逻辑。例如，韦伯就说处于“传统主义”下的农民的行为是非理性的。当然也有很多学者对此予以否认，尤其是舒尔茨，他在诺贝尔经济学获奖演说中指出，“全世界的农民在权衡成本、收益和风险时，心中都会有一本账。在闭塞的、孤立的、分散的范围以内，他们都是精打细算的‘经济人’。尽管农民因接受的教育、健康和经验不同，观

---

[1] [美]塞缪尔·亨廷顿、劳伦斯·哈里森主编：《文化的重要作用——价值观如何影响人类进步》，程克雄译，新华出版社2002年版，第194页。

[2] 参见贺雪峰：《新乡土中国》，北京大学出版社2013年版，第9页。

察、理解以及对新信息的反应能力也有所不同,但他们具有关键的一种天赋,即企业家精神”。对此观点,我国大多数学者都不予认同。温铁军教授认为理性小农理论不过是为了迎合西方市场经济私有制的概念体系,完全不能解释真正的农民生产生活行为;黄宗智教授亦明确指出,“真正关键的不是他的经验论证,因为他对印度所知十分有限,正如他对中国实际所知一样。他真正关心的是理论,而真正支撑他的观点的乃是他关于市场经济的一套理论”。[1] 本书认为,我们不能简单地将趋利避害当成经济理性,农业社会与商业社会中的人显然具有一些本质的差异,这并非具备理性与否的问题,而是基于不同的生存环境和目标采取不同的生存策略。商业社会中的人们追求利润最大化、风险偏好高以及积极扩张等,是为了适应和满足商业逻辑的要求,而农业社会中的人们追求生产规模与生活需求匹配、风险偏好低和保守安定,也是为了适应农业经济的特点。总体来说,浸润于农业文化中的普通百姓一般秉持小富即安、和谐安稳、以和为贵的观念,在住房和宅基地上也以适宜居住为主,不会过分追求与自己需求和能力不匹配的高楼大院,也不会将宅基地作为资产追求利益最大化,因为在一个保守的群体之间过于“招摇”是需要面临巨大风险和社会压力的。“但是,随着市场经济的发展,农民的生存压力得到了缓解,他们具有了更高层次的追求,他们的‘意愿’里不仅有‘生存理性’,而且还存在‘经济理性’”。[2] 从实践中看,所谓“经济理性”的表现主要有:其一,基于对土地增值的预期积极扩张宅基地面积和住房面积,尤其是在城市规划区及城市近郊地区,上述行为的发生概率更高;其二,在征收拆迁中,被拆迁的农户会采取更加积极的谈判策略以期获得法定补偿标准之外的利益,也会采取“种楼”“加建”等不合法的方式提高补偿收益;其三,基于更加愿意投入金钱在住房修建上以彰显其财富和地位的心理,农户之间出现了明显的攀比风气,相较于传统乡土社

[1] 黄宗智:《中国小农经济的过去和现在——舒尔茨理论的对错》,载《中国乡村研究》2008 年第 12 期。
[2] 刘晓峰:《我国乡土文化的特征及其转型》,载《理论与现代化》2014 年第 1 期。

会的小心谨慎和低调处世来说,现代农村的人们更加关注自己的感受和面子,而宅基地大小和房屋是否气派是较为直观地展现家庭成功与否的方式。

第四,农村乡土社会中的伦理本位受到规则主义的侵袭。传统的农村社会是典型的“情理社会”或“伦理型社会”,诚如梁漱溟所言,人们“实存在于各种关系之上。各种关系,即是种种伦理。伦者,伦偶;正指人们彼此之间相与。相与之间,关系随生。家人父子,是其天然基本关系;故伦理首重家庭。……随着一个人年龄和生活之展开,而渐有四面八方若近若远数不尽的关系。是关系,皆是伦理;伦理始于家庭,而不止于家庭”。[1] 旧时伦理以家庭为核心渐次扩展,形成“父子有亲,君臣有义,夫妇有别,长幼有序,朋友有信”的五伦之规。诚如贺雪峰教授总结的,“中国人的血缘关系深受儒家孝悌思想的影响,每个人都被儒家思想在血缘关系的网络中安排了具体的道德义务,而家族制度进一步在组织和制度上强化了这种义务”。[2] 在传统的乡土社会中,人们的行为主要受到伦理人情的约束,如发生宅基地权属纠纷,要考虑家庭之间的关系,按照长幼之序、亲疏远近处理,即便按照儒家式的审判规则,亦是“凡讼之可疑者,与其屈兄,宁屈其弟;与其屈叔伯,宁屈其侄”。[3] 在伦理本位的乡土社会中,宅基地的分配与使用、宅基地的权属纠纷都可以凭借人们内心的道德服从和外在的舆论话语、家长权威予以有效化解,在尊卑有别的伦理关系中,服从长者与权威本身就是一种与生俱来的道德义务。而现今的农村,宗族与家族力量已经衰退,旧的礼法制度被民主制定的村规民约所取代,人们的思想观念亦在市场经济的浪潮中反复激荡,并受到现代信息媒介的冲击与影响。我国亦

〔1〕 梁漱溟:《中国文化要义》,学林出版社 1987 年版,第 80 页。

〔2〕 贺雪峰:《新乡土中国》,北京大学出版社 2013 年版,第 62 页。

〔3〕 “凡讼之可疑者,与其屈兄,宁屈其弟;与其屈叔伯,宁屈其侄;与其屈贫民,宁屈富民;与其屈愚直,宁屈刁顽。事在争产业,与其屈小民,宁屈乡宦,以救弊也。事在争言貌,与其屈乡宦,宁屈小民,以存体也”。这是黄仁宇在《万历十五年》中提到的海瑞裁决民事疑难案件的标准,带有明显的儒家孝道、仁爱的思想色彩。

通过加强基础教育和全民教育的方式加强对农村的法治教育和社会主义核心价值观教育，旧的道德伦理在农村年轻一辈的心里只剩下残缺的碎片，他们更加熟悉权利、平等、法治、民主、自由等新时代话语体系和观念，农村社会呈现出整体性地从“情理社会”向“法理社会”转型的态势。这当然是时代的进步与发展，但关键的问题是需要依靠乡土社会伦理基础运行的宅基地制度在新的变化中疲态尽显，主要表现为：其一，对于宅基地权利问题，人们更加注重法律规定而不是情感关系，然而现行的宅基地制度因为规定得过于概括和原则，并未提供充分的规则资源，使得宅基地权利问题还需要回到情理之中化解，但当情理基础瓦解时，就会出现宅基地问题进退维谷的困局。其二，当人们的关系趋于平等而非服从时，如果缺乏有效的民主运行机制，则会导致合作难以形成，秩序也难以维系。在本书调研的过程中，许多农村的宅基地问题都处于搁置状态，村干部普遍反映村委会无力解决这些问题，村民也都不愿意配合，每次召开村民大会都达不成一致意见。其三，当人情与伦理关系让位于利益关系时，制度对于权利和义务的明确界定就显得尤为重要。现行宅基地制度缺乏有效的责任追究机制，加之长期形成的历史问题未予化解导致的法不责众心理滋生，使得人们只关心宅基地权利是否受到侵犯，却对要承担的宅基地合法使用和退回义务漠不关心，这在义务本位的伦理型社会中是不太可能发生的事情。

第三节　基于乡村振兴战略分析宅基地“三权分置”的必要性

2017 年，党的十九大报告正式提出乡村振兴战略，其中明确指出，“农业农村农民问题是关系国计民生的根本性问题，必须始终把解决好‘三农’问题作为全党工作重中之重。要坚持农业农村优先发展，按照产业兴旺、生态宜居、乡风文明、治理有效、生活富裕的总要求，建立健全城乡融合发展体制机制和政策体系，加快推进农业农村现代化”。乡村振兴战略是我国在新时期面对国际国内复杂的经济形势提出的重大国家战略，其内涵丰富、立意深远。此后,中共中央、国务院发布一系列政策文件推进乡村振兴战略的实施。例如,2018 年 9 月,中共中央、国务院印发了《乡村振兴战略规划(2018 – 2022 年)》,其中对于合理布局乡村生活空间、加强乡村振兴土地保障等方面作出了具体要求。2021 年 2 月《中共中央、国务院关于全面推进乡村振兴加快农业农村现代化的意见》发布,其中就巩固拓展脱贫攻坚成果同乡村振兴有效衔接作出了工作部署,提出进城农民就地市民化、增加进城农民住房供给,并要求保障进城落户农民宅基地使用权,研究制定依法自愿有偿转让的具体办法。同月,国家乡村振兴局正式挂牌。2021 年 3 月《中共中央、国务院关于实现巩固拓展脱贫攻坚成果同乡村振兴有效衔接的意见》发布,提出做好土地支持政策衔接工作。2021 年 4 月《乡村振兴促进法》通过,其中第 67 条规定:“县级以上地方人民政府应当推进节约集约用地,提高土地使用效率,依法采取措施盘活农村存量建设用地,激活农村土地资源,完善农村新增建设用地保障机制,满足乡村产业、公共服务设施和农民住宅用地合理需求。”2022 年 2 月《中共中央、国务院关于做好 2022 年全面推进乡村振兴重点工作的意见》发布,其中提出加快落实保障和规范农村一二三产业融合发展用地政策。2022 年,党的二十大报告强调,“全面建设社会主义现代化国家,最艰巨最繁重的任务仍然在农村。坚持农业农村优先发展,坚持城乡融合发展,畅通城乡要素流动”。2023 年中央一号文件即《中共中央、国务院关于做好 2023 年全面推进乡村振兴重点工作的意见》继续对全面推进乡村振兴工作提出要求,明确提出“深化农村土地制度改革,扎实搞好确权,稳步推进赋权,有序实现活权,让农民更多分享改革红利”的要求。

一、乡村产业振兴与宅基地制度改革

乡村振兴战略包括产业、人才、文化、生态、组织振兴等,其中产业振兴是基石,“产业振兴是发展农村生产力的根本要求。特色产业是农村经济高质量发展的引擎,只有产业振兴才能吸引优秀的人才,提振先进的文化,打造宜居的生态,形塑坚强的组织”。[1]《乡村振兴战略规划(2018－2022年)》对于产业振兴进行了谋篇布局,从三个方面提出了规划:一是推动农村产业深度融合,其核心要义在于推进农村一二三产业融合发展,充分结合各地农村的特色,以旅游观光、生态休闲、养老康复等带动当地农产品销售,并实现农产品生产、加工、销售全链路衔接,以电子商务平台为依托,完善农业产业服务体系,打造农业产业新业态,并形成农业产业集群和规模化、专业化发展,与此同时优化农村消费环境和消费结构,提升消费层次;二是完善紧密型利益联结机制,主要是鼓励农民通过土地、资金、劳动、技术等参与农村产业发展中,并通过土地流转、土地入股、土地租赁等方式分享产业发展收益和合作企业的利润,在政策上要对农民土地等生产要素入股的合法权益予以充分保障,确保农户在产业发展中分配到更多的增值收益;三是激发农村创新创业活力,推进技术、人才、信息、管理等现代生产要素向农村聚集,鼓励返乡人员带动当地农户创新创业,将外来先进生产要素与农村的土地、劳动力要素紧密结合起来,共同推进当地产业发展,在政策上要对农村创新创业项目予以用地、用水、用电保障,并通过全国农业信贷担保体系予以贷款上的支持。

在乡村产业振兴中,值得关注的是两类主体:村集体和农民个体。对于前者,必须要确保其作为农村产业振兴的核心主体,对于后者,必须要确保其在农村产业振兴中真正获得发展增值收益。通过观察世界各国的农村发展的经验发现,一旦允许外来资本进入农村,就很容易演变为外来投资主体通过资本占有的方式对农村资源进行抢占与剥夺,不仅无法使农村产业获得长期稳定发展,反而在资本的侵蚀下失去了农村集体的主体性地位。我国始终高度重视农村发展,自改革开放以来,已经投入大量的资金与资源进行农村基础设施建设,为农村的产业发展奠定了良好的交通、水

[1] 于爱水、李江涛、汪大海:《习近平乡村振兴战略观的基本内涵、理论贡献与实践路径》,载《学术探索》2023年第5期。

利、通信条件,这些“沉淀成本”在乡村产业振兴中被忽略掉,作为国家对农村的投入分摊在产业成本中,并由农村集体与农民分享收益。要确保村集体和农民在乡村产业振兴中不丧失主体地位,核心就是要通过对村集体土地所有权和农民的土地使用权进行确权,明晰其土地权益,拓展土地资产价值,确保他们在产业发展中的主导性地位。农村闲置土地是撬动农村产业发展的核心资源,也是发展壮大村集体经济的重要抓手,更是农户创新创业的基础和重要融资资源。

据农业农村部抽样调查,2018 年农村宅基地闲置率为 18.1% ,原国土资源部的数据则显示,我国农村宅基地空置和空闲面积高达 0.02 亿公顷左右,占目前使用状态下城镇用地面积的 25% 。闲置宅基地利用率较低的主要原因就在于缺乏有效的使用途径,由于整理宅基地需要前期投入大量资金进行拆旧,同时要对退出宅基地的农户进行补偿,即便是通过宅基地置换的方式整理闲置宅基地,也往往需要大量的资金进行前期建设,一般来说,只有产业项目能带来如此巨量的资金。从产业发展的生产要素投入来说,村集体及农户的主要资源就是土地,在耕地面积严格限制和经营性建设用地紧张的基础上,二、三产业建设用地只能通过闲置宅基地的整理而得,因此宅基地成为产业发展的重点。从本书在各地的调研情况来看,均面临二、三产业发展的用地瓶颈问题。一些村集体通过引入产业项目利用外来资金和贷款等方式先完成宅基地整理,为产业进村奠定了良好的基础,实现了“宅改 + 产业”的良性互动发展模式。但在一些宅基地整理困难、产业缺乏的农村,则始终陷于产业缺地、回收缺钱的双重问题中。为此,农业农村部在《关于积极稳妥开展农村闲置宅基地和闲置住宅盘活利用工作的通知》中明确提出,“探索盘活利用农村闲置宅基地和闲置住宅的有效途径和政策措施,为激发乡村发展活力、促进乡村振兴提供有力支撑”。“鼓励利用闲置住宅发展符合乡村特点的休闲农业、乡村旅游、餐饮民宿、文化体验、创意办公、电子商务等新产业新业态,以及农产品冷链、初加工、仓储等一二三产业融合发展项目”。

二、乡村人才振兴与宅基地制度改革

自20世纪90年代以来,伴随农村劳动力流失的还有乡村人才队伍的急剧萎缩,其原因除了经济结构变化、就业岗位转移等经济因素,还包括乡村公共资源的衰减、生活方式及思想观念的固化、居住娱乐方式的单一等。在过去的三四十年,城市对乡村人才产生了明显的“虹吸效应”,使得乡村劳动力和人才出现严重的“失血”状态。具体表现为:第一,乡村人才存量严重不足,大量的劳动力离开农村,外出读书的人不愿意返回农村。根据国家统计局发布的《2021年农民工监测调查报告》,即便是在新冠病毒影响下,2021年全国的农民工总量还是呈现上升态势,“2021年全国农民工总量29,251万人,比上年增加691万人,增长2.4%。其中,外出农民工17,172万人,比上年增加213万人,增长1.3%;本地农民工12,079万人,比上年增加478万人,增长4.1%。年末在城镇居住的进城农民工13,309万人,比上年增加208万人,增长1.6%”[1](见图3-1)。第二,乡村人才结构不合理。体现在年龄结构上,乡村缺乏中青年人才,大多是留守老人,难以依靠他们进行乡村振兴,在调研走访的一些村小组中,常年只有60岁以上的老年人居住,这些老年人留守农村也大多是因为不适应城市生活;体现在性别上,现在农村居民以女性为主,留守妇女大多是为了照顾子女和老人,家庭事务繁重,一般没有精力参与乡村公共事务和其他经营性事项;[2]体现在知识结构上,大多数农村居民知识结构老化,主要掌握的是传统农业生产经验,对现代农业科学技术知之甚少,对经营管理等事项就更

---

〔1〕 国家统计局:《2021年农民工监测调查报告》,载中国政府网,https://www.gov.cn/xinwen/2022-04/29/content_5688043.htm。

〔2〕 根据国家统计局发布的《第三次全国农业普查主要数据公报(第五号)》,2016年,全国农业生产经营人员31,422万人,其中女性14,927万人。在农业生产经营人员中,年龄在35岁及以下的6023万人,年龄在36岁至54岁的14,848万人,年龄在55岁及以上的10,551万人。其中中老年人和女性是农业生产经营人员的主力军。参见国家统计局:《第三次全国农业普查主要数据公报(第五号)》,载中国政府网,https://www.gov.cn/xinwen/2017-12/16/content_5247683.htm。

加缺乏知识。第三,乡村人口文化程度偏低,教育培养模式不适应新时代乡村发展需求。根据国家统计局第三次全国农业普查的主要数据,截至2016年,在全国农业生产经营人员中,大专及本科以上文化程度的仅占1.2%左右,初中学历的占57%左右,小学学历的占30%左右,还有3.6%左右的未接受过教育。[1] 除了学历教育欠缺,在专业技能培训方面也存在不足,主要有产学研衔接还不够充分、实践教育资源不足、传统手工艺缺乏传承等问题。[2]

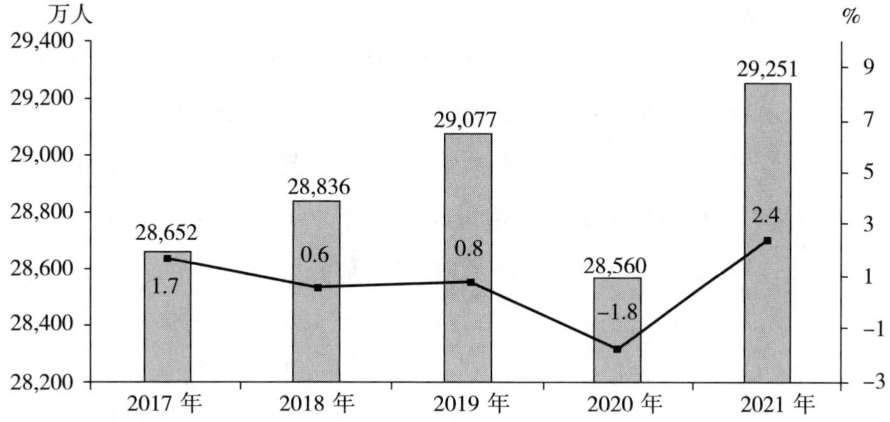

图 3-1 2017—2021 年农民工总量趋势

针对上述问题,《乡村振兴战略规划(2018-2022年)》从3个方面提出了解决思路:其一,培育新型职业农民,通过加强职业化教育培训,实施弹性化学制,以专业化的农业企业和协会为主体,对农民进行技能教育培训,提升新型农民职业化能力水平;其二,加强农村专业人才队伍建设,主要是通过加大"三农"领域的人才培养力度,构建起农业专业领域的各方面人才队伍,深化产学研各环节的融合合作机制,建设农业科技和科普人才

〔1〕 参见国家统计局:《第三次全国农业普查主要数据公报(第五号)》,载中国政府网,https://www.gov.cn/xinwen/2017-12/16/content_5247683.htm。

〔2〕 参见彭维聪、曹均学:《乡村振兴战略中的人才困境与破解路径》,载《辽宁科技学院学报》2022年第4期。

队伍；其三，激励社会人才投身于乡村建设，通过建立各种奖励机制和激励计划，鼓励各方面人才通过各种方式与途径投入乡村振兴事业中。

要落实上述乡村人才振兴各项举措，必须要回到乡村人才问题的形成原因中进行思考，一方面要加快乡村产业发展，优化乡村发展的经济环境，给各类人才以充分的发展空间和合理的经济回报，另一方面也要注重住房资源和公共资源（医疗、教育、娱乐等）的投入与保障，让投身于乡村建设发展的人才不仅愿意去还待得住。从乡村人才队伍的来源分析，主要分为三类，第一类是留守乡村的人员，第二类是进城后返乡的人员，第三类是从城市投身农村的人员，其中第二类又分为返回原居农村的人和投身于异地乡村的人。从城市投身于农村的人员和到异乡参与乡村建设的人，如果在农村进行工作和生产经营活动，就要面临住房问题，根据现有制度，他们无法购买农村的宅基地建房，也无法购买农村建好的住房，这显然不利于他们长期扎根乡村，也无法获得归属感进而影响其与农村发生情感连接。从实践中看，解决住房问题的方式主要有村集体建设人才公寓供进村人员居住，进村人员自行与村民租赁房屋居住，进村人员租赁集体或个人的闲置宅基地建房居住。无论是何种方式，进村人员对住房都只拥有使用权或租赁权，对于一些下乡进行民宿、康养、餐饮的人来说，他们十分担心农村经济发展后自己对于房屋的使用权和租赁权是否会得到切实的保障。此外，住房条件和配套设施的优劣也是影响人才进乡的重要因素，许多农村自建房还是面临居住状况和卫生状况远不及城市住房的问题，加之缺乏必要的配套设施，[1]这也是许多年轻人待不住农村的重要原因。这就需要村集体通过土地整理加强配套设施和公共设施建设。与此同时，要加强对承租人

---

[1] 根据国家统计局发布的《第三次全国农业普查主要数据公报（第一号）》，截至2016年年末，91.3%的乡镇集中或部分集中供水，90.8%的乡镇生活垃圾集中或部分集中处理。73.9%的村生活垃圾集中处理或部分集中处理，17.4%的村生活污水集中处理或部分集中处理，53.5%的村完成或部分完成改厕。99.5%的农户拥有自己的住房，47.7%的农户使用经过净化处理的自来水，36.2%的农户使用水冲式卫生厕所。96.8%的乡镇有图书馆、文化站，11.9%的乡镇有剧场、影剧院，16.6%的乡镇有体育场馆，70.6%的乡镇有公园及休闲健身广场。59.2%的村有体育健身场所。

权利的法律保障,对于租赁宅基地建房或对原有房屋进行翻新大修的人员要同时保障其对房屋的财产权益,并通过长期租赁、有偿使用的方式破除既存的"小产权房"问题。

三、乡村文化振兴与宅基地制度改革

中国传统文化的根在乡村,要弘扬中华传统优秀文化,就必须巩固和发展乡村文化。乡村文化振兴不仅是中华传统文化传承的重要途径,也是重构新时代乡土价值观念的重要方式,乡村文化振兴还可以带动乡村文化产业发展,推动乡村治理方式变革,统一乡村人才队伍思想。因此,乡村文化振兴也被称为乡村振兴的灵魂,"是引领乡村发展由'外驱动力'转化为'内生动力'、由'满足农民基本生存'转变为'实现农民美好生活'的强大精神引擎"。[1] 乡村文化振兴提出的背景是我国在现代化建设中,乡村面临外来市场秩序和价值体系的冲击,内生文化的物质基础发生动摇,由此出现了乡村文化"空心化"和"异质化"的现象。对于乡村文化价值观念的变迁问题前文已做分析,这里着重从乡村文化载体和文化产业发展问题进行讨论:

首先,文化是人类在长期的生产生活中形成的精神产品与物质产品的总和,即便是精神文化也大多需要通过一定的物质载体予以传承和表现,而乡村作为传统文化的源头,也是文化载体最丰富的地方,尤其以建筑为载体综合地反映了当地居民的生活文化、婚嫁文化和礼仪文化。住宅是人们生活的中心场域,一砖一瓦、一桌一椅都留有每个时代的文化印记,乡村的住宅形式与村落样态与自然依存、与烟火相关,是最重要的文化载体。然而,在城市生活方式与攀比心理的作用下,过去几十年,乡村建筑和村落样态遭到了巨大冲击,"调查显示,2002 年我国村落为 360 万个,到 2012 年

---

〔1〕 苏畅、任凤琴:《乡村文化振兴的现实困境及路径选择》,载《边疆经济与文化》2023 年第 5 期。

已锐减到 270 万个，平均每天就有 247 个村落消失”。[1] 随着传统村落的消失，建起的是更加坚固耐用但单调乏味的水泥砖房，有些富裕的农村进行统一的规划，修建联排的洋房别墅，在缺乏统一规划的农村，各家各户的住房缺乏建筑美感与建筑空间关系，完全破坏了原有的乡村建筑风貌，还丧失了乡村生活的特有气质。另外，有学者还发现，人们“对文物古迹、文化景观、宗堂寺庙等乡村文化遗产进行不合理的改造，导致许多具有历史文脉与乡俗价值的传统建筑风貌和器物形态遭到破坏，割裂了农民与乡村文化之间的交流载体”。[2] 值得关注的是，许多乡村公共文化空间因为用地紧张和人员外流渐渐消失，也使得人们的文化认同感不断丧失，情感交流淡漠，一些需要借助公共文化空间才能完成的传统习俗也不得不取消。

其次，文化产业是乡村振兴的抓手，以村落居住文化、传统技艺文化、少数民族文化、特色美食文化等带动乡村发展是许多农村实现经济发展的主要方式。乡村文化产业的发展离不开具有乡村特色的生活生态风貌，也离不开良好的居住条件、公共文化场所和饮食场所，只有将民俗文化与良好的旅居环境相结合，才能打造具有吸引力的乡村旅游项目。无论是宏村、婺源还是洪坑村等，都是以其乡村原始风貌保存较好获得人们的青睐，我国传统村落的认定标准亦是以建筑环境和风貌为主。[3] 文化产业发展对村居风貌既有正向影响也有负向影响：从正向影响来看，主要是通过引入资本和政府补助，可以实现对村居建筑和风貌进行修缮和改善，在不改变原始风貌的基础上，提升乡村建筑质量和居住条件；从负向影响来看，主要是过度的产业化和商业化会抹杀乡村文化的生命自然传承，以利益为导向的大修大建不仅无助于乡村历史建筑的保护，更会造成乡村文化的“自

[1] 陈文胜：《论城镇化进程中的村庄发展》，载《中国农村观察》2014 年第 3 期。

[2] 苏畅、任凤琴：《乡村文化振兴的现实困境及路径选择》，载《边疆经济与文化》2023 年第 5 期。

[3] 我国先后进行了 6 批传统村落认定，认定标准主要是，“现存建筑有一定的久远度，文物保护单位的等级达到标准，传统建筑的占地规模、现存传统建筑（群）和周边环境保存有一定的完整性，建筑的造型、结构、材料及装饰有一定的美学价值，并有对传统技艺的传承”。

杀式”演变。

现行宅基地制度并不利于乡村文化振兴,主要体现为:第一,宅基地使用权的固化,使得村集体难以干预各家各户的拆旧建新行为,也无法对荒置的住宅进行修缮保护;第二,在各村建设用地指标用尽的情况下,难以通过回收宅基地的方式建设比如习俗体验、文化展览、文化休闲等公共文化场所;第三,外来资本持有主体如果想开展村居风貌项目,在村集体这一所有权主体缺乏约束力和管理权能的时候,通过挨家挨户谈判的方式推进整体性的村居建设修缮工程,会面临高昂的谈判成本;第四,当发生村与村的合并、易地搬迁等,原有的村庄遗址也会因为宅基地使用权、房屋所有权转让限制而使财产价值无法显现,难以通过转让等方式由相关资本主体开发保护,只能变成废墟。而宅基地“三权分置”改革,则能通过加强村集体作为所有权人的管理能力,统合推进村居建筑的管理,与此同时,宅基地资格权人可以通过委托管理、房屋及宅基地入股、房屋长租等方式参与乡村文化产业振兴项目,让荒置的房屋重新焕发生命力。

四、乡村生态振兴与宅基地制度改革

自改革开放以来,我国进入了经济高速增长期,一二三产业都不同程度地得到了发展,但在发展过程中也存在一些问题。例如:农业生产片面追求产量,滥用化肥农药,面源污染严重;工业污染缺乏有效规制,高污染高耗能产业缺乏合理布局;城乡居民生活污染加剧,资源浪费严重。进入21世纪后,我国经济发展取得举世瞩目的成绩,成为世界工业大国和农业产量大国,但也面临着工农业产值过剩、低端产业劳动力过剩的双重危机。要化解这双重危机,就需要调整产业结构,淘汰高污染产业,转变农业生产方式,转移低端产业劳动力。与此同时,还要充分发挥我国生态资源优势,通过生态经济拉动产业结构升级和消费结构升级,实现经济与生态可持续协调发展。

相较于工业集中的城市,农村地区的污染还没有那么严重,但也面临严重的生态污染风险。一方面,农业面源污染难以有效治理,并且呈现零散化、隐蔽化等特点,防控整治成本高,现有技术达不到综合整治效果,另一方面,随着农村生活条件改善和生活方式改变,生活排污问题也日益突出,加之部分乡村打造旅游项目,也未能处理好经营与生态的关系,垃圾污染和生活污水对农村生态产生了较大的破坏,无法实现可持续化发展。在2005年时任浙江省委书记的习近平同志在安吉县余村考察时首次提出了“绿水青山就是金山银山”,乡村的良好生态就是最好的经济发展资源,为此,《乡村振兴战略规划(2018 - 2022年)》从三个方面提出了乡村生态振兴的要求与措施:一是推进农业绿色发展,持续推进农业绿色生产方式,通过节水化设施建立农业节水长效化机制,降低农业投入品,实现农业废物资源化,建立农业、林业、畜牧业、渔业废物资源循环利用机制,构建农业生产清洁生态系统,集中治理农业环境污染问题,加强面源污染综合防治工作;二是持续改善农村人居环境,以美丽乡村建设为导向,加强推进生活垃圾、卫生厕所以及生活污水整治工作,提升农村饮用水源保护力度,合理科学规划村庄建筑布局,提升房屋建筑设计水平,凸显建筑住宅的乡土特色和民族特点,推进村庄形态与自然环境和谐共生,并建立健全人居环境整治的长效机制;三是加强乡村生态环保与修复,统筹山水林田湖草系统治理,实施生物多样性保护工程,完善各类林地、自然保护区、风景名胜区、地质遗迹等各类保护地保护制度,积极探索建立生态保护补偿机制,加大生态保护转移支付力度。

通过数年的美丽乡村建设与脱贫攻坚,我国农村的人居环境已经得到很大的改善,目前突出的问题主要是因20世纪八九十年代乡村规划法律体系不健全导致的乡村建筑及配套设施不完善,体现为:第一,宅基地划分不合理,因为20世纪八九十年代农村因生育高峰产生的分户数量剧增,宅基地划分较为粗放,缺乏合理布局,由此产生了交通、消防、排水、排污等一系列问题;第二,建房规划不合理,20世纪八九十年代农村建房缺乏有效监管,不仅在样式上比较混乱缺乏美观,在楼层高度、楼间距、建房密度和建房质量上也都存在较大问题，严重影响农户之间的采光、通风、隔音和出行，农村地区的相邻权纠纷是影响农村社会秩序安定的主要原因；第三，房屋设计和质量不达标，许多农村自建房缺乏专业设计，施工队伍不专业，建筑质量不达标，存在较大安全隐患，亦发生过房屋倒塌等安全事故，此类住宅因不符合居住用途往往被闲置，造成了宅基地资源的浪费；第四，前期缺乏公共设施规划与建设，排污管网、水电管网、消防通道与设施、垃圾堆放与处理场所、公共卫生设施、停车场所等因缺乏用地指标而难以完成建设；第五，因为宅基地面积管控，后期申请的宅基地上的建房难以满足家庭农业生产需求，农村住房的功能不仅是居住，还起到堆放农具、停放农业用车、晾晒农作物等功能，但是现有的住房受到面积限制，无法实现上述功能，而村集体也因为缺乏用地指标而无法建设公共的农业生产用途场地，由此形成农村占道堆放农具、占道停车等一系列问题，从而产生严重的安全隐患。

毫无疑问，要进一步推进美丽乡村建设，打造生态宜居的乡村人居环境，必须要对规划布局不合理的宅基地进行调整，并通过整理闲置宅基地获得进行公共配套设施建设的土地资源。在此过程中处理好乡村生活环境与自然生态的关系，从实践中看，往往是由政府主导，村集体通过土地置换等方式重新布局村内道路和公共设施来实现，但在具体操作上仍面临制度层面和现实层面的重重阻碍。

五、乡村组织振兴与宅基地制度改革

乡村组织振兴的核心要义是构建现代乡村社会治理体系，推动基层治理的法治化、现代化、高效化、民主化。从乡村治理的治理主体来看，主要包括基层党组织、基层行政部门、基层群众自治性组织、集体经济组织和其他参与治理的社会组织。乡村组织除了面临前述的人才缺失问题，其存在的问题还有：第一，基层党组织的党员老龄化严重，缺乏有效的组织领导能力，流动党员较多，年轻党员缺乏对农村的了解，参与基层事务的主动性不

高。第二,基层群众自治性组织即村民委员会的独立性自主性不强,在法律的约束下,其进行强制管理的空间较少,主要是协助基层政府及相关行政部门工作,加之许多农村缺乏村民骨干性成员,组织能力不足,在传统道德观念弱化的当下,村委会进行劝导和调解的难度也不断增加。第三,村集体的作用能否发挥主要取决于村集体经济是否发达。在集体产业和集体资产丰富的农村,集体经济组织可以通过经济管理的方式有效调动和组织集体经济组织成员,但是许多农村欠缺集体产业,在包产到户后,集体经济组织的经济职能也不断弱化,甚至都难以有效管理集体经济组织所有的土地资源和其他资产。第四,其他社会组织参与治理的作用发挥不充分。社会组织主要包括社会团体、基金会和社会服务机构等,截至2020年年底,全国社会组织总量为894,162个,社会团体总量为374,771个,基金会总量持续增长到8432个,社会服务机构(民办非企业单位)总量为510,959个。[1] 庞大的社会组织应当是参与乡村多元治理的重要力量,但是从实践中看,社会组织参与乡村治理的渠道较少,内容单一,且无法与乡村治理需求相匹配,社会组织本身也存在资金来源困难、人才不足等问题。[2] 从本书的调研情况看,许多农村仅有老年人协会在运行,也主要是组织老年人进行文娱活动。

针对乡村治理中的主体组织能力不足问题,《乡村振兴战略规划(2018-2022年)》亦提出了具体的方案:一是加强农村基层党组织对乡村振兴的全面领导,推进村“两委”班子成员交叉任职,村党组织书记担任村委会主任和集体经济组织、农民合作组织负责人,优化基层党组织队伍,积极培养基层党组织后备人才,不断加强基层党员队伍教育,提升基层党员的组织能力和领导能力;二是加强基层政权建设,尽可能把资源、服务、人员下放到基层,夯实基层治理队伍,完善基层治理机构,推动基层服务信息化水平,

[1] 数据参见黄晓勇等主编:《社会组织蓝皮书:中国社会组织报告(2021)》,社会科学文献出版社2021年版。
[2] 参见崔文华:《社会组织参与乡村振兴的困境与对策研究》,载《现代交际》2022年第9期。

加强基层服务的标准化建设，培育各类公益性社会组织开展农村社会工作；三是加强村民自治、法治与德治融合建设，进一步完善基层民主制度和民主机制，充分发挥村民会议、村民代表会议等民主决策机制作用，强化村规民约的自治作用，不断提升基层干部和农民的法治素养与水平，为农村输送良好的法治资源，提高农村的法治化水平，强化农村优秀道德习俗的教化作用，提倡优良的家风教育，推进移风易俗行动，建立有效的道德规范激励约束机制。

乡村组织振兴与乡村治理的转型对宅基地的基层治理有着至关重要的影响，尤其是村集体能否真正发挥宅基地所有权主体地位，完全取决于基层治理主体能否切实有效地进行乡村治理。宅基地管理只是乡村治理这一系统工程的一个部分，我们不能脱离乡村治理背景而只是简单地论述宅基地所有权虚置问题，从现行法律规定来看，宅基地所有权的权利内容是清楚的，所有权主体也是确定的，宅基地所有权虚置主要是因为作为所有权主体的村集体缺乏有效的手段和方式行使其所有权导致。然而这也并非绝对的，宅基地所有权主体能否发挥主体职能，还取决于村集体经济是否发达，在村集体经济发达的农村，集体经济组织可以通过不予分红、不准入股等诸多经济手段实现对宅基地的有效管理，而在缺乏经济管理手段的时候，凭借劝导的自治性方式或者道德说教，显然也是难以起到直接、强制和有效的管理的。从实践中看，在宅基地超面积有偿使用、退出超占面积、退出闲置宅基地等事项上，各地通过党内规范和公务员管理手段有效实现了党员和公务员对占有宅基地的有序退出，下一步应当考虑如何发挥党员和公务员的带头作用，对其他农户进行教育劝导，实现宅基地管理与乡村治理改革的共同推进。此外，随着宅基地“三权分置”的推进和制度变革，应当培育和鼓励更多的社会组织参与宅基地治理并提供包括宅基地发展规划、项目设计、租赁与交易的居间服务、贷款融资、价格评估等专业性服务。

综上所述，宅基地“三权分置”改革对于乡村振兴战略的实施与推进有着重要的保障作用,是突破农村产业发展土地瓶颈的重要途径,也是村集体及农户通过发挥宅基地资产属性获取发展资金和分享发展收益的重要方式。《乡村振兴战略规划(2018－2022年)》专章对乡村振兴用地保障进行了安排部署,其中对盘活农村存量建设用地提出了具体的要求,包括完善闲置宅基地和闲置农房政策,积极探索宅基地“三权分置”,进一步落实宅基地集体所有权,保障宅基地资格权和农民房屋财产权,适度放活宅基地和农民房屋使用权,调整优化村庄用地布局,有效利用农村零星分散的存量建设用地。产业项目、发展资金、人才队伍、生态环境、治理组织作为乡村振兴战略的有机组成,均离不开土地资源的支撑。农村的“三块地”改革,唯有宅基地改革滞后,农用地“三权分置”、征地改革以及集体经营性建设用地入市改革都进展顺利并取得初步改革成果。宅基地改革滞后的原因在于:纠缠其中的历史因素和现实因素复杂,与单纯满足生产经营需求的农用地和经营建设用地不同,宅基地还承载着居住等保障性制度价值,维系着社会稳定与经济发展,在改革中一方面需要随着时代的发展拓展宅基地的经济价值,实现宅基地资源的有效配置,另一方面也要防止过度的市场化产生的资本侵蚀土地,在农村产生新的土地剥削关系,损害村集体和农民利益。因此,从乡村振兴战略的角度出发,宅基地“三权分置”改革既满足乡村振兴战略对于土地资源高效配置的需求,同时乡村振兴战略也对宅基地“三权分置”改革形成系统性支撑,确保宅基地“三权分置”改革的稳妥有序推进,处理好稳定与发展的关系,将改革的红利充分释放到农村和农民手里。

第四章　宅基地“三权分置”的地方政策梳理

自2018年中央一号文件提出探索宅基地“三权分置”改革后，全国104个试点县(市、区)开展了改革试点，深入分析试点地区在改革中存在的问题和遇到的困难，能够为宅基地“三权分置”理论研究提供启示和经验。因此，通过对宅基地“三权分置”改革试点典型地区的政策文本进行梳理，分析其改革模式，总结试点经验很有必要，这能够为理论层面的研究提供参考。

第一节　试点地区政策文本梳理

通过对宅基地“三权分置”试点典型地区的政策文本进行梳理，分析其主要做法，能够窥见实践中存在的问题并提炼一些可以推广、复制的经验启示，为进一步深化宅基地制度改革提供参考。因此，本书选取了政策文件制定较为完善、具备可执行性的试点地区，对其相关政策文件进行梳理、分析和总结，以期能够为宅基地“三权分置”的理论研究及改革实践有所助益。

一、湖南凤凰县农村宅基地“三权分置”改革

湖南省凤凰县于2022年1月制定《凤凰县农村宅基地“三权”分置改革实施办法(暂行)》。该政策文本以2018年中央一号文件提出的“探索宅基地所有权、资格权、使用权‘三权分置’，落实宅基地集体所有权，保障宅

基地农户资格权和农民房屋财产权,适度放活宅基地和农民房屋使用权"为核心,政策制定较为完善,具备一定的可执行性,有一定的借鉴价值。

(一)政策文本梳理

1. 落实集体所有权方面。《凤凰县农村宅基地"三权"分置改革实施办法(暂行)》明确了宅基地所有权归所在村集体所有,明确其权能包括分配、收回、收益、监督、管理的权利。同时,该办法还规定重大事项需经村集体召开成员大会或成员代表大会讨论决定[1],以保障对集体成员的权利。在所有权的具体实现方式上,该办法明确了集体经济组织的宅基地分配权、宅基地收回权和宅基地收益权。具体表现为:集体经济组织有根据村庄规划,对符合宅基地申请条件的成员依其申请按户分配宅基地的权利。对于村集体内一户多宅超出部分的和闲置废弃的宅基地,有收回宅基地的权利。在宅基地收益方面,探索建立宅基地有偿使用机制和集体经济组织与宅基地使用权人之间的增值收益分配机制,集体经济组织应在宅基地流转时作为第三方见证人参与合同的签订,并在宅基地流转及经营实现收益时,对收益进行合理分配。[2]

2. 保障宅基地农户资格权和农民房屋财产权方面。《凤凰县农村宅基地"三权"分置改革实施办法(暂行)》明确宅基地农户资格权是指村集体成员依法享有获得宅基地的资格,[3]资格权按户认定和取得,须经集体经济组织召开成员大会或成员代表大会审核通过后,报所属乡镇人民政府批准。[4] 资格权的具体内容为有权向本集体经济组织申请宅基地,村集体应按照"一户一宅、面积法定"原则分配宅基地。[5] 同时,该办法还规定房屋所有权人在符合相关规定的条件下有权将农房以流转、合作、入股或自行

[1] 参见《凤凰县农村宅基地"三权"分置改革实施办法(暂行)》第6条。
[2] 参见《凤凰县农村宅基地"三权"分置改革实施办法(暂行)》第8条。
[3] 参见《凤凰县农村宅基地"三权"分置改革实施办法(暂行)》第9条。
[4] 参见《凤凰县农村宅基地"三权"分置改革实施办法(暂行)》第10条。
[5] 参见《凤凰县农村宅基地"三权"分置改革实施办法(暂行)》第11条。

经营并取得收益，产权明晰的农房可以进行抵押，[1]以保障房屋财产权。

3. 适度放活宅基地和农民房屋使用权方面。《凤凰县农村宅基地“三权”分置改革实施办法(暂行)》主要做法包括三类：一是适度放宽宅基地的用途范围，规定了农房的用途从单纯的用于农民住房可以扩大到乡村旅游、健康养老、电商等新产业新业态，并规定了改变用途的审批程序。[2] 二是适度放活农房流转形式，允许农房所有权人或使用权人将农房以出租、合作、入股的方式进行流转。[3] 三是适度扩大宅基地使用范围，集体经济组织根据村内存量建设用地情况，可在保障村民对宅基地建房需求的基础上，将富余的宅基地通过规划调整，进行流转或自建商业用房、租赁性住房，发挥闲置宅基地的最大效益。[4]

(二)政策评析总结

湖南省凤凰县在严格落实宅基地集体所有权、保障宅基地农户资格权和农民房屋财产权、适度放活宅基地和农民房屋使用权、保障农民基本居住权利的基础上，围绕宅基地“三权”核心内涵和权利配置，不断摸索宅基地“三权分置”改革落地之路。其以下做法值得借鉴：一是探索了落实宅基地集体所有权的具体路径，以赋予集体经济组织分配、收回、收益、监督、管理等权利的方式，能够较为有效地解决集体所有权长期以来权能虚化的问题，尤其是明确农村集体经济组织参与宅基地流转增值收益分配的权利，能够夯实农村集体经济组织行使权利的经济基础，对于促进农村集体经济组织积极行使权利，发挥其职能职责，实现宅基地的集约化利用具有重要意义。二是探索了适度放活宅基地和农民房屋使用权的具体方式，适度放宽了宅基地的用途范围，扩大到可用于符合乡村振兴战略的乡村旅游、健康养老、电商等新产业新业态。在符合相关规定的前提下，集体经济组织

---

[1] 参见《凤凰县农村宅基地“三权”分置改革实施办法(暂行)》第13条。
[2] 参见《凤凰县农村宅基地“三权”分置改革实施办法(暂行)》第15条。
[3] 参见《凤凰县农村宅基地“三权”分置改革实施办法(暂行)》第16条。
[4] 参见《凤凰县农村宅基地“三权”分置改革实施办法(暂行)》第17条。

可将宅基地进行流转或自建商业用房、租赁性住房，发挥闲置宅基地的最大效益。同时允许农房所有权人或使用权人将农房以出租、合作、入股的方式进行流转。以上举措能够促进宅基地使用权和农房经济价值的实现，对于适度放活宅基地和农民房屋使用权的实现具有重要意义。

湖南省凤凰县的宅基地“三权分置”改革以《凤凰县农村宅基地“三权”分置改革实施办法（暂行）》为主要依托，该办法整体符合改革的基本要求，该办法内容较为完善，具备一定的可执行性。但仍然存在以下问题：

第一，该办法明确了村集体为宅基地所有权的权利主体，这与我国《民法典》《土地管理法》的相关规定相悖，《民法典》规定农民集体所有的不动产和动产，属于村集体成员集体所有。[1] 因此，村集体只能是宅基地所有权的代表行使主体。此外，政策明确了宅基地所有权的收益权能，但并未明确收益取得和使用的具体规则。经济利益是滋生腐败的土壤，因此应当进一步明确村集体收益取得和使用的具体细则，设立相应的公示制度和监督制度，以保障村集体成员的权利。

第二，该办法对于宅基地资格权的规定过于狭窄。根据《凤凰县农村宅基地“三权”分置改革实施办法（暂行）》的相关规定，资格权的权利内容主要包括以下两个方面：一是资格权人有向本集体经济组织申请法定面积宅基地的权利；二是资格权人在法定面积内有免费占有、使用宅基地的权利。遵循资格权作为集体成员权的逻辑，资格权不仅应当包括申请法定面积宅基地并免费占有、使用的权利，更应当包括宅基地管理参与权、宅基地收益分配请求权等权利。

二、河北平泉市农村宅基地“三权分置”改革

为有效推动农村宅基地“三权分置”改革，河北省平泉市人民政府制定《平泉市农村宅基地使用权流转管理办法（试行）》《平泉市农村宅基地有

[1] 参见《民法典》第260条。

偿使用和退出办法(试行)》《平泉市农村宅基地资格权认定办法(试行)》《平泉市农村宅基地收益分配管理办法(试行)》等政策文件,形成了较为完善的宅基地政策体系,具备指导意义。

(一)政策文本梳理

1. 宅基地使用权流转。《平泉市农村宅基地使用权流转管理办法(试行)》从流转范围、流转条件、流转程序、流转收益四个方面构建了宅基地使用权流转制度。流转范围和方式方面:经本集体经济组织同意,村集体成员可以在本集体经济组织内部转让、赠与、互换依法取得的宅基地使用权和住宅,使用权流转的,附着于该宅基地的住宅及其附属设施一并流转。[1] 流转条件方面:采取转让、互换、赠与方式流转农村宅基地使用权的,转让方应符合在流转宅基地后仍有合法住所,能够保证基本居住需要,且流转的宅基地和房屋必须符合国土空间规划、村庄规划。受让方应为本集体经济组织成员且具有宅基地资格权。[2] 采取出租、入股方式流转农村宅基地使用权的,仅要求转让方具备上述条件,对受让方无条件限制。流转程序方面:须由转让人和受让人共同向村民小组和村集体提出申请,经村民小组会议和集体经济组织村民(成员)大会或村民(成员)代表会议同意并公示后,报乡镇人民政府审批。[3] 流转收益方面:流转收益分为房屋收益和宅基地收益,房屋收益归产权人所有。宅基地使用权流转收益须在集体经济组织和原宅基地使用者之间进行合理分配。各集体经济组织可根据本集体经济组织实际情况自行确定,建议宅基地出租、入股等流转收益可按收益的20%上交本集体经济组织,转让、互换、赠与等三种流转方式只限于本集体经济组织内部流转,不涉及收益。[4]

2. 宅基地资格权认定。《平泉市农村宅基地资格权认定办法(试行)》

[1] 参见《平泉市农村宅基地使用权流转管理办法(试行)》第3条。
[2] 参见《平泉市农村宅基地使用权流转管理办法(试行)》第4条。
[3] 参见《平泉市农村宅基地使用权流转管理办法(试行)》第7条。
[4] 参见《平泉市农村宅基地使用权流转管理办法(试行)》第8条。

从认定原则、认定程序、认定条件、备案登记四个方面构建了宅基地资格权制度。在认定原则方面，宅基地资格权人的认定应当以公安部门户籍登记信息为基础，且在本集体经济组织生产生活的村集体成员为认定原则，以实事求是处置长期生活居住于集体经济组织且另无所居等特殊人员为认定补充，科学、稳妥认定农户宅基地资格权。[1] 在认定程序方面，农村宅基地资格权，须经本集体经济组织村民（成员）代表会议表决同意，公示 7 天无异议后，村集体批准，确认集体经济组织成员农村宅基地资格权，报乡镇人民政府（街道办事处）和市农业农村局备案。[2] 在认定条件方面，以列举的方式规定了享有宅基地资格权的情形和宅基地资格权终止的情形。[3]

3. 宅基地有偿使用和退出。《平泉市农村宅基地有偿使用和退出办法（试行）》构建了基本的宅基地有偿使用和退出制度。在宅基地有偿使用方面，主要针对历史原因形成的“一户多宅”中“多宅”占用宅基地和超标准宅基地的超面积部分，以及非本集体经济组织成员通过继承住宅或其他合法方式占有和使用的宅基地，由村集体探索实行收取有偿使用费。[4] 起征面积应在《河北省宅基地管理办法》规定宅基地标准合法有效使用面积的基础上，由各村集体根据实际情况通过村民（成员）会议或村民（成员）代表会议依法合理确定，并报乡镇人民政府（街道办事处）备案。[5] 收费标准和收取方式由村集体按照民主自治原则议定，具体标准和收取方式以各村村规民约方式确定。[6]

在宅基地退出方面，包括有偿退出和无偿退出两种方式。对于倒塌的住房、违法违规建筑以及自批准之日起两年内未施工建设的建筑物或构筑物的实行无偿退出。对于“一户多宅”的多宅部分、非本集体经济组织成员

---

〔1〕 参见《平泉市农村宅基地资格权认定办法（试行）》第 4 条。
〔2〕 参见《平泉市农村宅基地资格权认定办法（试行）》第 5 条。
〔3〕 参见《平泉市农村宅基地资格权认定办法（试行）》第 6 条、第 8 条。
〔4〕 参见《平泉市农村宅基地有偿使用和退出办法（试行）》第 3 条。
〔5〕 参见《平泉市农村宅基地有偿使用和退出办法（试行）》第 5 条。
〔6〕 参见《平泉市农村宅基地有偿使用和退出办法（试行）》第 6 条。

占有宅基地自愿退出的实行有偿退出。[1] 补偿标准则可参照区片地价、评估价或协商确定。[2] 在退出程序方面，应向乡镇人民政府（街道办事处）提出申请，经过审核、验收及备案等程序后完成宅基地退出。[3]

4. 宅基地收益分配。《平泉市农村宅基地收益分配管理办法（试行）》构建了基本宅基地收益分配制度。一是明确了宅基地收益的范围，主要包括集体建设用地指标收益（包括和入市结合起来的收益）、有偿使用费收益、流转收益等。[4] 二是规定了收益分配方式和标准，分配方式在乡镇人民政府（街道办事处）和村两委的指导下，由成员代表会议讨论，经依法表决同意后确定。[5] 分配标准实行上限控制，分配比例原则上不高于增值净收益的35%（由成员代表会议商议通过制定），且需要优先专项用于有偿退出使用费用和提取一定比例的公益金，结余部分可对村集体成员进行分配。[6] 三是实行了收益分配的监督制度，收益分配方案须提交成员代表大会初审，经成员代表大会初审依法表决通过后报乡镇人民政府（街道办事处）审核，审核通过后公示，时间不少于7天。[7] 同时，成立宅基地收益分配的民主管理领导小组，专职负责日常的各项支出的审核。建立村务公开的长效管理机制，方便村民监督。[8]

（二）政策评析总结

河北省平泉市在宅基地“三权分置”改革实践中构建了较为完善的制度体系，包括宅基地使用权流转、宅基地资格权认定、宅基地有偿使用和退出以及宅基地收益等制度。在宅基地制度的构建上具有整体性、系统性和协调性，尤其是对宅基地收益分配制度探索，能够平衡农民集体、集体成员

---

[1] 参见《平泉市农村宅基地有偿使用和退出办法（试行）》第10条。
[2] 参见《平泉市农村宅基地有偿使用和退出办法（试行）》第11条。
[3] 参见《平泉市农村宅基地有偿使用和退出办法（试行）》第12条。
[4] 参见《平泉市农村宅基地收益分配管理办法（试行）》第2条。
[5] 参见《平泉市农村宅基地收益分配管理办法（试行）》第5条。
[6] 参见《平泉市农村宅基地收益分配管理办法（试行）》第6条、第7条。
[7] 参见《平泉市农村宅基地收益分配管理办法（试行）》第8条、第9条。
[8] 参见《平泉市农村宅基地收益分配管理办法（试行）》第12条。

及第三人之间的利益,对于农村宅基地制度的稳定运行具有促进作用,具备一定的借鉴意义。但其仍然存在以下问题:

第一,在落实宅基地所有权方面缺乏相应的制度构建。落实宅基地所有权是“三权分置”改革的逻辑起点,河北省平泉市开展的改革实践尚未就宅基地所有权的权利主体、行使主体、具体权能、行使方式等内容作出回应。应当在制度层面重视宅基地所有权的落实,进一步明确所有权的内容和行使规则。

第二,对使用权的流转限制过于严苛。使用权的流转仅限于本集体经济组织范围内,且转让方应符合在流转宅基地后仍有合法住所的条件。对于宅基地使用权流转过分严苛的限制条件虽然在一定程度上能够保障农民户有所居,但会制约适度放活使用权目标的实现。应当进一步探索使用权流转范围的扩大及宅基地用途的适度扩展。

三、重庆永川区宅基地“三权分置”改革

重庆市永川区以《重庆市永川区农村宅基地管理暂行办法》为主要政策依据开展宅基地“三权分置”改革。其在适度放活宅基地使用权方面开展了诸多有益探索,同时对资格权进行了更深入地阐释,具备一定的借鉴意义。

(一)政策文本梳理

1. 宅基地所有权落实。《重庆市永川区农村宅基地管理暂行办法》明确集体所有权是指宅基地属于农民集体所有,由集体经济组织行使或村民委员会代为行使。[1] 权利内容包括开展宅基地资格权认定、申请审批、使用权流转、监管与执法、统筹利用、制定宅基地管理自治公约、协助编制乡村发展规划等集体事务。[2]

---

〔1〕 参见《重庆市永川区农村宅基地管理暂行办法》第9条、第10条。
〔2〕 参见《重庆市永川区农村宅基地管理暂行办法》第11条。

2. 宅基地资格权认定。《重庆市永川区农村宅基地管理暂行办法》从资格权概念、认定主体、认定标准、认定程序及实现方式等方面构建了宅基地资格权制度。宅基地资格权是村集体成员依法享有在本集体经济组织获得规定面积宅基地的权利，是以户为单位由农村集体经济组织或村民委员会进行认定。[1] 其认定须经村集体或村集体成员代表会同意，成员大会或村民大会议定，公示 7 日无异议后，经村委会或农村社区居委会批准，确认集体经济组织成员农村宅基地资格权，报镇（街道）及区农业农村委备案。[2] 宅基地资格权以申请村集体或村民委员会分配宅基地或购置农民公寓等方式实现，可以固化、保留、重获、新增、终止。[3] 同时对宅基地的申请主体、申请条件、审批程序等进行了详细规定。[4]

3. 宅基地使用权流转。《重庆市永川区农村宅基地管理暂行办法》从使用权流转方式、流转年限、流转条件等方面构建了宅基地使用权流转制度。宅基地使用权流转可通过出租、入股（联建）、转让、互换、赠与等方式流转。其中出租、入股（联建）等应通过公开交易方式进行，转让、互换、赠与等按宅基地管理相关规定在本集体经济组织内部进行，以出租方式流转的不得超过 20 年，其他方式不得超过法律规定的宅基地使用权年限。[5] 该办法同时规定了使用权出租、入股（联建）、转让的具体程序，明确了农村产权流转交易平台的具体职能职责。[6] 在收益分配方面，村集体或村民委员会通过统一组织、提供公共设施和服务等方式开展使用权流转并取得收益，村集体可获取合理的经营收益和管理费用，具体获取比例由集体决策确定，获取的资金应纳入集体资产，并对其进行严格管理、分配、使用。[7]

---

〔1〕 参见《重庆市永川区农村宅基地管理暂行办法》第 12 条、第 13 条、第 14 条。
〔2〕 参见《重庆市永川区农村宅基地管理暂行办法》第 15 条。
〔3〕 参见《重庆市永川区农村宅基地管理暂行办法》第 16 条。
〔4〕 参见《重庆市永川区农村宅基地管理暂行办法》第 17 条、第 18 条、第 23 条。
〔5〕 参见《重庆市永川区农村宅基地管理暂行办法》第 27 条、第 30 条。
〔6〕 参见《重庆市永川区农村宅基地管理暂行办法》第 33 条、第 34 条、第 35 条、第 36 条。
〔7〕 参见《重庆市永川区农村宅基地管理暂行办法》第 38 条。

(二)政策评析总结

重庆市永川区的宅基地“三权分置”改革在落实集体所有权、保障资格权和放活所有权三个方面给予了制度回应。尤其在使用权流转方面,区分了不同流转方式并规定了不同的流程条件和程序,同时明确使用权须在农村产权流转交易平台公共交易,具备较好的制度适应性。在宅基地资格权认定方面,系统规定了资格权的认定、实现、行使程序等内容,具备一定的借鉴价值。但仍然存在如下问题:

第一,对于所有权仅作出了宣示性规定,对于权利如何行使、如何保障并未作出具体规定,难以真正实现落实集体所有权。应当在制度层面重视宅基地所有权的落实,进一步明确所有权的内容和行使规则。

第二,对于宅基地资格权内涵的理解过于狭窄。该地所规定的资格权是指村集体成员依法享有在本集体经济组织获得规定面积宅基地的权利,事实上是将资格权理解为向集体申请宅基地的资格。但“三权分置”下资格权承担着为农民提供保障的制度功能,不应当仅局限于申请宅基地的资格,还应当包括实体权利的内容。

四、广西贵港市覃塘区宅基地“三权分置”改革

广西贵港市覃塘区以《覃塘区农村宅基地集体所有权行使管理办法(试行)》《覃塘区农村宅基地资格权认定管理办法(试行)》《覃塘区农村宅基地使用权流转管理办法(试行)》3 个政策文件为依托,探索宅基地“三权分置”改革。在落实宅基地所有权、保障宅基地资格权和放活宅基地使用权方面都开展了更为丰富的实践探索,具备借鉴意义。

(一)政策文本梳理

1. 集体所有权行使。《覃塘区农村宅基地集体所有权行使管理办法(试行)》较为系统地规定了集体所有权的行使、具体权能等内容。集体所有权应以依法登记作为实现形式,属于村民集体所有的,由村集体经济组

织或者村(居)民委员会依法代表集体行使所有权。[1] 具体权能内容包括以下几个方面:一是负责宅基地管理,制定管理方案,规范实施农村宅基地规划、分配、调整等程序,负责健全与宅基地相关的议事协商机制和矛盾纠纷调解机制。二是负责宅基地资格权认定,组织开展宅基地资格权人调查、认定和登记工作。三是受理符合条件的农村建房申请,按照相应程序审核同意后报乡镇人民政府(街道办事处)审批。四是受理农村宅基地使用权流转申请,按相应程序调查、公示并审核。五是负责宅基地有偿使用费的收取、管理和使用,将收益纳入集体资产统一管理,对收益取得、分配和使用等作出具体规定。[2]

2. 宅基地资格权认定。《覃塘区农村宅基地资格权认定管理办法(试行)》明确资格权是指村集体成员基于其集体成员身份依法享有的申请使用农村宅基地的权利。[3] 在认定条件方面,该办法规定主要是以户籍为核心认定标准,结合婚姻、生活等事实因素。[4] 同时还规定了资格权保留、丧失和重获的情形。[5] 在认定程序方面,宅基地资格权户及户内成员名单应在本集体经济组织进行初榜公示10天,无异议后报村(居)民委员会初审。初审通过后报乡镇人民政府(街道办事处)审核,审核通过后,由乡镇人民政府(街道办事处)为宅基地资格权人颁发农村宅基地资格权证。[6]

3. 宅基地使用权流转。《覃塘区农村宅基地使用权流转管理办法(试行)》主要从宅基地使用权的流转方式、流转条件和流转程序3个方面构建了使用权流转制度。流转方式包括宅基地使用权转让、赠与、置换、出租、合作经营或入股。其中的宅基地使用权转让是指宅基地使用权人将房屋

---

[1] 参见《覃塘区农村宅基地集体所有权行使管理办法(试行)》第3条、第4条。

[2] 参见《覃塘区农村宅基地集体所有权行使管理办法(试行)》第6条、第7条、第8条、第9条、第10条、第11条、第14条。

[3] 参见《覃塘区农村宅基地资格权认定管理办法(试行)》第3条。

[4] 参见《覃塘区农村宅基地资格权认定管理办法(试行)》第5条。

[5] 参见《覃塘区农村宅基地资格权认定管理办法(试行)》第6条、第7条、第8条。

[6] 参见《覃塘区农村宅基地资格权认定管理办法(试行)》第12条。

所有权及所占宅基地使用权转让给符合条件的受让人，其限制条件主要为转让人流转宅基地后仍有合法稳定住所，受让人为享有本辖区农村宅基地资格权且符合农村宅基地“一户一宅”政策的人员。[1] 宅基地使用权合作经营或入股是指宅基地使用权人将房屋所有权及所占宅基地使用权以约定方式作价出资与他人共同经营或股份经营的行为。[2] 该办法规定的流转程序包括申请、调查与公示、审核、签订流转协议、变更登记和存档与备案。[3]

（二）政策评析总结

广西贵港市覃塘区的宅基地“三权分置”改革在制度的整体性和系统性上具备一定的优势，尤其是在集体所有权的行使上作出了制度回应，对于所有权的权利内容和行使方式都有较为明确的规定，对于落实集体所有权具有重要意义。其不足体现在，未能充分全面地理解宅基地资格权的内涵，资格权作为宅基地“三权”体系中承担保障功能的权利，其权利内容不仅仅包括申请宅基地的资格，还应当包括收益分配等实体性权利。

第二节 基于政策分析改革面临的问题及破解

通过对宅基地“三权分置”改革试点地区的政策文本进行详细剖析，我们可以明确看到，试点地区已经进行了积极的实地尝试和政策探索。这些努力不仅在一定程度上丰富了“三权分置”改革的实践经验，也在激活宅基地资源、提高集体经济效益、增加农民收入以及优化乡村治理等方面取得了可观的成效。这些成果对于达成改革目标，即落实宅基地集体所有权、保障农户的宅基地资格权以及农民房屋财产权，进一步活化宅基地及农民房屋使用权的释放，都具有不可忽视的重要性。然而，纵观各地改革试点

〔1〕 参见《覃塘区农村宅基地使用权流转管理办法（试行）》第 12 条。
〔2〕 参见《覃塘区农村宅基地使用权流转管理办法（试行）》第 17 条。
〔3〕 参见《覃塘区农村宅基地使用权流转管理办法（试行）》第 21 条。

的具体实施情况，我们也需要认识到，许多试点地区的探索性举措在某些方面与现行的法律法规产生了冲突或矛盾。这表明，在“三权分置”改革的深化过程中，我们仍需面临并解决一系列的制度性难题。

一、宅基地“三权分置”改革实践面临的问题

（一）宅基地所有权落实面临困难

在落实农村宅基地所有权的过程中，各试点地区采取了一系列具有创新性和实践性的措施。这些措施主要可以归纳为以下 3 个方面：首先，试点地区明确了宅基地所有权的主体。在此模式下，村集体经济组织（或村民事务理事会、村民委员会等）被确立为宅基地所有权的行权主体，负责对宅基地进行全面和统一的管理。这种新的治理模式有利于实现宅基地的有效配置和合理利用，有利于促进农村土地资源的最优化利用。其次，试点地区对宅基地所有权权能进行了细化。具体来说，宅基地所有权权能被划分为占有权、收益权、处分权、规划权、审批权和监督权等各类权能。这种细化和科学的权能配置旨在提高宅基地的管理效率和使用效率，促进宅基地的集约化和高效利用。最后，试点地区强化了村民的自治管理。这包括完善土地问题、协调委员会等自治组织，健全议事协商机制和矛盾纠纷调解机制，实现民主管理、民主决策。这样可以让村民更积极地参与农村土地的管理和使用，提高管理的效率和公正性，促进农村社区的和谐稳定。例如，湖南省凤凰县明确宅基地所有权权能包括分配、收回、收益、监督、管理的权利，在所有权的具体实现方式上，明确了村集体负责宅基地规划、收回闲置宅基地、成员资格认定及收益分配等事项。

试点地区在落实宅基地所有权方面进行了积极探索，但仍然面临着宅基地所有权难以显化的问题，主要体现在以下几个方面：

首先，宅基地所有权的法理概念并未得到清晰的定义和阐述。尽管政策层面上已对所有权的相关权能进行了一定的完善，但在现行法律中，我们仍无法找到对其明确的规定，比如宅基地所有权的管理、收益和处分等

具体权能的明确描述。而这些权能的明确定义是实现所有权落实的核心因素。如果没有法律层面的制度保障,管理、收益和处分等权能将难以真正实现。

其次,村集体的建设还需要进一步加强。这主要体现在地域发展的不均衡性、组织成员素质的不足以及议事机制的不完善等方面。在经济发达地区,村集体的建设已经取得了一定的成效,但在经济相对落后的地区,这些职能仍然主要由村民委员会代为行使。此外,村集体的队伍素质和专业能力也存在一定的不足。议事机制方面,尤其是在监督层面的制度设计,更需要进一步完善。

最后,我们在宅基地收益分配方面缺乏系统的制度构建。收益分配不仅是解决所有权主体虚化问题的有效途径,而且直接决定了所有权能否得到真正落实。同时,收益分配也关乎农村土地制度改革中的公平正义,对于增加农民的财产收入具有重要的意义。

总的来说,要解决上述问题,需要对现有的法律制度进行改革和完善,提升村集体的建设水平,同时也需要构建一个系统的宅基地收益分配制度。这样才能为宅基地所有权的落实提供强有力的制度保障,从而实现农村土地制度的持续优化和公平发展。

(二)宅基地资格权保障面临困难

在农村宅基地“三权分置”改革的试点地区,实现宅基地资格权保障的策略主要涵盖了以下几个方面:首先,试点地区实施了宅基地确权登记发证的举措。根据“一户一宅、限定面积”的原则,确定了宅基地的权属面积,并对其进行了确权登记和证书发放。这种具有操作性的措施对于明确和保护农民的宅基地权益具有积极的推动作用。其次,试点地区明确了宅基地资格权的取得标准,并细化了资格权认定的具体流程,包括如何确定特殊群体(如离异、丧偶或独立成年的农村居民)的资格权取得与保留方式,这些都为实现宅基地资格权提供了明确和具体的操作规程。最后,试点地区也正在探索实施多元化的居住保障方式,以确保农民户有所居。例如,河北省平泉市就明确规定宅基地资格权为保障村集体成员实现其基本居住需求的权利，并从认定原则、认定程序、认定条件和备案登记等4个方面构建了宅基地资格权制度。

虽然农村宅基地“三权分置”改革的试点地区对宅基地资格权的保障进行了许多有益的探索，并取得了一些实际效果，但仍然面临一些显著的问题。

首先，关于宅基地资格权的定义并未达到预期的清晰度。目前，试点地区普遍将宅基地资格权定义为村集体成员向集体申请一定面积宅基地的权利，即获取宅基地的一种资格。然而，这种定义缩小了宅基地资格权的含义和功能，使其难以真正实现其制度性功能，即保障农民的基本居住需求。为更有效地实现这一功能，我们应当重新界定宅基地资格权，将其视为村集体成员的权利，从而赋予其更为丰富的内涵。例如，我们可以探索如何扩大其具体权能，包括取得权、居住权、流转与空间置换权、收益权等。其次，当前对于宅基地资格权的认定标准过于单一。多数试点地区都将农业户籍作为认定标准，但这一标准未考虑到农村地区的复杂性，使得这一制度在实践中缺乏适应性。

总而言之，为了更有效地推进农村宅基地“三权分置”改革，我们需要对宅基地资格权的定义和认定标准进行深入的研究和改进。通过明确宅基地资格权的内涵和功能，以及提供更加灵活、具有适应性的认定标准，我们将更有可能实现改革的目标，即有效地保护农民的基本居住需求。

（三）宅基地使用权放活面临困难

在农村宅基地“三权分置”改革的试点地区，为推动宅基地和房屋使用权的有效利用采取了以下主要措施：首先，通过将闲置的宅基地和农房进行利用，采用集体内部转让、“共享农房、合作建房”等方式，引入社会资本，发展以民宿、农家乐、文创小院等为代表的文旅产业，推动了农村经济的活力和多元化发展。其次，实施了退出宅基地入市的政策，将退出的宅基地进行整治后再进行市场流转，为康养产业、文旅产业、特色文化产业以及现代化农业园区等提供了建设用地保障,从而驱动了地方经济的发展。最后,通过创新宅基地利用模式,例如“能人自营、农户出租、农户—农户合作经营、农户—企业合作经营”等模式,利用当地资源禀赋,促进产业发展壮大,实现了宅基地租金收入、集体经济的股金收入和农民打工的薪金收入的并行。以重庆市永川区为例,该地从使用权流转方式、流转年限、流转条件等方面构建了宅基地使用权流转制度。宅基地使用权可以通过出租、入股(联建)、转让、互换、赠与等方式进行流转,利用使用权抵押、出租、转让等方式盘活闲置宅基地和闲置农房,推动新产业新业态的发展,畅通了城乡融合发展渠道。

在农村宅基地“三权分置”改革的试点地区,虽然通过政策创新已经拓宽了宅基地使用权流转的范围,但由于现行法律法规的限制,各试点地区对于使用权的动态化运用还处于相对谨慎的状态。

首先,针对宅基地使用权权能不完整的问题,《民法典》以及《土地管理法》等现行法律法规虽然确立了宅基地使用权的占有和使用的权能,但尚未明确其是否具有与城镇建设用地相类似的收益、处分、抵押等权能。其次,关于宅基地使用权流转范围有限的问题,现有政策规定除试点地区外,宅基地使用权流转的主要形式还是在村集体内部。然而,由于村集体的常住人口数量有限和市场流转需求不足,大量闲置的宅基地实际上无法实现动态化利用,因而这些宅基地的财产权益也无法有效实现。最后,针对宅基地使用权流转机制不健全的问题,现有的宅基地使用权规范流转制度建设滞后且保障不足。流转市场的成熟程度不足,交易规则不明确,导致流转形式单一、数量有限、效率不高。

总结来看,虽然“三权分置”改革试点已经开展,但在推动宅基地使用权流转方面,由于权能不完整、流转范围有限、流转机制不健全等问题,流转的实际效果仍有待提升。因此,未来的改革还需要对以上问题进行深入研究,并在实践中探索和完善相应的解决策略。

二、破解宅基地“三权分置”改革试点问题的建议

(一)充实宅基地所有权权能

首先,需要明确宅基地所有权的权能内涵。作为所有权的行使主体,村集体应通过法律法规获得对宅基地占有、使用、收益、处分、监督以及收回等方面的权能,从而强化其对宅基地的管理职责。为了提升这一职责的有效性,政策引导需要加强,同时需要完善村民自治,优化民主管理体系,促进村民共建共治共享的机制,并健全集体议事决策以及争议协商解决机制。

其次,需要强化宅基地有偿使用制度以及收回处分制度。为了有效地实施宅基地所有权的权能,我们需要积极地处理历史遗留问题,对“一户多宅”以及“超标占用”的超占面积部分进行标准化收费,对于闲置且浪费的宅基地和非村集体成员非法占用的宅基地进行协商收回并进行有效处理。需要完善以“法定无偿、超占有偿、节约有奖”为导向的宅基地审批和使用管理机制,坚持多占面积多付费的原则,从而强化村集体作为所有权主体的产权意识。同时,我们需要建立宅基地使用权流转管理制度,完善使用权转让、抵押等的登记备案和必要审批程序,以强化村集体作为所有权主体的管理职能。

综上所述,明确宅基地所有权的权能内涵和强化宅基地有偿使用制度与收回处分制度是为了确保村集体有效地行使其所有权,以及对超占面积和闲置浪费宅基地的有效处理。此外,完善的宅基地审批和使用管理机制以及建立的宅基地使用权流转管理制度,将有助于更好地实现资源配置,提高土地利用效率,从而更好地满足农村发展需求。

(二)推进宅基地资格权立法

首先,必须对宅基地资格权的权能内涵进行明确。资格权不仅是农户成员权的关键体现,也是宅基地居住保障功能的主要承载者。因此,必须通过立法方式对资格权进行明确和保护,以实现资格权从政策表达到法律

表达的转变。

其次,需要完善宅基地资格权的获得机制。应通过法律法规,明确宅基地资格权的获得标准,确定宅基地资格权的认定方式和获取程序,阐述“人”“户”“宅”的内涵和范围,对宅基地的资格权获取进行分类认定,以保障集体成员的资格权,同时照顾特殊群体的资格权获得。

最后,需要完善宅基地资格权的退出机制。可以采取有效措施,鼓励农户自愿有偿退出资格权。对于在退出宅基地后进城购买房产的农户,可以给予适当标准的补贴支持。也应允许农村的老年人自愿以退出资格权为手段来换取养老服务。此外,我们也可以完善宅基地退出的前置条件,使农户在退出宅基地后可以保留资格权,当他们想要重返集体时,可通过审批,有偿使用宅基地。

总而言之,明确宅基地资格权的权能内涵、完善宅基地资格权的获得和退出机制都是为了提高土地利用效率,满足城乡居民的住房需求,并兼顾特殊群体的权益。这些措施将有助于促进农村宅基地管理的法治化、制度化,为农村宅基地管理提供更加完善和透明的操作规范。

(三)加快宅基地使用权流转

首先,应当充实宅基地使用权的权能内涵。在现有法规已明确占有和使用两项基本权能的前提下,应进一步明确宅基地使用权的收益和处分两项基本权能,并拓展其衍生权能,从而更加丰富宅基地使用权的权能结构。

其次,需要对宅基地使用权的流转机制进行优化。这包括推进农村宅基地使用权流转立法工作,对试点地区在改革探索过程中形成的转让、互换、抵押、出租、赠与和入股等流转方式予以法律确认,完善交易平台,优化交易机制。同时,还需要建立完善的宅基地使用权流转增值收益分配机制,确保村集体和农户能共享土地增值收益,保障农民的主体地位和土地权益不受损害。

最后,需要扩大宅基地使用权的流转范围。在符合规划和用途管制的前提下,应允许流转范围从村镇扩大到市(州)层面,进一步开展跨市(州)

的节余指标交易。这将充分利用区域资源禀赋,带动新产业和新业态的发展,促进一二三产业的融合发展。

总的来说,通过充实宅基地使用权的权能内涵、优化宅基地使用权的流转机制以及扩大宅基地使用权的流转范围,可以有效地提升宅基地使用的效率,促进农村土地市场的发展,保障农民的土地权益,推动农村一二三产业的融合发展。

第五章　宅基地“三权分置”的实证调研*

2015 年 1 月，中共中央办公厅和国务院办公厅联合印发《关于农村土地征收、集体经营性建设用地入市、宅基地制度改革试点工作的意见》，由此开始了全国农村“三块地”改革进程，并在全国 33 个县（市、区）开展试点工作，其中农村土地征收、集体经营性建设用地入市的改革取得了一定成效，而宅基地制度改革工作进展缓慢，存在一定现实阻力。为了进一步发现宅基地制度的现实问题和探索改革的有效路径，在总结上一轮改革经验的基础上，2020 年 10 月，中央农办、农业农村部会同有关部门，在全国 104 个县（市、区）和 3 个地级市启动了新一轮农村宅基地制度改革试点，本轮改革试点以乡村振兴战略为背景，按照 2018 年至 2020 年的中央一号文件提出的宅基地“三权分置”思路开展相关工作，以实现政策话语通过改革实践最终上升为法律制度的目标，以期顺利完成我国宅基地制度的全面转型。

为了全面了解掌握宅基地“三权分置”改革试点工作的推进情况和面临的主要问题，本书对云南省 3 个试点地区进行了实证调研。考虑到我国农村分化严重，经济情况、人口状况、居住条件等存在较大差异，课题组在选取调研地点的时候尽量做到差异化，为了对比改革地区与非改革地区的差异，还对未列入改革试点的县、市进行了考察。从实际调研的情况看，所考察的 4 个市（县、区）能够代表和反映我国农村的主要情况。大理市作为

---

* 本章由云南财经大学法政学院研究生李丹、罗秋燕、袁太全共同参与写作完成。

全国旅游重点城市，下辖各村旅游业较为发达，宅基地租赁市场活跃，加之近几年洱海生态保护，如何处理宅基地与生态的关系、宅基地与乡村产业发展的关系是大理市的工作重点，这与许多乡村产业尤其是旅游业发达的农村情况基本相同；玉溪市江川区选择了 3 个村进行考察，包括城郊村和偏远山村，其中有的村以烤烟为主要产业，有的以传统农业为主，偏远山村则呈现明显的“空心化”，通过比对，能够发现不同类型的农村在面对宅基地“三权分置”改革的积极性上有较大差异，也能较为全面地展现不同类型农村的问题；昆明市宜良县因为具备省会城市的区域优势，在农村集体产业方面发展较好，辖区内各村通过“宅改”与产业项目相关联的方式形成了“宅改 + 经营”的发展模式，具备一定的特色。

第一节　调查问卷分析报告[1]

本书所涉及的相关数据，均来源于 2022 年 7—9 月在云南省宅基地制度改革试点地区开展的实地调研活动。本调研选取云南省大理市喜洲镇和刘官厂村、弥渡县大荒地村和侯家营村；云南省玉溪市江川区白石岩村、六十亩村和赵官村；云南省昆明市宜良县高古马村、西村村、狗街镇小哨村，共计 10 个村作为调研对象，全面覆盖了云南省农村宅基地制度改革试点地区的试点对象，可以全面呈现出云南省宅基地制度改革试点地区的整体面貌和状况。同时，为了确保数据真实可靠，在调研过程中不断收集和反馈问题，不断完善问卷调查的内容和结构，最终形成一份更为完善真实的调查问卷。本次调研在 10 个村镇通过发放问卷调查、实地访谈和座谈的形式获取研究所需的数据，除宜良县狗街镇小哨村外，共向 9 个村镇村民随机发放 105 份问卷，剔除无效问卷，共收集有效问卷 98 份，有效问卷的回收率达到 93%。需要说明的是，在调研过程中，农村大多数

[1] 本部分内容所设计调查问卷部分为多选题，因此数据统计合计存在大于 100% 的情况。

农户家中无人,青壮年基本在外务工,留守农村的居民也都在务农,导致问卷的样本量较低,课题组通过与村民委员会及村民的访谈并结合行政部门的相关资料,对调研数据进行了验证,调研数据基本与实际情况相吻合。

一、农户家庭情况

从农户家庭人均年收入情况来看,在样本农户中,农户家庭人均年收入占比较大的是 1 万元至 1.5 万元,约为 32%。从总体来看,农户家庭人均年收入情况主要聚焦在 1 万元至 2 万元的等级,为 49%,约占整体样本农户收入的一半;而家庭人均年收入低于 1 万元的占比为 21%;家庭人均年收入 3 万元及以上的仅为 15%(见图 5-1)。从该结果来看,被调查农户家庭人均年收入整体较低,这为云南省农村宅基地“三权分置”改革提出更为迫切的需求,以达到增加农民收入,促进乡村振兴的目的。

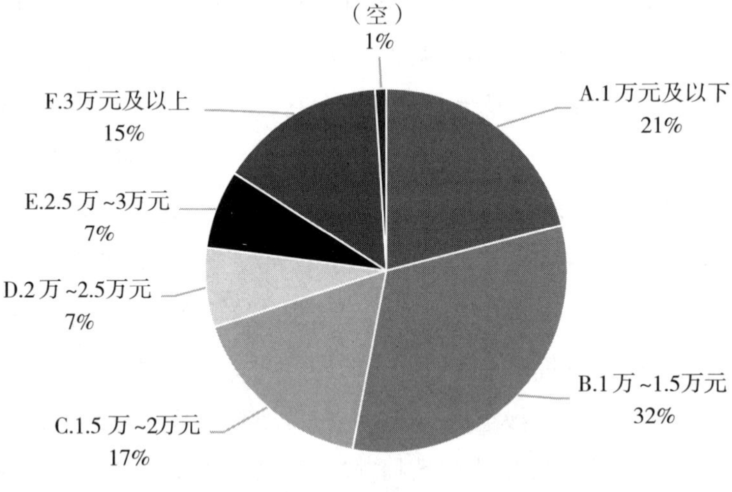

图 5-1 受访农户家庭人均年收入分布

从样本农户家庭人口数量分析来看,家庭人口数量占比最多的为 4~6 人的家庭农户,占比最高达 61.22%;家庭人口数量 7 人以上的农户占 17.35%;从整体来看,被调查地区的家庭人口数量较为合理,与实际相符

（见图5－2）。

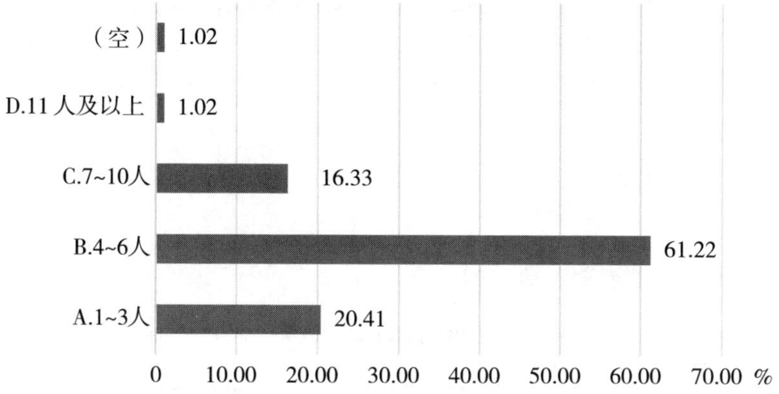

图5－2　受访农户人口数量分布

二、宅基地闲置及“一户多宅”现状

（一）宅基地闲置情况

为了更为客观真实地反映和了解宅基地的闲置情况，课题组不仅调查了受访农户自家的宅基地闲置情况，还询问了其所在的村集体宅基地闲置情况。从两个角度都可以看出，云南省宅基地改革试点地区宅基地闲置率与全国平均水平一致，闲置宅基地治理已成为当前乡村振兴战略的重要抓手和主要任务。

从被受访者自家宅基地闲置情况分析，拥有1处闲置宅基地的样本农户19户，占比19.39%，拥有2处闲置宅基地的样本农户较少，仅为2.04%。从整体来看，拥有闲置宅基地的样本农户占比21.43%，78.57%的受访农户家里没有闲置宅基地，这与全国宅基地闲置率基本一致，处于平均水平（见图5－3）。可见，宅基地的闲置情况还是较为普遍的，并且受访农户所在的地区正在进行闲置宅基地的退出工作，部分地区该工作已经完成，因此可以合理推测出，在进行闲置宅基地整治退出以前，宅基地的闲置情况更为普遍。

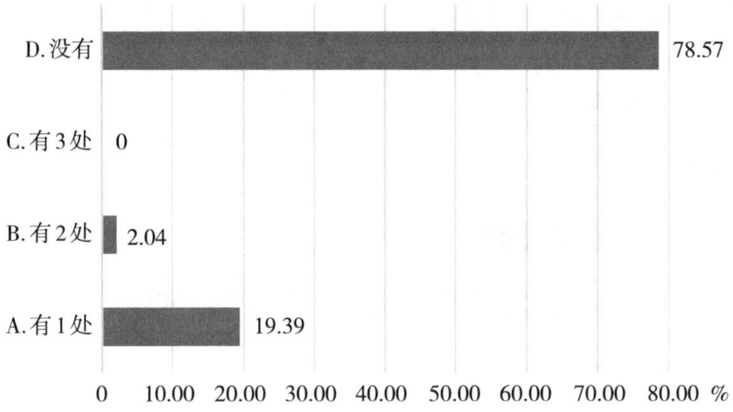

图5-3　受访农户拥有闲置宅基地数量分布

从样本农户谈及村集体宅基地闲置情况的角度来看,大部分农户都认为农村存在闲置宅基地,在进行问卷调查时将村集体宅基地闲置情况分为不存在、少量存在、大量存在和普遍存在。其中村集体闲置宅基地少量存在的农户占比为62.24%,而从整体来看,农村集体存在宅基地闲置的情况占比高达70.4%(见图5-4)。这可能与农户对于闲置宅基地的认识不统一有关系,一些农户认为长期不居住或城里有房的就属于闲置的宅基地。

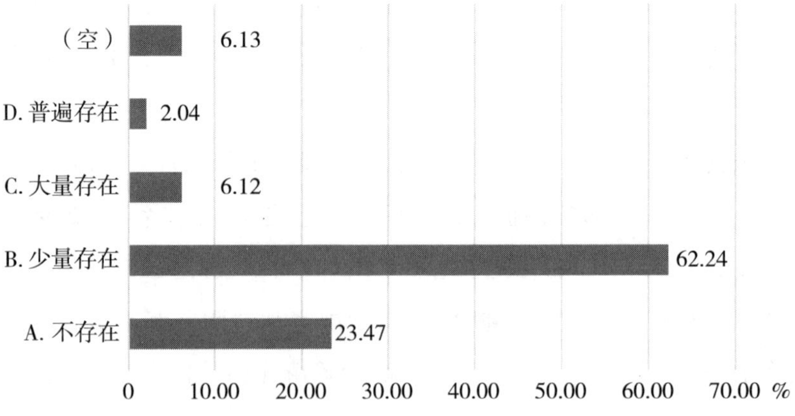

图5-4　受访农户对宅基地闲置认识分布

(二)“一户多宅”情况

1.“一户多宅”问题情况。通过样本数据来看,受访农户中72.45%的农户认为村集体存在少量“一户多宅”的情况,4.08%的受访农户认为村集体存在大量“一户多宅”的情况,13.75%的受访农户认为村集体不存在“一户多宅”的情形(见图5-5)。总体来看,村集体存在“一户多宅”情况的受访农户占比为76.53%,可见农村“一户多宅”的情况实际存在,与实地走访的情况相符。之所以出现“一户多宅”的情况,主要因为是以前宅基地审批环节缺乏有效监管,农户在申请新的宅基地之后没有及时退出旧的宅基地,以至于出现新旧宅基地并存的情况。

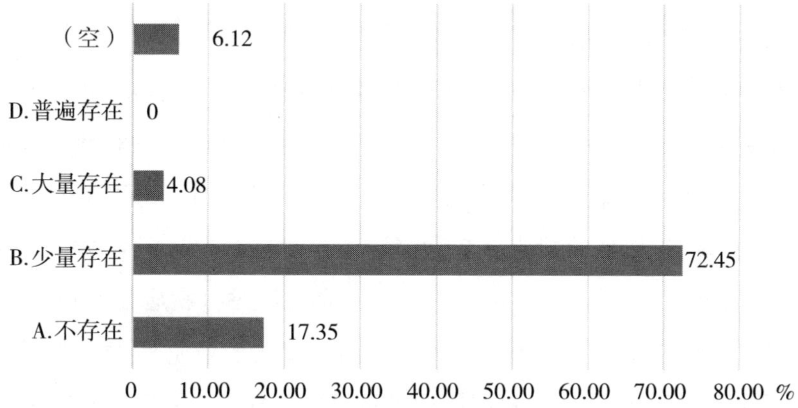

图5-5　受访农户对“一户多宅”认识分布

2.“一户多宅”的成因。多余的宅基地来源包括继承、向其他村民购买、向村集体申请、其他方式等。其中占比最高的是通过继承方式获得,占比24.49%,向其他村民购买的占比13.27%,向集体申请的占比9.18%(见图5-6)。从统计数据可知,农村“一户多宅”主要来源于通过继承方式获得。造成农村“一户多宅”的原因主要包括继承、向其他村民购买、向集体申请3种情形,共占比46.94%。

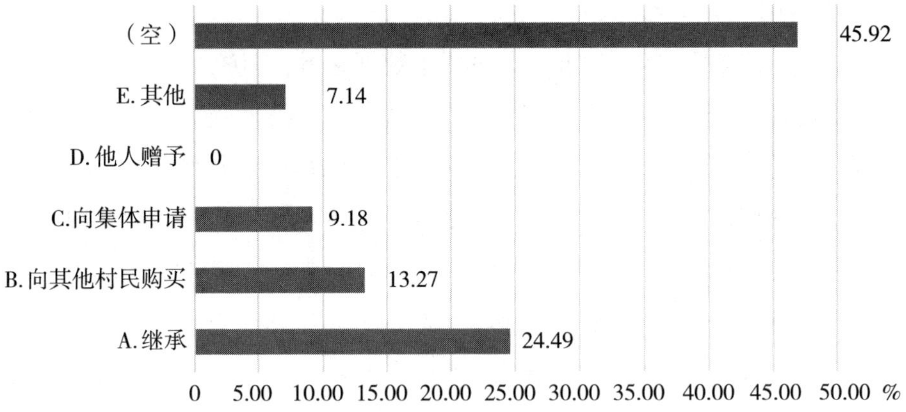

图5－6　受访农户取得多余宅基地方式分布

（三）宅基地用途情况

根据调查数据统计，关于样本农户的宅基地用途，93.88%的农户用于自己家庭居住；2.04%的农户将自己的宅基地用于出租、开客栈和商店等经营性用途；6.12%的农户将自己的宅基地用于除居住、出租、开客栈和商店等经营性用途以外的其他用途（见图5－7）。从数据分析可以看出，云南省试点地区农村宅基地绝大部分用于满足农村居民自我居住的功能，宅基地的社会保障功能对于农村居民住有所居、安居乐业仍然发挥着重要作用。但也可以看出，除了农村居民满足自己家庭居住、用于生产生活，有极少的宅基地被用于经营性用途，宅基地的财产功能还处于未有效发挥状态。产生以上情况的原因主要是云南省大部分农村经济发展落后，除了城镇地区，大部分地区还是传统农区，农民以务农、外出务工、务农兼就近临时务工为主要收入来源，因此该地区消费水平较低，农村居民的宅基地及住房除了满足家庭生产、生活，很难用于其他用途以产生经济收益。

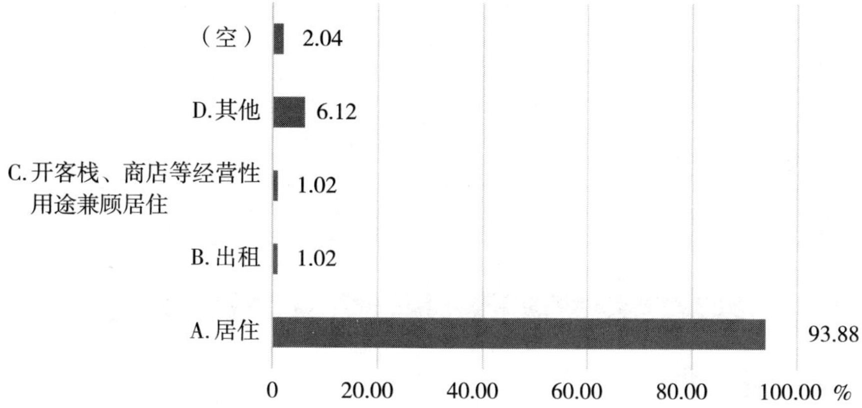

图 5－7　受访农户宅基地用途分布

三、宅基地流转情况

（一）宅基地流转概况

1. 流转意向。在受访农户中，当被问及闲置宅基地流转方式的意向时，23 户农户倾向于选择出租方式进行流转盘活，选择转让方式（买卖及其他）的农户占比 17.35%。从总体来看，受访农户中一些的农户希望可以通过流转对闲置宅基地进行盘活利用，以增加家庭收入，也有占比 14.29% 的农户表示不会进行流转。从调查数据可以看出，在云南省试点地区，选择出租和不流转的农户占受访农户的一半以上（见图 5－8）。出现这种现象的主要原因包括：第一，农户为了修建自己的住房花了家庭收入的大部分积蓄，因此部分农户特别看重自己的住房；第二，农村住房为祖辈传下来的财产，是为后代的发展计划，农户除非遭遇重大变故，否则不会轻易进行处分；第三，与我国农村地区现行的宅基地申请制度有关，农户将宅基地出售以后再申请的，不予批准，因此农户更倾向于出租或者直接不进行处分型流转。从数据统计可以看出，17.35% 的受访农户倾向于选择转让来进行流转，结合访谈交流可知，该部分农户主要为在城镇买了商品房的农户或者一户多宅的农户，其原因在于这部分农户对宅基地社会保障功能依附性减弱,即使其出让了宅基地,也不会导致其居无住所。

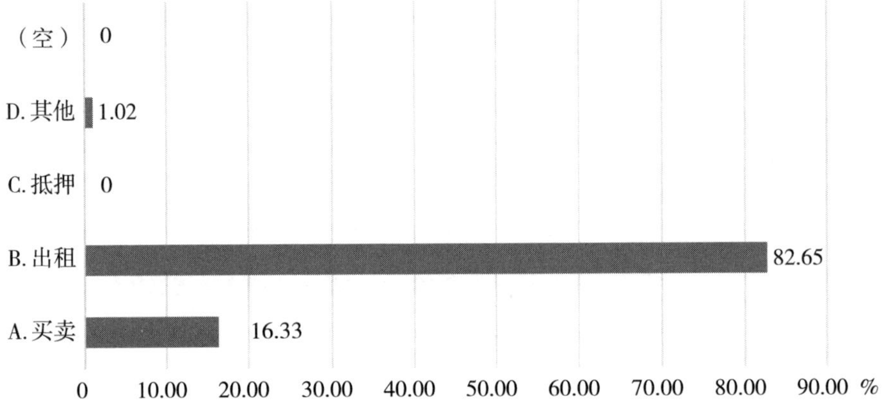

图 5-8　受访农户宅基地意向流转方式分布

2.流转去向。据数据统计,关于宅基地流转去向,在样本数据中,有 21 户农户进行过宅基地流转,其中 18.37% 的农户表示宅基地流转给村集体成员,3.06% 的农户表示曾流转给非村集体成员(见图 5-9)。这表明,农村的确存在宅基地流转情况,并且在进行过流转的农户中,大部分闲置宅基地流转给本集体经济组织成员,这也符合法律对于宅基地流转范围的规定。但同时也应注意到,在闲置宅基地流转过程中,也存在流转给非本集体经济组织成员的情况。造成这种情况的原因,主要包括 3 点:其一,虽然法律明确规定农村宅基地只能流转给本集体经济组织成员,但实践中因为缺乏监管,有些非本集体经济组织成员也可能和本集体经济组织成员达成宅基地流转交易;其二,在农村,农民并不知晓宅基地不能卖给除本集体经济组织成员以外的人;其三,在非本集体经济组织成员所出价格比本集体经济组织成员更高时,出于经济收益考量也会倾向于流转给非本集体经济组织成员。

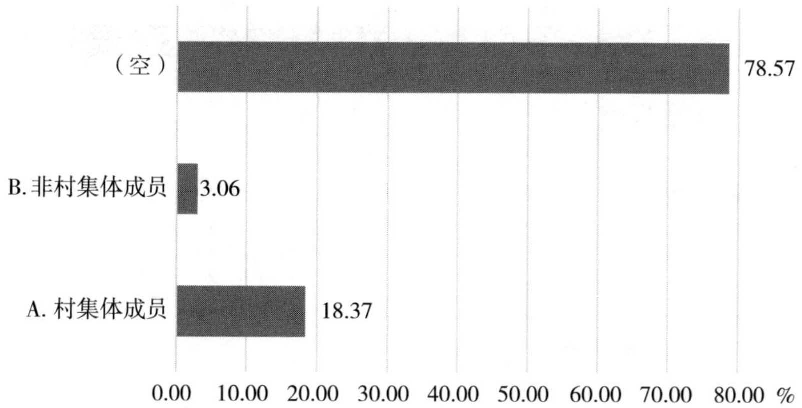

图5-9　受访农户宅基地流转去向分布

3. 流转方式。在存在交易的受访农户中，有16.33%的农户以买卖的方式交易宅基地使用权，长期出租或承租、抵押贷款获得的交易方式为零（见图5-10）。从数据统计可以看出，试点地区农村宅基地交易方式主要为买卖，而长期出租或承租的情况并不存在，这说明在云南试点地区农村居民宅基地交易方式倾向于选择通过一次性支付价款的方式获得没有期限限制的宅基地使用权而对于通过分期支付租金、在一定期限内获得某块宅基地的使用权用于建造住房的交易方式并不青睐，在云南省试点地区通过出租或承租方式并不流行。同时，从统计数据可以看出，通过抵押贷款获得的方式也不存在，原因在于：首先，试点地区的农村宅基地抵押行为很少，在法律的限制下，宅基地抵押还未被政府、金融机构和农民接受和认可，即使是本集体经济组织成员也没有通过该方式获得过宅基地；其次，据访谈了解，大理市少数农村有宅基地抵押现象，但并未出现过违约情况，人们一般不会通过放弃宅基地使用权来抵偿债务。

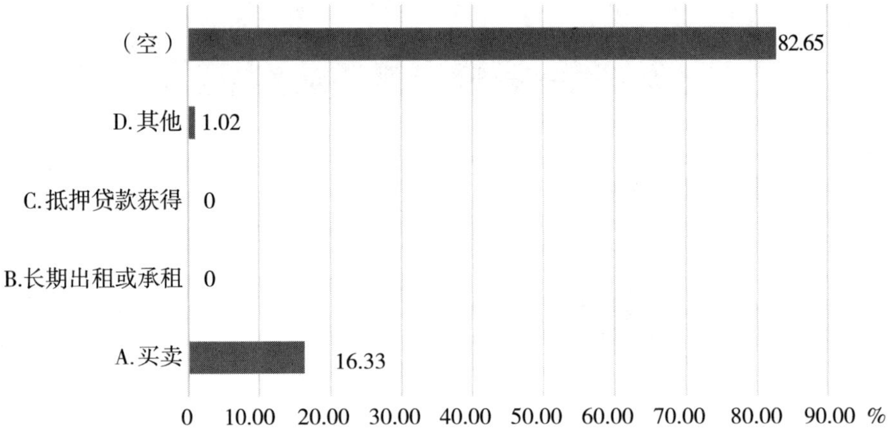

图5－10　受访农户宅基地交易方式分布

4. 流转的宅基地所处的位置。在存在交易的受访农户中，仅有1.02%的农户交易的宅基地位于临街铺面，2.04%的农户交易的宅基地位于景区、学校周边等，13.27%的农户交易的宅基地位于景区、学校周边其他地区（见图5－11）。从该统计数据可以看出，样本农户交易的宅基地所处位置绝大部分位于临街铺面、景区、学校周边等以外的地区，这说明农户交易宅基地主要不是为了满足经营性用途需要，而是为了满足家庭生产、生活等居住需要。当然，也有少部分农户选择了与位于临街铺面、景区、学校周边等地区的农户交易宅基地。农户主要选择其他地区的宅基地为交易对象，原因还在于这些宅基地的交易价格相对于临街铺面、景区、学校周边等的宅基地也会较低。

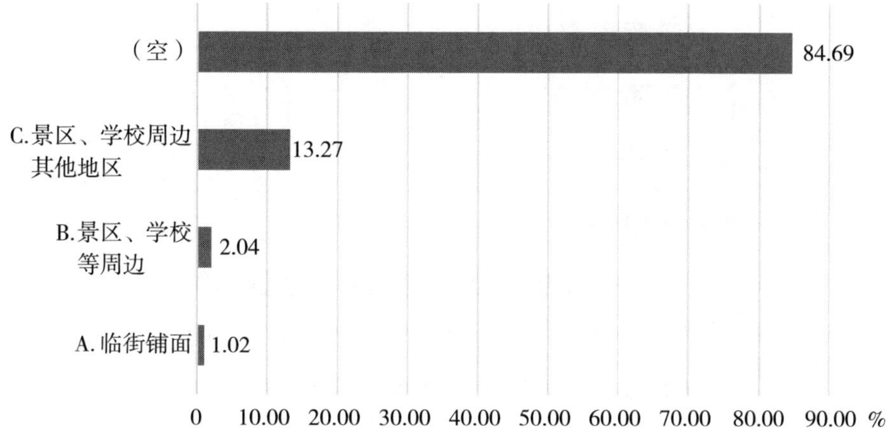

图 5－11　受访农户交易宅基地的位置分布

5. 流转履行手续的情况。在样本农户中,61.22% 的农户表示宅基地交易需要向村委会、政府或其他行政机关履行报备手续;12.24% 的农户表示宅基地交易不需要向村委会、政府或其他行政机关报备;3.06% 的农户表示原本需要向村委会、政府或其他行政机关报备,但一般都不会去(见图 5－12)。从整体来看,受访农户表示其所在的村集体规定农户之间交易宅基地需要向村委会、政府或有关行政机关报备的占比 64.28%,说明大部分村集体对于农户之间宅基地交易进行过申请或报备程序。而部分村集体虽然要求农户之间交易宅基地需要向村委会等报备,但交易宅基地的农户一般不会去,其原因主要有:首先,农户宅基地交易报备意识差,有意或无意不想去报备;其次,部分村集体虽然有报备的规定,但缺乏有效监管,导致农户认为报备与不报备没有任何区别,因此即使需要报备也不会去报备。同时也不能忽视,有些村集体虽然作为宅基地所有权人,但对于宅基地交易等事项疏于监管,农村居民交易宅基地在村里私下进行。从整体来看,村集体作为宅基地所有权人,对于宅基地的监管缺乏有效手段,宅基地交易报备与否并不会产生不同的法律后果。

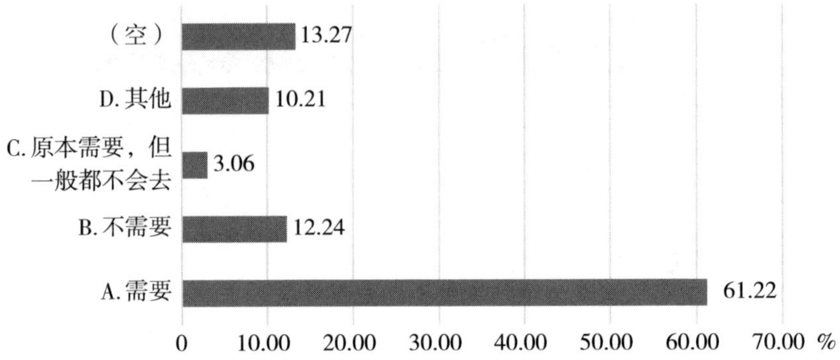

图 5－12　受访农户对宅基地交易手续认识分布

（二）宅基地交易情况

1. 宅基地交易发生率。通过数据统计，样本农户中 11. 22% 的农户与他人交易过宅基地，81. 63% 的受访农户表示没有与他人交易过宅基地（见图 5－13）。从调研数据可以看出，宅基地交易在试点地区是具有一定市场需求的。从调研实际情况来看，宅基地交易的情况包括整块宅基地交易、部分宅基地交易，面积大小不等。从宅基地交易目的来看，有些是因自己没有宅基地建房需要向其他村民购买，有些是因为自己家宅基地面积较少而向其他村民购买一部分用于建房，或者是刚好相反。

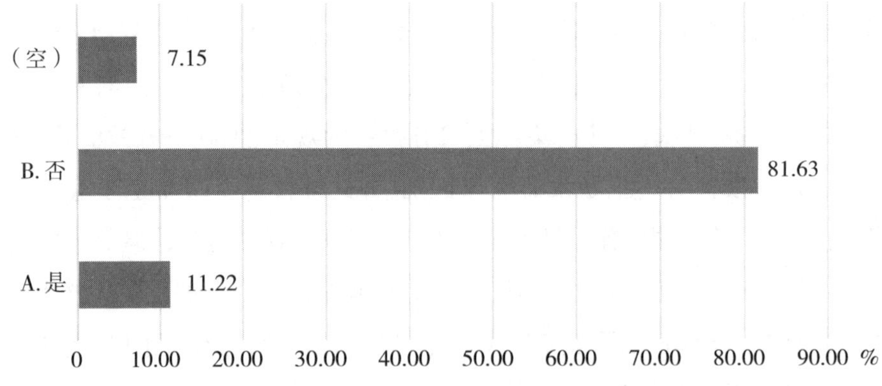

图 5－13　受访农户宅基地交易情况分布

2. 宅基地交易途径。经数据统计显示，受访农户表示通过自己找需要或拥有土地一方的占比 26.53%，通过需求方主动找上门的占比 30.61%（见图 5－14）。但总体来看，不管是需要土地一方找拥有土地一方，还是拥有土地一方找上需要土地一方，都是交易双方私下进行的，占比 57.14%，占所有宅基地交易途径的绝大多数；通过土地流转中介和专门的土地流转平台交易宅基地的，各占 6.12%。可见，在农村宅基地交易中，开始逐渐形成较小规模的针对宅基地交易的中介服务。从调研实际过程来看，存在土地流转中介和专门的土地流转平台的地区，主要是经济发达的城镇周边和景区，对大多数农村地区来说，宅基地的交易途径主要是交易双方在遇到交易一方需要交易宅基地时再进行交易。

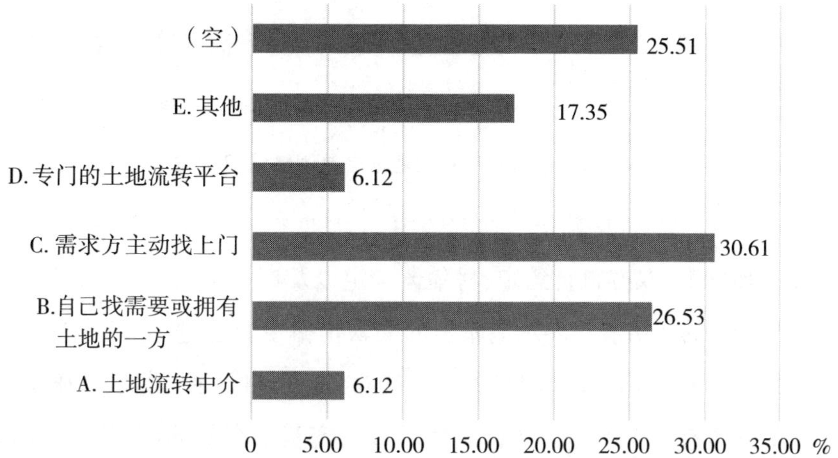

图 5－14　受访农户宅基地交易途径分布

3. 宅基地交易的限制条件。经数据统计显示，受访农户认为宅基地交易没有限制条件或不清楚的占比为 32.65%，接近 1/3；认为只能卖给村集体成员、对方必须符合宅基地申请条件、必须通过集体讨论决定、必须通过村集体和行政部门批准的受访农户占比分别为 31.63%、17.35%、13.27%、16.33%（见图 5－15）。从调研数据可以看出，接近 1/3 的受访农户对于宅基地交易是否有限制并不清楚或直接认为没有限制，其主要原因在于:第一,在农户意识中,宅基地属于自家私有财产,自己进行交易不需要通过批准许可;第二,农户之所以没有宅基地交易限制的概念,是因为宅基地制度相关普法宣传力度不够。

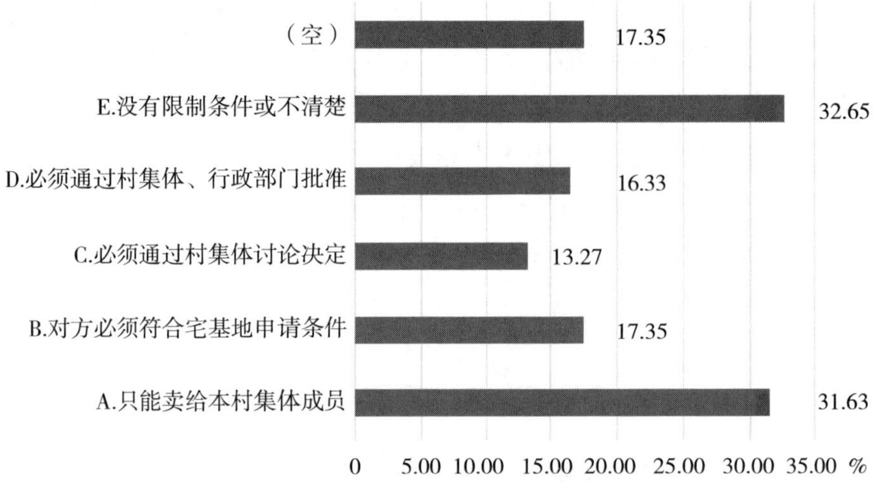

图 5 – 15　受访农户对宅基地交易限制认识分布

4. 宅基地交易价格确定。在实践中,宅基地交易价格确定方式主要包括仿照征地标准、双方自行约定、村集体确定以及评估机构确定。在样本数据中,55. 10% 的受访农户表示宅基地的交易价格主要通过宅基地交易双方自行约定的;16. 33% 的受访农户表示宅基地交易价格是通过村集体确定的;5. 10% 的受访农户表示是仿照征地标准进行宅基地交易的(见图 5 – 16)。从统计数据可以看出,试点地区的农村村民进行宅基地交易的价格确定方式主要为双方自行约定一个合适的价格,如果交易双方都能接受某个价格则交易就可以完成。也有一部分农民交易宅基地是通过参照当地的征地补偿标准商定,还有些村集体会给村集体成员提供一个宅基地交易价格标准。总的来看,农村宅基地的交易主要是农户之间的一个私下交易过程,因此价格也是基于双方的协商达成一致。

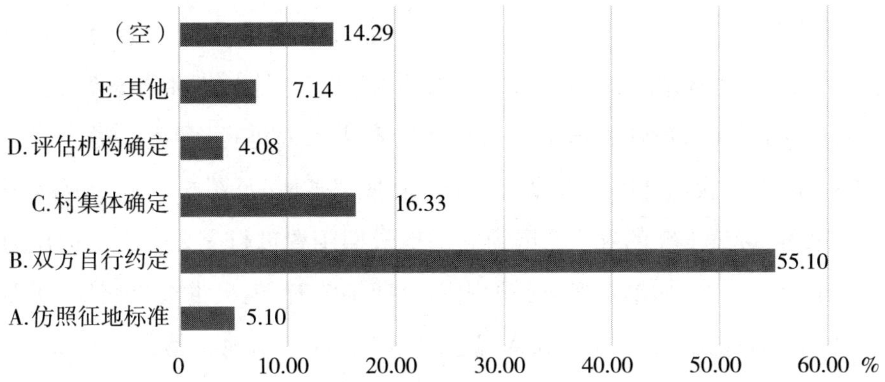

图 5 – 16　受访农户对宅基地交易价格确定机制认识分布

5. 宅基地交易收益分配情况。在受访农户中，63.27% 的农户表示宅基地交易的收益归农户所有。表示宅基地交易收益由农户和集体共同分配的农户占比为 16.33%（见图 5 – 17）。从统计数据可以看出，接近 2/3 的农户表示宅基地交易的收益应当直接归宅基地的使用权人所有，这与农村中现行的宅基地交易现状相符。大部分地区集体经济组织并没有干预农村居民宅基地的私下交易活动，因此农村居民交易宅基地之后，收益也顺理成章地归农户所有。造成这种现象的原因在于长期以来村集体缺乏行使自己的所有权权能和管理职能的有效手段，以及农户观念意识中根深蒂固地认为自己所交易的宅基地属于自己所有，集体经济组织没有理由获得收益。值得关注的是，部分地区村集体也在农户的宅基地交易中获取了收益。

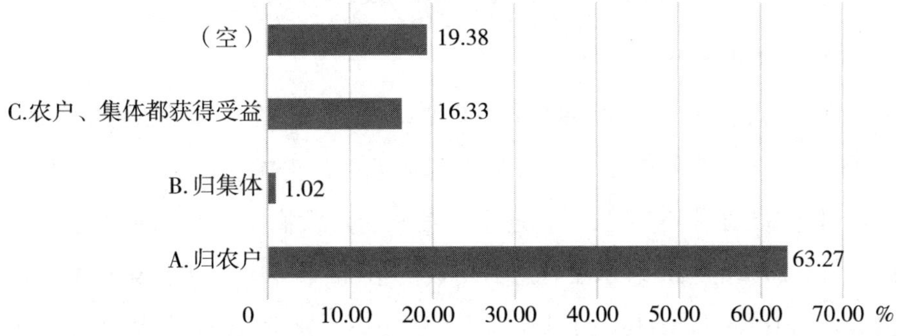

图 5 – 17　受访农户对宅基地交易收益分配认识分布

6. 宅基地交易原因。在受访农户中,10. 20% 的农户表示会为了获取收益而进行宅基地交易;32. 65% 的农户会因宅基地长期闲置进行交易;17. 35% 的受访农户则表示会因村集体利益需求而进行宅基地置换交易;4. 08% 的农户表示会因个人原因与他人互换宅基地(见图 5 - 18)。从数据统计来看,接近 1/3 的农户会因为宅基地长期闲置进行交易。宅基地作为农民的重要财产,如果农户自己不用而长期闲置时,就会去选择交易,从而获取一定的收益,增加家庭收入,这是农户进行宅基地交易的重要原因。此外,村集体为了修路等公用设施建设需要使用到农户的宅基地时,农户也会因为公共利益需要而进行宅基地置换。

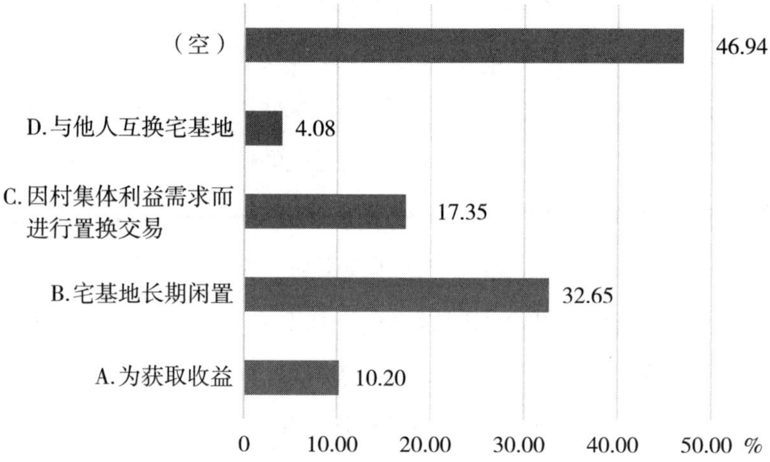

图 5 - 18 受访农户宅基地交易原因分布

(三) 宅基地抵押情况

在受访农户中仅有 4. 08% 的农户明确表示自己有宅基地抵押的需求,而 45. 92% 的农户则表示自己没有宅基地抵押的需求。从统计数据可知,农户对宅基地抵押需求较小。进一步考察农户没有宅基地抵押需求的原因时,14. 29% 的农户表示没有急需用钱的情况,表示其他借钱渠道更方便的农户占比为 11. 22%,因其他原因无宅基地抵押需求的农户占比为 10. 20% (见图 5 - 19)。整体来看,受访农户宅基地抵押需求较低,并且在没有抵押需求的农户中,大多表示没有急需用钱、其他借钱渠道更方便等。造成这种现象的原因在于:宅基地是农村居民住有所居之所,除非万不得已,否则农户不会轻易将宅基地抵押融资,农户对于宅基地抵押融资持更为谨慎的态度,担心自己到期不能还款将会失去宅基地,并且在农村,农户需要钱时找亲戚朋友借钱较为普遍,有相互拆借相互帮助的传统并且一般没有利息。

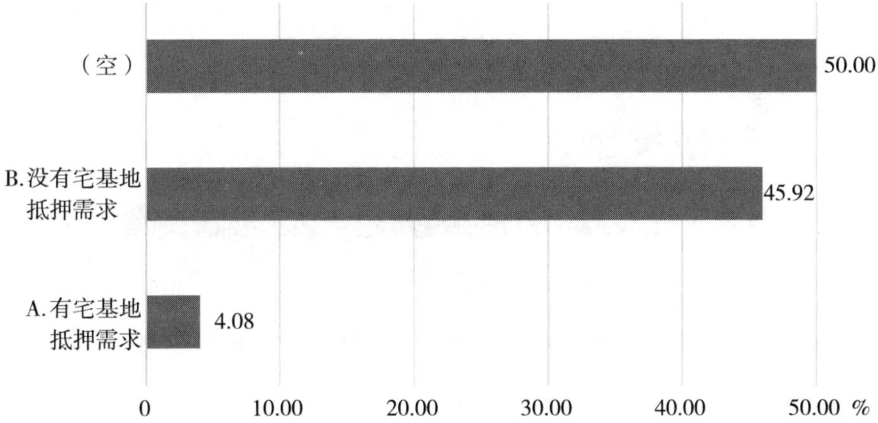

图 5－19　受访农户宅基地抵押需求比例

四、宅基地回收情况

(一)村集体履行宅基地回收义务情况

在受访农户中,认为村集体经济组织尽职履行好宅基地回收义务的农户占比为 53.06%,对此并不清楚的占比为 34.69%(见图 5－20)。从数据统计来看,村集体履行宅基地回收义务的情况并不乐观,只有半数农户认为村集体尽职履行好宅基地回收义务,近 1/3 的农户表示不清楚村集体是否履行好宅基地回收义务。造成这种情况的原因在于:过去村集体虽然拥有宅基地所有权,享有宅基地申请的审查、闲置宅基地回收等权利及义务,但实践中长期以来只做申请的审查而未切实行使回收宅基地的权利和义务,导致问题积重难返,现在已经无法完成回收的任务。而近 1/3 的农户表示不清楚村集体是否履行好宅基地回收义务,说明农户并未实质参与村集体的管理工作和村民大会的决策工作,或对相关工作不予关心。

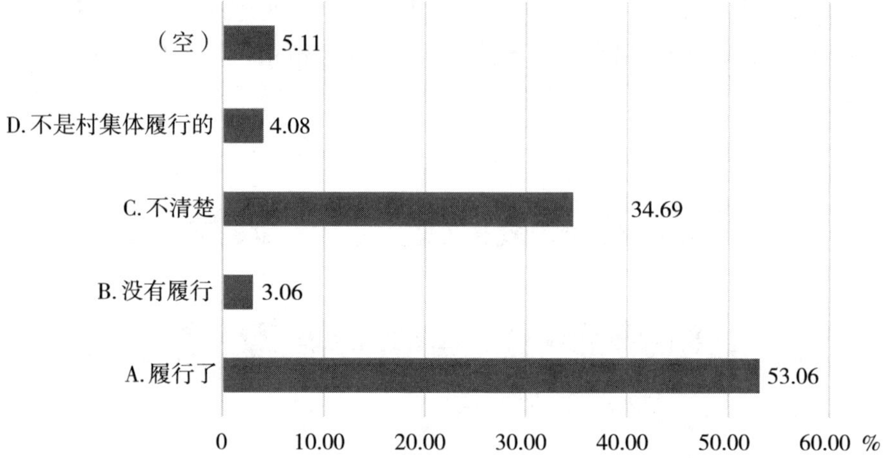

图 5－20　受访农户对村集体履行宅基地回收义务认识分布

(二)村集体回收宅基地使用权有无专项资金

在受访农户中,认为村集体回收宅基地使用权时有专项资金支持的占比为 15. 31%;认为没有专项资金来回收宅基地使用权的农户占比为 32. 65%;认为宅基地使用权回收属于无偿收回的占比为 7. 14%;对宅基地回收资金情况表示不清楚的占比为 37. 76%(见图 5－21)。从统计数据可以看出,在村集体履行宅基地回收义务的过程中,只有少部分村集体有专项资金支持,而接近 1/3 的农户所在村集体在履行宅基地使用权回收义务时,并没有专项资金支持,资金来源或属于集体经济组织自筹,或来自产业项目所筹资金,又或者两者兼有。在受访农户中有 7. 14% 农户表示由集体无偿收回闲置宅基地,从调研实际来看,该情况存在于云南省玉溪市江川区白石岩村,该村通过村干部和党员带头无偿退出自家闲置和多余宅基地。

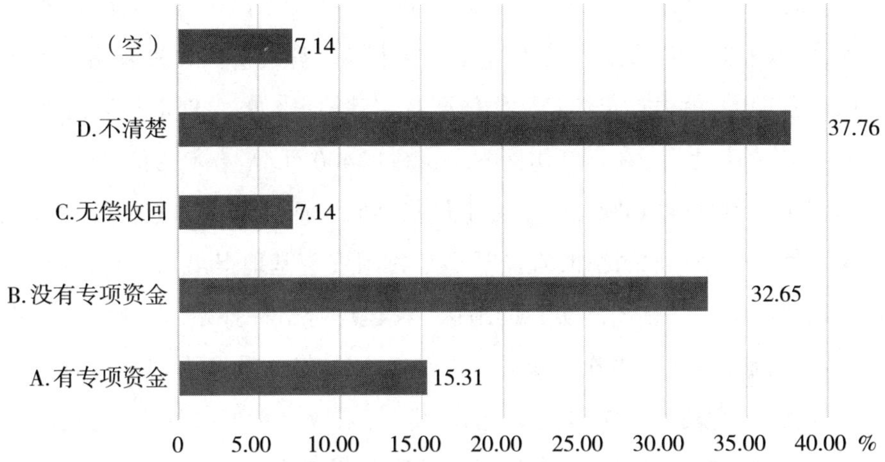

图5-21 受访农户对村集体回收宅基地使用权有无专项资金认识分布

(三)村集体有偿回收宅基地的价格标准情况

在受访农户中,认为村集体有偿回收宅基地有固定的价格标准的农户占比为37.76%;认为没有固定价格标准的农户占比为13.27%;对村集体有偿回收宅基地是否价格固定表示不清楚的占比为35.71%(见图5-22)。从调研实际来看,云南省大理市、玉溪市江川区、昆明市宜良县3个试点地区,除了玉溪市江川区白石岩村实行无偿回收,其他地区都以不同价格标准回收了农户的闲置宅基地。例如,玉溪市江川区六十亩村以400元/平方米的价格有偿回收,大理州弥渡县(非改革试点区)以75元/平方米的价格有偿回购。从调研实际情况来看,每个实行有偿退出地区虽然价格标准不一样,但具体到每个试点村来说都有固定价格标准。在试点地区,实行有偿回收还是无偿退出,并没有政策上的强制要求,由具体的乡镇(街道)因地制宜进行回收。首先,关于采取有偿回收还是无偿回收的措施不统一,试点地区由于处于试点阶段,每个试点村集体的经济情况、政府支持力度、农民退出意愿都存在差异,因此村集体采取有偿回收还是无偿回收,取决于当地实际情况。从实际情况来看,绝大部分村集体都采取了有偿回购的方式。其次,各地宅基地价格标准不统一,云南省大理市、玉溪市江川区、昆明市宜良县每个地区经济发展状况有差异，进一步具体到每个村集体上，在经济实力、政府是否有资金支持等情况上也不同。有经济实力且有明确的产业收益预期的，就由村集体自己出钱回收宅基地，比如，大理市喜洲镇以12万元/亩价格回收，玉溪市江川区六十亩村以400元/平方米的价格回收，玉溪市江川区赵官村以800元/平方米价格回收。而经济实力较弱的地区则以象征性的价格回收，比如，宜良县小哨村闲置宅基地退出以120元/平方米补偿。村集体没有经济实力的地区，除非政府出资补贴，否则村集体不会主动进行有偿回收工作。最后，整体来看，村集体采取固定价格有偿回购方式得更为普遍，其原因主要包括：其一，采取有偿回收的方式，相比无偿回收，农户接受程度更高，有利于宅基地回收工作的开展，同时对于主动退出宅基地的农户也给予一定程度的经济补偿；其二，在同一个试点村或地区，采取固定价格标准回收闲置宅基地，在每家价格标准都一样的情况下，回收补偿款的多少取决于被回收的宅基地的面积大小，这有利于形成农户之间的宅基地互换和交易的价格基准。

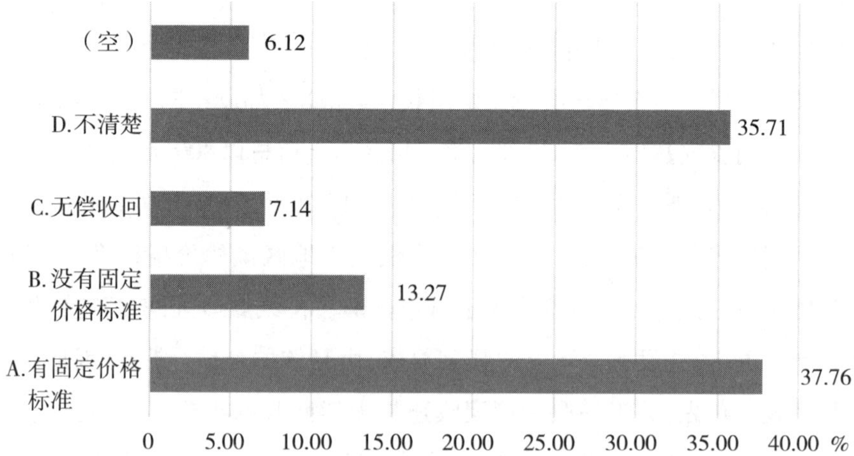

图5-22　受访农户对村集体有偿回收宅基地的价格标准认识分布

（四）闲置宅基地有偿退回村集体的意愿状况

在有偿退出宅基地即村集体有偿回收宅基地前提下，在被调研的农户中,41 户表示愿意将自己的闲置宅基地退回村集体,占比为 41. 84% ;40 户则表示即使在集体有偿的情况下也不愿意将自己的闲置宅基地退回村集体,该部分农户占比为 40. 82% (见图 5 - 23)。从数据分析来看,在村集体有偿回收农户闲置宅基地的情况下,愿意将自家闲置宅基地退回村集体与不愿意退回村集体的受访农户占比差不多。出现上述情况的原因在于:首先,虽然村集体以有偿的方式进行回收,但是闲置宅基地退出的价格远低于村民自行协商交易、征地补偿标准,因此即使在有偿的情况下,基于价格的考量,部分农户也不愿意退出;其次,部分农户将闲置宅基地看作自己的私产,即使出再高的价钱也不愿意交回村集体;最后,与国有土地使用权不一样,宅基地使用权没有期限限制,农户如果修建房屋,翻建的手续和成本比新申请宅基地容易,出于这种原因考量,农户也不愿意退出。

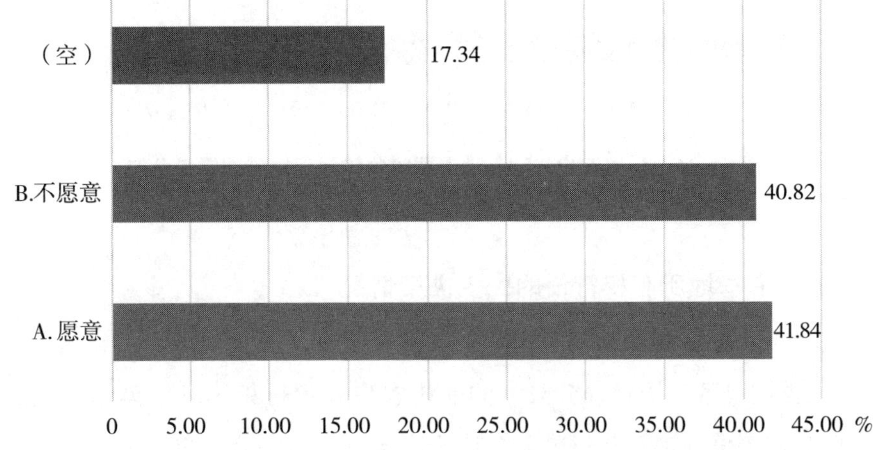

图 5 - 23　受访农户闲置宅基地有偿退回村集体的意愿分布

(五)宅基地退回村集体后保障方式的意向情况

农户将宅基地退回集体之后希望得到的有货币、住房、养老保险等社会保障及其他保障方式。其中,希望得到货币保障的占比为 32. 65% ,希望获得住房保障的占比为 40. 82% ,希望获得养老保险等社会保障的占比为 10. 20% ,希望获得上述列举以外其他方式保障的占比为 11. 22% (见图 5 - 24)。

从调查统计数据来看,将宅基地退回集体后,希望通过货币化保障的接近1/3,希望获得住房保障的占比最多。而在实际情况中,村集体或政府主要采取较为单一的货币方式予以保障,且都是一次性支付。单一的货币化保障方式与农户希望的多元化保障之间存在矛盾,主要原因在于退出宅基地的农户需求多样化,实践中通过货币方式保障在操作上更为方便快捷。

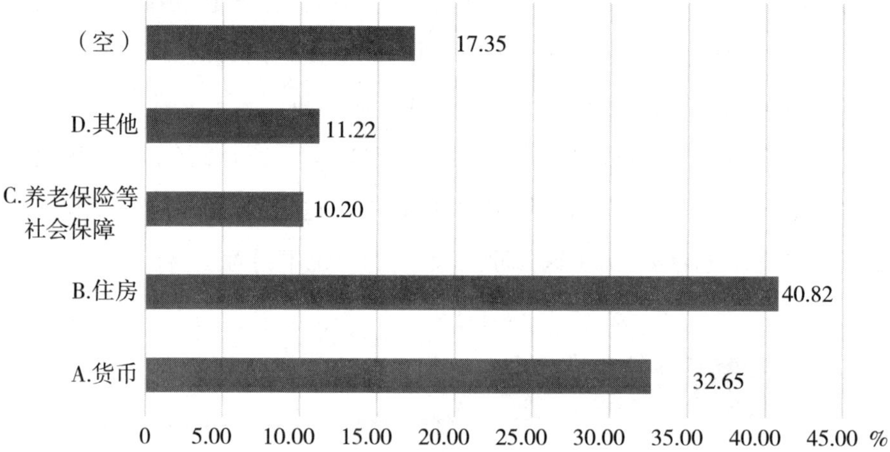

图 5－24　受访农户将宅基地退回村集体后保障方式需求分布

五、宅基地所有权行使的民主决策情况

(一)村集体对宅基地事项的民主决策情况

根据调研数据统计,65.31%的受访农户表示村集体对于集体土地的管理、分配等事项都召开村民大会讨论决定;12.24%的农户表示村民对于集体土地的管理、分配等事项只是部分召开;20.41%的受访农户则表示对是否召开村民大会讨论决定并不清楚(见图 5－25)。根据统计数据分析可知,接近2/3的农户表示自己所在的村集体对于集体土地的管理、分配等事项都会召开村民大会讨论决定,而少部分村集体只是偶尔召开。集体土地的管理、分配等事项按照法律规定需要通过村民大会讨论决定,而实践当中仍然有很多村集体没有按照该程序进行。

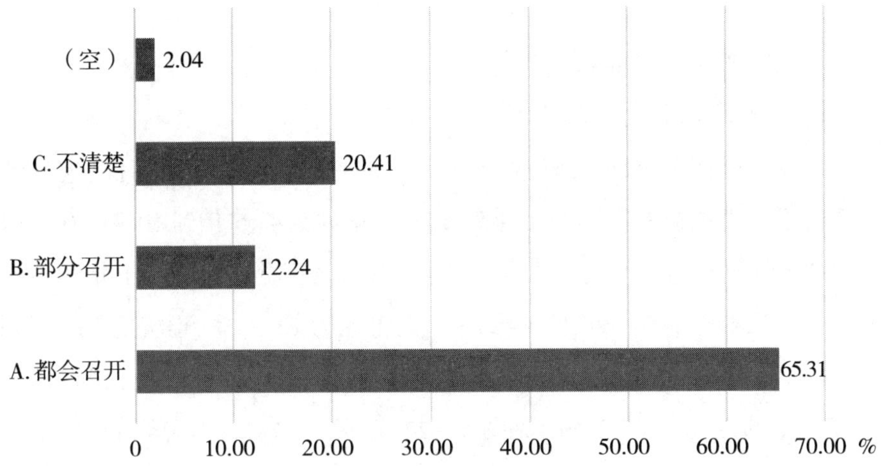

图5-25 受访农户对村集体对宅基地事项的民主决策认识分布

(二)村集体对宅基地事项的公开情况

根据调研数据统计,74.49%的受访农户表示对于批准申请的宅基地会进行相关公告;2.04%农户表示申请宅基地批准之后不会进行相关公告;20.41%受访农户表示不清楚(见图5-26)。从调研统计数据可以看出,大部分村集体在申请宅基地批准之后会向集体经济组织成员进行公告,以保障集体经济组织成员的知情权,有极少部分村集体的工作还没有做好做足。

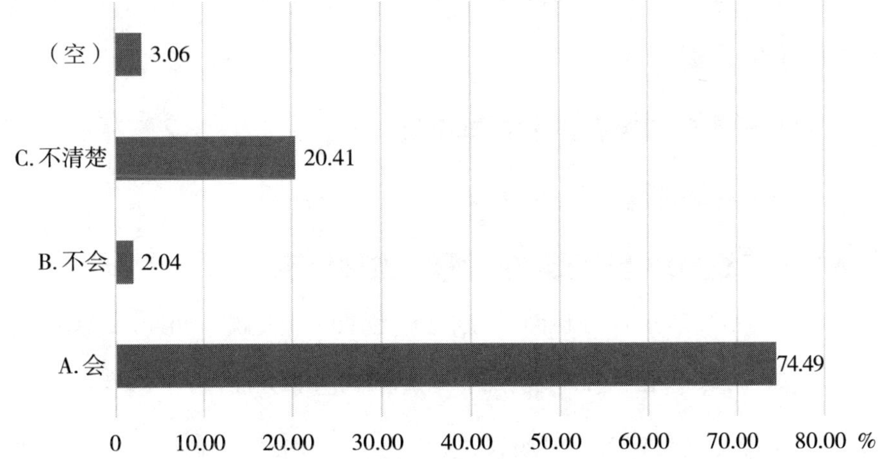

图5-26 受访农户对村集体对宅基地事项的公开情况认识分布

六、宅基地租赁情况

(一)宅基地租赁期限情况

在调研过程中,根据受访农户所反映的宅基地租赁期限情况,宅基地租赁期限主要包括 1 年以下、1 年到 3 年、3 年到 5 年、5 年到 10 年、10 年以上。从统计数据所反映的租赁期限来看,宅基地租赁期限小于 1 年的占比最多,为 21.43%;租赁期限 1 年到 3 年的占比为 12.24%;租赁期限 3 年到 5 年的占比为 17.35%;租赁期限 5 年到 10 年的占比为 3.06%;租赁期限 10 年以上的占比为 14.29%(见图 5-27)。整体来看,宅基地租赁期限主要集中在 5 年以下的时段内,占比为 51.02%。从目前来看,宅基地长期租赁的情形还不多。从调研实际来看,宅基地租赁主要存在于经济发展较为好的旅游地区和城镇周边地区,传统农村地区则很少。出现这种现象的原因在于:宅基地租赁市场的形成有赖于经济发展的需要,很多传统农村地区已经呈现“空心化”,没有租赁需求。

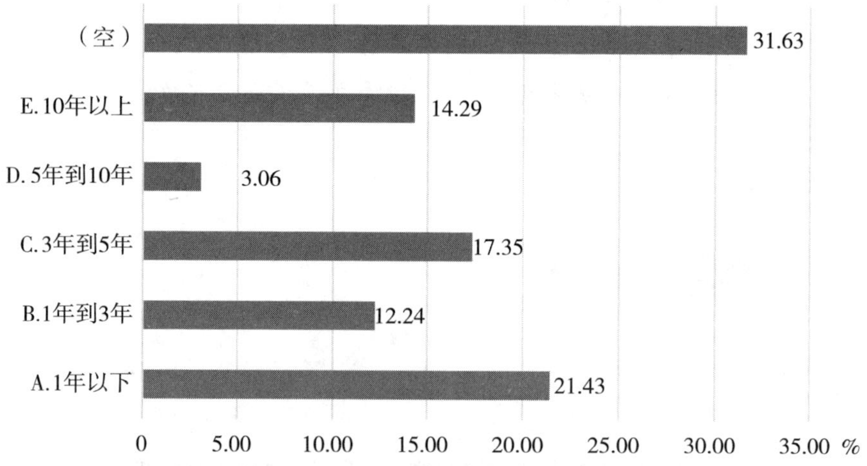

图 5-27　受访农户宅基地租赁年限分布

(二)宅基地租赁合同纠纷情况

宅基地租赁纠纷发生的主要原因有市场价格波动导致一方毁约、承租方不支付租金、出租方因为一些原因提前收回、村集体其他成员破坏租赁关系、承租方使用宅基地不符合村集体要求等。从数据统计情况来看，承租方不支付租金是致使宅基地租赁关系终止的最重要的原因，占比为23. 47%；因市场价格波动导致一方毁约、承租方使用宅基地不符合村集体要求，以及其他原因的占比分别为17. 35%、16. 33%、16. 33%，因这3种原因致使宅基地租赁关系终止的所占比例相差不大。因出租方原因提前收回的占比为13. 27%，这是导致租赁关系终止的另一重要原因（见图5－28）。

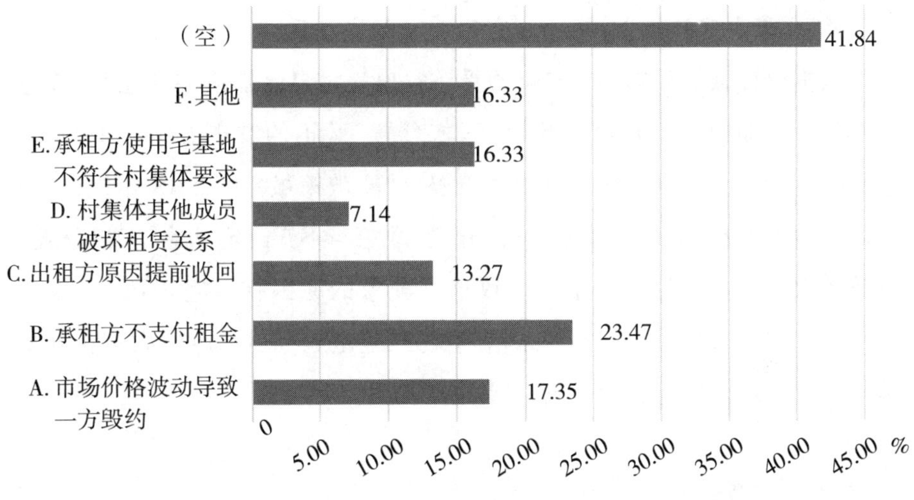

图5－28　受访农户宅基地租赁合同纠纷原因分布

七、宅基地改革政策知悉情况

（一）关于宅基地确权政策的知悉情况

受访农户中72. 45%的农户表示自己了解宅基地确权政策；表示自己不了解宅基地确权政策的农户占比为26. 53%（见图5－29）。从统计数据可知，宅基地确权政策已经为大部分人所知悉，但仍然存在1/4的农户不了解该政策，原因主要是宅基地政策宣传力度不足、宣传方式单一等。

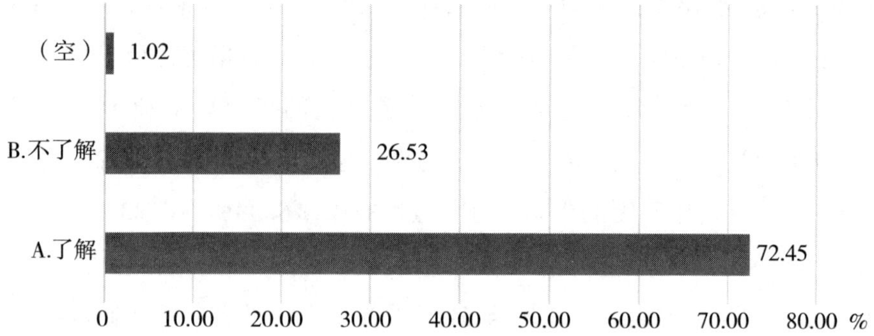

图 5－29　受访农户对宅基地确权政策了解情况分布

(二)关于宅基地“三权分置”政策的知悉情况

根据统计数据可知,45.92%的受访农户表示自己知道宅基地“三权分置”政策;表示自己不知道宅基地“三权分置”政策的农户占比为48.98%(见图5－30)。整体来看,宅基地“三权分置”政策虽然于2018年提出,但从调查数据来看,知道宅基地“三权分置”政策与不知道宅基地“三权分置”政策的农户基本上各占一半。导致这种现象的原因在于宅基地“三权分置”政策宣传力度不够、政策还未落到实处,宅基地“三权分置”政策在部分地区还处于理论研究和调查论证层面。

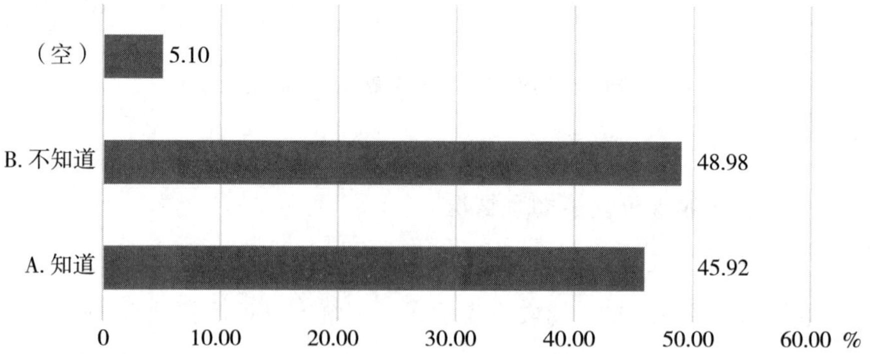

图 5－30　受访农户对宅基地“三权分置”政策了解情况分布

（三）对宅基地“三权分置”政策落实的期待情况

在被调研的农户中，希望宅基地“三权分置”能提高农户收入的农户占比为 39.80%；希望能够使大量闲置宅基地得到有效利用的农户占比为 42.86%；希望通过宅基地“三权分置”使经营者更方便使用土地的农户占比为 23.47%；希望宅基地“三权分置”能对土地进行更加集约利用的农户占比为 29.59%；希望宅基地“三权分置”能有效改善村居环境的农户占比为 36.73%（见图 5－31）。通过数据分析可知，宅基地“三权分置”被寄予厚望，其中希望对大量闲置宅基地进行有效利用的意愿占比最高也最为迫切，能够提高农户收入、有效改善村居环境也是对宅基地“三权分置”改革的主要期待，这与乡村振兴战略的实施目标基本一致。

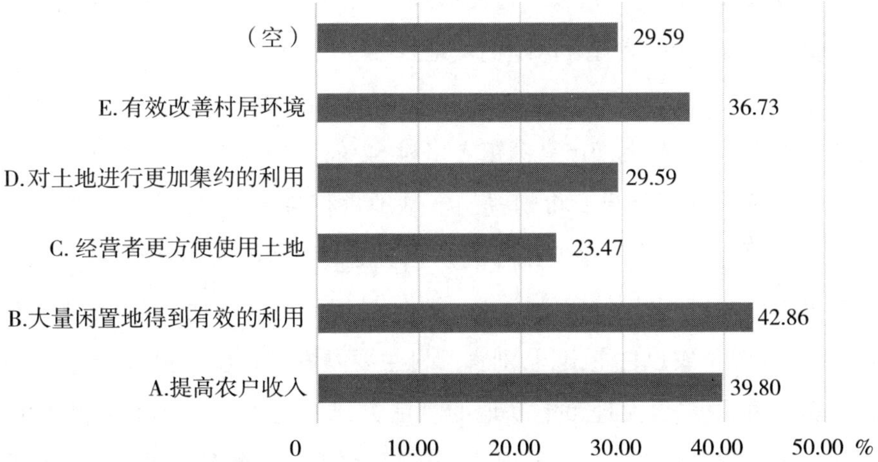

图 5－31 受访农户对宅基地“三权分置”政策落实的期待分布

第二节 云南省宅基地“三权分置”试点现状及经验总结

一、大理市宅基地“三权分置”改革试点现状

大理市作为第一批参与改革试点的地区，在宅基地改革工作方面起步较早，制度较为完备，改革经验较为丰富，主要体现在：

第一,宅基地相关政策文件完备,形成了相互配套的制度体系。大理市政府制定了系统详细的制度体系,涵盖宅基地申请、使用、流转和退出的全过程,例如:《大理市农村宅基地审批管理办法(试行)》主要涉及宅基地所有权、资格权;《大理市农村宅基地流转管理办法(试行)》主要涉及宅基地资格权、使用权;《大理市农村宅基地退出管理办法(试行)》主要涉及宅基地资格权、使用权;《大理市农村宅基地有偿使用指导意见(试行)》主要涉及宅基地所有权、使用权;《大理市农村宅基地历史遗留问题处理意见》和《大理市深化农村宅基地制度改革试点实施方案》是对大理市宅基地“三权分置”改革工作的总要求和问题解决方案。以上这些制度都对各种情形进行了严格的划分和处理,符合大理实际情况,可操作性较强,标准统一,为村集体及农民的宅基地权利行使形成有效的指引,对有关部门的管理活动提供了制度规范,能有效保障宅基地权利、处置宅基地违法行为。

第二,以出租为主要流转方式的宅基地盘活工作取得较大进展。根据有效问卷样本数据,大理市喜洲镇寺里村52%的农户以及太和街道刘官厂村27%的农户表示如果要将闲置的宅基地进行流转,会选择出租的方式。这两个村的宅基地除了主要用于建房居住还用于出租。结合实地访谈的情况可以得知,寺里村的盘活方式主要是村集体将宅基地(包括地上建筑物)作价入股及农户自主出租,刘官厂村主要是农户自主出租,也不排除部分买卖。由此可见,大理市宅基地的盘活方式主要以农户自主出租为主。该种宅基地的盘活方式占主导地位,原因与大理的自然环境和产业发展息息相关。虽然为了提高闲置农房及宅基地利用率,现行宅基地政策鼓励多途径利用宅基地使用权,允许农户和村集体以出租、抵押、转让等方式流转宅基地,但是经调研发现,大理市在大力推广出租、抵押两种流转方式,不同方式流转工作的实施进度有较大差异。以出租方式开展的宅基地流转工作已取得较大进展,而以抵押贷款方式开展的宅基地流转工作则因抵押处置难度较大而收效甚微。

第三,建立了相互协调的宅基地工作机制。大理市根据职能职责,明确了市级各部门的责任分工和工作任务。自然资源部门负责推进宅基地确权登记和妥善处理农村宅基地的历史遗留问题，完善农村宅基地管理制度，探索一定条件下的农村宅基地有偿使用制度和宅基地自愿有偿退出机制；农业农村部门负责健全宅基地的收益管理办法；规划部门负责修编完善村庄规划；市土投公司、财政、市政府金融办等部门配合建立宅基地制度改革融资平台；市政务服务管理部门负责牵头建立农村宅基地流转工作平台。只有建立了职责分工明确、相互配合协作的工作机制，才能有效避免宅基地管理上的监管漏洞。[1]

第四，建立全面覆盖、统筹推进的整合工作机制。大理市在试点中，始终坚持“四个结合”，将宅基地制度改革试点与洱海保护治理相结合，与民族历史文化保护传承相结合，与全域旅游示范区创建相结合，与新型城镇化综合试点相结合，在全面完成农村宅基地制度改革试点任务的同时，促进了地方经济社会协调发展。同时，发挥改革叠加优势，牢牢把握“处理好农民和土地的关系”这条主线，采取“农村土地制度改革＋”模式，同步推进“多规合一”、农民住房财产抵押贷款、农村集体资产股份权能改革、农村土地承包经营权确权颁证等涉农改革试点工作，统筹推进农村综合改革，提高改革的系统效能。[2]

二、玉溪市江川区宅基地“三权分置”改革试点现状

江川区属于县级市，隶属于云南省玉溪市，2021 年江川区作为全国深化宅基地制度改革 104 个试点县（市、区）之一，逐步推进宅基地整改工作，至今已一年有余。江川不同于北京、浙江等经济发达地区，由于经济发展较为落后，其宅基地改革的掣肘较大。中国乡镇经济发达地区较少，大多

---

〔1〕 参见农业农村部农村经济合作指导司：《云南大理：健全五项工作机制　全力推动宅基地制度改革试点》，载农业农村部网，http://www.hzjjs.moa.gov.cn/zjdglygg/202009/t20200902_6351374.htm。

〔2〕 参见农业农村部农村经济合作指导司：《云南大理：健全五项工作机制　全力推动宅基地制度改革试点》，载农业农村部网，http://www.hzjjs.moa.gov.cn/zjdglygg/202009/t20200902_6351374.htm。

数乡镇集体经济发展落后，推动闲置宅基地回收的力量较弱，江川地区的现状代表了中国大部分乡镇，具有典型意义。

本次研究的调研地点主要选取江川区其中的 3 个试点村：白石岩村、赵官村与六十亩村。白石岩村位于云南省玉溪市江川县雄关乡，距离雄关乡政府约 15.50 公里，地理位置相对偏远，村组整体地势四周高中间低，区域四周为大面积的山体和农田景观，村民主要经济来源为烤烟。白石岩村其中一组宅改小组总共 71 户，一户多宅情况存在 55 户，户均占地 206.92 平方米。一户多宅的形成原因较多，比如村民通过私下买卖、将建设用地变为住宅用地或通过村集体小宗地拍卖获得多余的土地。由于村集体没有资产，回收多余宅基地大多采用无偿退出的形式，但村集体作为所有权人，实际却难以管理农户多占宅基地，难以回收闲置宅基地。村民大致了解宅基地所有权与使用权之分，对资格权有一定的了解，但由于地理位置较偏，宅基地主要作用为保障村民居住权益，使用权的经济价值属性无法发挥作用，所有权与资格权的影响无法体现。在实践中，对于宅基地的转让一般不会经过村集体审批，村集体所有权人地位名存实亡，因此宅基地改革整体效果不佳。

赵官村位于江川县前卫镇，赵官村委会地处镇政府南面，距前卫镇 3 公里，距江川县城 4 公里，辖区内共有 4 个自然村，赵官村主要产业以烤烟、蔬菜等农作物种植为主。值得一提的是，赵官村是云南白药创始人曲焕章的故乡，村集体尚存在部分可用于宅基地整改的资金，这为宅基地回收工作提供了经济支撑。赵官小组住宅共 776 宗，其中正常居住 639 宗，闲置住宅 181 宗，住宅宅基地面积 83，683.45 平方米，户均宗地面积 169.93 平方米（按整组 520 户计算），人均宗地面积 39.87 平方米（按整组 2099 人计算）。依据该村的认定标准，一户多宅的情况较为普遍，成因复杂，这些历史遗留问题导致如今宅基地整改推进动作缓慢。赵官村农户对宅基地认知情况与白石岩村相似。根据走访调查，赵官村采取有偿退出的形式，大约 800 元 1 平方米，已经顺利开展宅基地回收拆除工作，拆除了大量闲置、废弃宅基地，但整改小组表示，闲置宅基地收回工作进展缓慢，如果房屋不倒则难以收回。此外，回收的宅基地大多处于零散状态，利用价值不高，盘活困难，对宅基地的再次利用以及如何发挥其应有的经济价值属性仍成问题。

六十亩村民小组位于九溪镇西南部，属于九溪镇六十亩村委会下辖的一个自然村，距离九溪镇政府所在地 1 公里，距江川城区 14 公里。该村鲜切花产业产值上亿元，村集体成立了鲜切花公司，其经济发展水平是所调研乡村中较高者。六十亩村小组外出打工人员为 838 人，主要涉及农业、工业、建筑、服务等行业。该村一户多宅的情况有，但大多闲置宅基地已被有偿收回，村民人均住房需求较大。根据走访调查，六十亩村顺利完成一期房屋拆除工作，二期、三期宅基地回收工作也在有序进行，回收的宅基地被用于修建新式统一规划楼房，一期房屋已完成入住。可以看出，六十亩村宅基地整改工作在有经济支撑的情况下，推进速度较快。村民对村集体作为所有权主体具有宅基地管理和分配的权利有较为清楚的认识，其对宅基地及地上建筑物的交易会告知村集体，但农户对户的认定并不明晰。在实践中，村集体通过家庭保障户的方法来完成对户的认定，家庭保障户是江川区的通行做法，如一子一女为一户，二子一女为两户，主要以男子的数量来确定户的划分。

玉溪市江川区于 2021 年 3 月被确定为试点地区，旨在于 2022 年年底前通过改革试点，进一步厘清宅基地所有权、资格权与使用权之间的关系，探索完善宅基地分配、流转、抵押、退出、使用等制度的方法路径，建立完善的宅基地管理制度，健全农民住房保障机制，提升农村宅基地管理水平。其试点内容有 7 项，(1)通过落实农村宅基地“一户一宅”制度，完善宅基地分配使用认定标准等完善农村宅基地保障机制；(2)探索宅基地使用权流转制度，通过放宽宅基地流转方式，赋予宅基地经济活力，盘活利用农村闲置宅基地的途径；(3)探索宅基地使用权有偿使用制度；(4)探索宅基地使用权有偿退出机制；(5)探索建立治安基地使用权抵押制度；(6)完善宅基地审批制度;(7)健全宅基地监管制度。

经过一年多的试点工作,江川区宅基地“三权分置”改革取得了一些成效,通过全面启动基础信息调研工作,完成了6个试点地区的摸底调研,逐步形成了江川区宅基地资格权认定、保障户认定、使用权退出等制度,并在部分试点地区落实了上述制度。由此可以看出,江川区宅基地整改制度的主要意旨在于保障村民基本居住权益,通过宅基地“三权分置”积极发挥宅基地的经济价值,解决宅基地的历史遗留问题,建立更完善的宅基地管理制度,推进社会主义新农村建设,实现乡村振兴。通过调研观察各村宅基地整改现状发现,江川区整改工作集中在回收闲置宅基地方面,利用回收的宅基地统一规划建设,建设新农村房屋,并逐步放宽农户宅基地流转权限,改变以往农户私下流转的方式,健全宅基地流转的具体制度与程序,该地区的改革制度探索取得了一定成效。

江川区的前期基础调查工作已基本完成,但对于户的认定、一户一宅的落实与闲置宅基地的回收工作仍推进缓慢,宅基地确权工作由于审批通道的停止而出现障碍。江川区宅基地“三权分置”试点地区,力图通过一系列制度与政策,强化村集体宅基地所有权人的地位,实现对村集体宅基地的有效管理,改善宅基地无序扩张与闲置浪费现象。对于资格权的认定与实施,是为保障宅基地农户资格权,实现该权利之纯身份性质,目标在于流转使用权后,农户仍享有资格权并能获得持续经济收益。[1] 资格权关联到农户居住权益与使用权的行使,江川区各村资格权的改革变动不大,采用以往对资格权的认定、进入与退出机制,村集体成员自成年便具有资格权,可以自愿退出,丧失宅基地则丧失资格权,非集体成员可通过结婚、国家移民政策等方式获得资格权,因此,实践对资格权性质的认定偏身份权属性。江川区宅基地试点地区对其使用权进行一系列制度的推进,从制度层面逐

---

[1] 参见丁光良:《“三权分置”政策下宅基地流转方式运行机理的剖析和思考》,载《农业经济与管理》2020年第4期。

步放宽宅基地租赁、抵押等流转的限制。但课题组所调研的3个村差异较大，自改革以来，白石岩村囿于地理位置与经济发展水平，仅存在一例宅基地租赁，使用权的经济价值无发挥之处，宅基地整体改革效果不佳，而六十亩村由于花卉产业较为发达，则存在部分租赁行为。除此之外，农户尚不愿再借宅基地实现其他的经济价值属性，如果有资金需求则更愿意通过其他借贷渠道实现资金融通，比如农村商业银行和民间借贷。在完成宅基地确权和闲置宅基地回收处置后，农户仅存一户宅基地之时，传统以居住为主的宅基地的使用权价值难以发挥作用，村集体则通过聚集零散的宅基地来提升集体议价的能力，从而提升宅基地的经济价值。

三、昆明市宜良县宅基地“三权分置”改革试点现状

宜良县隶属于云南省昆明市，位于云南省中部，东邻陆良县、石林彝族自治县，南接弥勒市、华宁县，西与澄江市、呈贡区和官渡区毗邻，北同嵩明县相连，县城距昆明市区52公里。根据第七次人口普查数据，截至2020年11月1日零时，宜良县常住人口为384, 875人。自宅改试点工程启动以来，宜良县选择了有代表性的1个乡镇和24个自然村作为第一批试点，2022年2月，“优中选优”在第一批试点数量的基础上，遴选了24个试点村新增为第二批试点地区，两批试点同步推进。从调研情况来看，宜良县的改革工作主要有：

第一，委托专业机构开展宅基地基础数据调查，推进宅基地资格权认定工作。宜良县印发了《宜良县农村宅基地基础信息调查工作实施方案》，以基础信息调查和不动产登记两个单价招标的方式，公开招标产生3家公司分标段负责全县基础数据调查和不动产测绘登记工作任务。截至2022年5月16日，宜良县完成562个村民小组共计79, 138宗宅基地调查，完成占比为85. 09%。已完成7个试点小组农村“房地一体”不动产测绘登记外业测绘工作，3个试点村已着手颁发农村“房地一体”不动产登记证，试点以来新增颁发不动产登记证46本。截至2022年6月27日，该县完成800

个村民小组共计102,679宗宅基地调查,完成占比110.41%;完成内业建库546个,完成占比68.25%。剩余未建库263个,剩余占比32.88%。宜良县印发了《关于做好农村宅基地审批管理暨基础信息调查"房地一体"不动产测绘登记相关工作的指导意见》,全县48个试点村农村宅基地现状分布图及农户名册(包含宅基地代码、权利人名称、是否一户多宅、一户一宅认定、是否占用基本农田、是否占耕地、是否占生态红线、是否符合登记、是否颁发土地证、房屋建筑年代、人口数、是否本村经济组织成员、调查宗地面积是否超出规定150平方米/人均不超过30平方米、用途备注等内容)已进入公示阶段,按规定程序审核认定后,符合发证条件即可进入房产测绘发展阶段。有农村宅基地"户口本",就说明"户"和"宅"的认定标准已经明确,不再限制宅基地资格权和使用权的认定。

第二,一站式办理"宅基地审批管理"。宜良县8个乡镇(街道)均在为民服务中心挂牌设立"宅基地审批管理"窗口,实现一站式办理。截至2022年7月,全县共收到建房申请652件,经审核符合申请条件的审批532宗,其中:原址翻建505宗,改扩建1宗,拆旧后易址新建20宗,分户新建6宗。一站式办理"宅基地审批管理"不仅能便利农户,还能使相关业务部门减少因多头审查产生的信息遗漏和信息不对称问题,提高工作效率和工作质量。

第三,宅基地资格权保障方式多元化。关于对宅基地资格权保障方式的探索主要有:鼓励村集体或社会资本探索通过建设"农民公寓""养老公寓"等多种形式保障"户有所居";探索因工作和生活等原因暂时退出宅基地使用权的,保留其宅基地资格权,确保需要时"回得了村";探索宅基地资格权在行政村范围内跨自然村保障,以适应新型城镇化发展需求;探索宅基地资格权以货币化安置或城镇住房等方式保障"户有所居",进一步促进城镇化发展。

第四,以"闲置宅基地腾退"来"保障群众刚需建房指标",避免因"无地可批"导致新增违法建房。以试点村为中心大力开展闲置农房拆除、闲置宅基地腾退等工作，宜良县共腾退宅基地面积约3.5万平方米，为宅基地重新审批及壮大村集体经济腾挪出了建设用地空间。此外，邀请省、市自然资源部门专家进行业务指导，努力探索村民新增住宅用地指标保障及“增减挂”政策，共计排查出了可纳入“增减挂”的潜力图斑17个，面积约480亩。同时，用好改革政策，大胆探索实现全县宅基地总量减少、群众刚需建房指标得到保障的路径，避免因“无地可批”导致新增违法建房的现象出现。

第五，积极探索宅基地资格权跨自然村保障方法。为稳慎推进宜良县农村宅基地制度改革，规范宅基地跨自然村保障，宜良县根据农业农村部办公厅《关于印发〈农村宅基地制度改革试点工作指引〉的通知》文件精神，按照《宜良县农村宅基地制度改革试点三年行动方案（2020—2022年）》有关要求，结合本县实际，制定了《关于在狗街镇高古马社区试点农村宅基地跨自然村保障的试行办法》，以高古马社区为试点先行先试，制定了详细的跨自然村保障资格权的申请条件和具体程序，有效化解了不同自然村之间的宅基地供需矛盾，实现宅基地资源的优化配置。

第六，初步形成“宅改+N”的宜良模式。宜良县结合24个试点村的产业禀赋和村情特点，将宅改融入产业发展、壮大集体经济、项目推进和乡村振兴等方面，大胆探索“宅改+N”模式并取得了一些成效。比如，九乡乡九乡社区麦地冲的“宅改+民宿（都市驱动型乡村振兴试点）”，九乡乡明月社区阿路龙的“宅改+田园综合体”，狗街镇小哨社区的“宅改+全域旅游”，狗街镇西村社区下西村的“宅改+集体经济发展+人居环境提升”，狗街镇高古马社区下高古马村的“宅改+乡村治理”。

其中的典型案例是宜良县狗街镇小哨社区，小哨社区林地面积15,333亩，森林覆盖率近72.8%，以云南松、水冬瓜树、栗木等多种植被混合成林，林下盛产各种野生菌200多种，每年6月中下旬到10月中旬，是小哨社区各种野生菌的盛产盛销期，品类繁多的野生菌中尤以干巴菌最负盛名，是云南省内产量最高的地区。小哨社区实行“包山拾菌”，由集体经济组织的农户各自承包一片山，盈亏自负，村集体收到的租金又会返还给农户。并以此为基础，重新整理宅基地，进行整体规划，打造了“七彩梦乡 · 小哨生态干巴菌森林小镇”，实现了宅基地改革与产业项目、旅游业融合发展的乡村振兴模式。

第三节 宅基地“三权分置”改革试点的问题

从云南省三个试点地区的调查访谈所反馈的信息来看，宅基地“三权分置”的实施进展与当地经济发展水平、政府支持力度、村集体治理能力有极大的关系。课题组所调研的10个村所反映出来的问题，既具有地区差异性又具有普遍性，基层宅基地改革的问题及成因非常值得关注。

一、“一户多宅”或超面积现象仍然难以有效整治

在宅基地走访调查过程中，农户仍存在“一户多宅”与闲置宅基地的现象，这属于宅基地试点地区的普遍问题，以玉溪市江川区雄关乡白石岩村一个整改小组为例，其总共有71户，“一户多宅”便有55户，户均占地206.92平方米，人均占地51.91平方米，与文件要求的人均占地不超过30平方米差距甚远。“一户多宅”的形成原因较为复杂，大多是历史遗留问题。首先，以往村集体没有按“户”管理，农户的宅基地在生产养殖中逐渐扩大，其将生产用地及宅基地周围的零星用地转为宅基地，比如白石岩村、赵官村将以往的烤房、猪圈等改为宅基地。此外，部分农户通过国有土地拍卖形式获得多余宅基地，比如白石岩村通过小宗地拍卖的形式可以获得宅基地，由此形成“一户多宅”。其次，村集体并未发挥所有权人的作用，对宅基地监管不严。根据调查，大部分村民流转宅基地时未向村集体报备，宅基地的流转通常为私下交易，只需要交易双方谈好价钱（根据调研样本数据，大理市喜洲镇寺里村48%的村民、太和街道刘官厂村64%的村民交易宅基地的价格由双方自行约定），卖方将相关证件转移给买方（以买卖为

例)即可,证件也无需更名。还有一种情况是,交易双方不到村委会报备,村民会自己去公证。但是不管是哪种情况,都不会通过村委会进行交易,也不会告知村委会登记备案。流转宅基地所获得的收益归农户所有,村集体便难以收回,缺乏有效的管理措施。最后,根据走访调查,部分村民对宅基地流转的意愿不高,其原因一方面是地理位置与经济水平所限,流转市场不大,另一方面村民一般不会出售老宅,即使老宅面临荒废,也认为其宅基地仍归个人,在原本老宅不宜居住时,另寻他地新建房屋,原本老宅所占宅基地仍不会退还给村集体。

“一户多宅”现象同时影响了不动产登记工作的进程,宅基地使用权确权登记作为不动产统一登记制度的基本内容,是进行农房及宅基地流转的产权基础。调研发现,“一户多宅”问题是农户进行房地一体确权登记的首要阻力。“一户多宅”的情况中,喜洲镇寺里村有41%是因为继承所得,太和街道刘官厂村有80%是继承所得,除此之外,还存在交易获取的流转宅基地等原因。这些因素导致村民无法成功办理不动产所有权登记。“一户多宅”状况客观制约了不动产登记工作进程。目前,喜洲镇寺里村已暂停确权,刘官厂村以颁发批复的形式确权。

二、宅基地审批通道停止导致宅基地管理困难

2000年前后,各地基于宅基地资源紧张,事实上已无宅基地进行分配等原因,暂停了宅基地审批通道,大理市因为洱海生态红线问题也暂停宅基地申请审批和新建住房申请。这导致农户虽然可以提出宅基地分配申请,但事实上难以通过正式渠道获得宅基地,也无法获得宅基地权属证书,由此对宅基地的流转(抵押)形成了诸多的障碍。村集体在有闲置宅基地的情况下,会组织各方通过交易的方式满足申请者的申请需求,或者通过集体回收宅基地后以申请先后或出价高低的方式满足申请者需求,在没有宅基地的情况下对此问题也只能进行搁置。

以宜良县为例,宜良土地利用总体规划未预留村民住宅建设新增建设

用地指标,全县已经近 15 年没有正常保障过村民住宅建设新增建设用地指标。同时,因为土地利用总体规划不能与村庄规划相衔接,导致就算是有 5% 用于村民住宅建设新增用地的指标,也面临指标难以落地的问题,农户建房需求难以满足。同时,缺乏指标也导致农村产业项目难落地,直接影响村集体经济发展。“增减挂”项目推进难,“增减挂”是解决宅基地指标的关键一招,但是从自然资源部门了解到的情况看,目前项目推进受上级政策制约较大,除地质灾害搬迁点以外,其余地区开展“增减挂”项目,必须先完成所有拆旧区的拆除及复垦复种验收后才可建新,周期太长。

现在的问题在于,审批通道的停止,导致后来的宅基地变动难以进行颁证确权,所调研的村集体表示,希望能够尽快开通宅基地审批通道,完成宅基地确权工作。一方面,当农户无法向村集体申请宅基地,在农户的用地需求不断扩大的情况下,农户私下交易、扩建、乱占耕地等行为由此催生。另一方面,在正式渠道无法获得宅基地之时,农户私下交易村集体难以管理,农户随意交易,取得土地方式较为宽松,导致土地被搁置和浪费,村集体中有钱有势者可多占宅基地,容易出现宅基地占用不公平现象。

三、闲置宅基地退出进展缓慢

在宅基地退出方面,法律规定对于闲置宅基地村集体可以进行无偿收回,但是在实践上存在较大阻力,宅基地“三权分置”改革提倡探索有偿退出方式,而在试点地区无偿退出与有偿退出两种方式都存在。其中,江川区雄关乡白石岩村采用无偿退出的方式,宅基地退出工作进展缓慢,而江川区前卫镇赵官村与九溪镇六十亩村由于村集体存有资产或本村有特色项目、产业,宅基地有偿退出工作已在稳步推进。村集体资产较少的村,采用有偿退出方式面临较大困难,原因主要有:其一,村集体资产较少的农村,农户一般依赖家庭种植和外出务工获得收入,经济一般不太宽裕,缺乏进城购房的资金,更加看重农村宅基地的保障作用和财产价值,如果没有合理补偿,农户大多不愿退出,而村集体又缺乏回收农户闲置宅基地的资金;其二,回收土地的价格一般由村集体自行决定,由于各村土地定价标准不同,又缺乏参考或者指导价格,各方愿意接受的土地价格难以形成;其三,政府财政负担不足,从访谈中得知,宅基地整理所需资金巨大,政府无力承担回收资金的投入和补贴,只能为村集体提供政策扶持,主要还是由村集体想办法筹措资金;其四,宅基地上有村民建造的房屋,农户不愿退出多余或闲置宅基地,村集体无权拆除,村集体一般都是在政府组织下对危房进行拆除,房屋不倒则无法收回,但实践中村民都会对闲置老宅进行修护改造,用作生产用房来堆放杂物、放置生产工具或改为牲畜圈舍,一般不会成为危房。

四、回收的宅基地盘活困难

大多数村对于回收来的宅基地,不具有将其再度盘活的能力,缺乏对回收的宅基地进一步利用的能力,导致其大多处于继续闲置状态。在调研的几个村中,仅六十亩村已经开展建设新农村联排房屋的工作,在回收的宅基地上建设新房以供村民居住、工作,该村能够对回收来的宅基地进行再度盘活,其中主要就是因为六十亩村村集体自身有较雄厚资产,可以实现农户有偿退出,并有能力在闲置宅基地上建筑新房。高古马村 100% 的农户、小哨社区 81.82% 的农户将宅基地用于居住,高古马村和小哨社区的宅基地盘活方式都以规划后发展农业(烤烟)、旅游业为主,没有其他适合的产业让村集体发展。在访谈中得知,现有宅基地以农户建房自己居住为主,目前建房已经饱和,闲置宅基地收回后没有用途,这导致村集体缺乏盘活宅基地的动力,村民对村集体花钱回收宅基地的行为也难以理解并有抵触心理。宅基地盘活困难的原因有两个方面:其一,村集体回收宅基地较为困难,能够回收的宅基地并不能构成连片土地,而是处于零星点状,无法利用其进行集中生产经营或统一建房;其二,大部分农村由于地理位置和环境的局限,没有项目或特色产业,难以引进社会资本注入,使用权的经济价值无法发挥作用。缺乏开发资源的资金与人才,缺乏对闲置土地的利用需求,这是目前宅基地整改的核心问题,关乎使用权经济价值的发挥,关乎宅基地改革的实施效果。此外,部分村民仍欠缺宅基地权利意识、缺乏参与宅基地管理事项的民主决策能力与意愿、对宅基地权属认识错误等,也是宅基地改革工作推进中需要面对和解决的重要问题。

第六章　“三权分置”下宅基地所有权的完善

由于现阶段与农村土地制度相关的理论研究往往偏向功利性,重点放在利用土地资源上,主要聚焦于宅基地使用权、资格权,而对于农村集体土地所有权及其立法表达的理论研究相对薄弱,在立法上对于集体所有权的关注也较少。但是,应当认识到相关政策文件多次强调坚持集体所有制,落实集体所有权,集体所有权始终是农村土地权利体系的基石。因此,在深入领会中央农村土地制度改革深刻内涵的基础上,对于宅基地“三权分置”下集体所有权的完善需要引起高度关注。

第一节　集体土地所有权的历史沿革

中华人民共和国成立后,我国农村土地制度经历了多次较大规模的改革,从时间维度上大体可以分为中华人民共和国成立初期、农业合作化运动时期、人民公社时期和改革开放以后。从制度改革的逻辑路径来看,表现为从农民私有到人民公社三级所有、以生产队为基础的集体所有,再到成员集体所有,探索实现农村土地财产属性的进程。在此过程中,农民对土地的私有权逐步消解,个体不再作为土地的所有权主体,而是作为集体成员享有相应的权利,参与土地所有权相关权利的行使和收益。

一、中华人民共和国成立初期的土地改革(1950—1951 年)

中华人民共和国成立初期的土地改革主要目标是消灭封建剥削制度,

以实现“耕者有其田”的理念。1950 年 6 月颁布的《土地改革法》确立了农村土地制度的基本架构，即农民不仅拥有土地，同时被授权土地的自由交易，具备了对土地的完全处分权。由此可以观察到，中华人民共和国成立初期的土地制度改革是以农民土地私有为核心对地权关系进行的重大调整，它废除了封建剥削制度，解决了农民与封建地主之间的依附关系，确立了农民对分得土地的所有权并赋予了自由处置权，极大地激发了农民群众的生产积极性。

然而，虽然土地改革形成的产权制度基于农民私有制，但政府（国家）的意志深入到了农民的私有产权中，当政府改变其意志时，农民的私有制产权安排就必然会随之改变。因此，这种产权安排在以集体化为目标的互助合作运动中难以长时间持续。事实上该制度只存续了不到 10 年的时间。

二、集体所有权的形成期（1952—1978 年）

（一）农业化合作化时期（1952—1957 年）

我国的农业合作化过程主要表现为互助组、初级合作社、高级合作社 3 种形式，其在土地及产权制度方面具有不同的特征。

1. 互助组。全国范围内的互助组阶段主要发生在 1952 年年初至 1953 年年底。在 1951 年 9 月举行的全国第一次互助合作会议上，农民被引导走向集体化道路。《中央人民政府政务院关于 1952 年农业生产的决定》针对农业互助合作的运行进行了详细安排，提出了在全国范围内发展包括简单的劳动互助、长期的互助组和农业生产合作社在内的各类互助组织的要求，自此，全国农业互助组开始大规模建立。

互助组的特征主要体现在以下几个方面：首先，互助组建立在自愿和互利的原则上。农民不仅拥有是否参与农业互助组的选择权，还有选择加入何种互助组织的自由。一旦加入，他们仍然可以自由退出，这体现了对自愿和互利原则的坚持。其次，互助组基于农民的土地私有权。在土地改革后,农业互助组相继建立,其产权安排继承了土地改革的成果,即承认农民对土地等生产资料的私有权。最后,互助组允许组员投入资金。为了满足再生产的需要,互助组可以在组员完全自愿的基础上,通过民主讨论的方式组织资金购买公有的生产工具和牲畜。退组的成员不仅可以带走自己所有的土地和投入的资金,还可以带走相应的私有财产。

2. 初级合作社。中共中央于 1953 年发表《关于发展农业生产合作社的决议》,号召组建初级农业合作社,并明确指出了合作化的 3 种基本组织形式如何相互衔接。初级合作社作为互助组发展至一定阶段的结果,采取了土地入股和统一经营的模式,继承了互助组的基本制度,同时又表现出以下新的特征:

首先,初级合作社保持了土地的私有性质。在此模式下,土地由合作社统一经营,社员入社时转让的仅是土地的使用权或经营权,土地的私有财产性质并未改变。这种模式对社员入股的土地私有性质给予了高度保护,社员在退社时可以带走其入股的土地。这主要体现了土地作为生产资料的使用权的联合,没有在所有权层面进行集体化处理。因此,有研究将初级合作社时期的产权制度定义为建立在私有产权基础上的“股份合作”制度。其次,合作社拥有了公有性质的财产,这部分财产不得分散。为了实现集体化目标,初级合作社不仅统一经营使用社员入社时上交的土地和生产资料,还可根据社员自愿原则组织资金购置公有财产,而对于社员上交统一使用的土地以外的生产资料,可以通过有偿方式逐步转为公有。再次,初级合作社采用按劳动量和按入股土地、其他财产及投资分配等方式进行分配。具体的分配比例由合作社根据社员民主讨论决定,但要逐步并稳妥地提高劳动报酬的比例。尽管合作社认可对土地及其他资产获取一定的报酬,但已经开始有意识地限制土地报酬的数量。最后,初级合作社在社内重大事务上实行民主管理。合作社建立了社员大会、管理委员会和监察委员会等管理机构。社员大会是合作社的最高管理机关,管理委员会和监察委员会均对其负责。在民主决策方面,合作社的重大事项需要通过社员大会决议。此外，初级合作社建立了严格的财务制度，要求定期公开并检查账目，保障社员的知情权和监督权。

总的来说，初级农业合作社在继承互助组基本制度的同时，展现了一些新的特征，如保护土地私有权、引入公有性质财产、调整利益分配方式以及实行民主管理等，这些特征都为农业合作社的进一步发展和完善提供了基础。

3. 高级合作社。高级农业合作社可视为初级农业合作社的进阶形态，尽管它继承了初级合作社的部分特性，但从土地及主要生产资料的产权归属及分配制度的调整角度看，从初级合作社向高级合作社的过渡，标志着农村社会从“半社会主义性质”向“完全社会主义”的根本性转变，而高级合作社的全面建立进一步标志着农村土地集体化的完成。

首先，社员私有的土地及主要生产资料被转变为集体所有。根据1956年的《高级农业生产合作社示范章程》，社员私有的生产资料被转化为合作社集体所有。合作社获取所有权的途径主要有两种：一是无偿划归农民私有的土地至合作社所有，二是通过合作社的收购方式。虽然社员入社时需要通过以上两种方式让渡土地及主要生产资料的所有权和使用权以获取入社资格并享受相应待遇，但这种让渡的所有权是有期限的，即只在社员在合作社期间有效。其次，在收入分配方面，实行按劳分配，取消土地报酬。按照示范章程的规定，收入分配的基本原则是按劳分配，取消对土地的报酬，即在1962年社员加入高级合作社时，需要无偿放弃土地所有权，并且放弃相应的土地报酬。这种做法显然与初级合作社的制度安排有显著的不同。尽管看似是按照马克思的劳动与产权价值论，不承认土地创造价值的功能，实质上社员加入高级合作社时，在放弃土地所有权、占有权和使用权的同时，也放弃了收益权，不能取得土地报酬。最后，高级合作社在很大程度上承袭了初级合作社的其他制度安排。在自愿互利、社员投资及民主管理等方面，高级合作社基本沿袭了初级合作社的制度安排。农民仍然享有加入和退出高级合作社的自由，并且可以带走其入社时的土地及属于私人的股份基金和投资。

总的来说,高级农业合作社是初级农业合作社的扩展和进一步发展,它的建立完成了农村土地的全面集体化。它的核心特征是土地及主要生产资料的集体所有权和按劳动分配的原则,这两个方面的变化标志着社会主义在农村的深化。然而,它同时保留了初级农业合作社的一些特性,比如自愿参与、社员投资及民主管理等原则。

(二)人民公社时期(1958—1978 年)

1958 年至 1959 年,经过中央对人民公社进行了两次调整之后,“三级所有,队为基础”的集体所有制在 1962 年的《农村人民公社工作条例》(修正草案)等一系列文件中得以稳定下来,在土地产权、收入分配等方面形成了比较稳定的制度体系。人民公社的土地制度与产权安排主要体现在以下几方面:

首先,关于生产队的基本所有制,《农村人民公社工作条例》(修正草案)阐明生产队作为人民公社中的基本核算单位,享有对其领域内土地等生产资料的独立决策权。这意味着生产队对以下生产资料或财产拥有完全的所有权:(1)土地、山林等自然资源;(2)大牲畜、农具等生产资料,这些生产资料的支配权属于生产队,公社生产大队无权进行抽调;(3)劳动力的支配权,公社或生产大队不能随意调动生产队的劳动力,即使公社管理委员会在组织生产队间的生产协作时,也必须遵循自愿互利的原则;(4)生产经营管理和收益,尽管公社有权向生产队提出生产计划建议并对其拟定的计划进行相应调整,以及向其推广增产措施和先进经验,但不得采取强制手段。

其次,生产大队保留部分大中型农业机具、运输工具和少部分山林和企业。作为人民公社的派出机关(亦称管理区),生产大队主要职责是协调和督导生产队的生产经营活动。极少数生产大队仍作为基本核算单位,但需以农民群众同意为前提。值得注意的是,生产大队并非必设机构,在某些地区,只设有人民公社和生产队两级。

再次,人民公社保留极少部分生产资料,其经济职能大幅度减弱。人民公社将土地、农具等生产资料的所有权和使用权下放至生产大队或生产队。公社掌握的物力、人力资源已大幅减少,仅保留部分不适宜下放至生产大队或生产队管理和使用的生产资料,如大中型农业机具和运输工具、水利建设和其他农田基本建设设施等。

最后,人民公社是基于高级合作社的联合构成的集体经济组织,同时也是农村基层政权组织,实行的是政社合一、民主集中。尽管经过两次调整后,人民公社的职责发生了显著改变,经济职能被大幅削弱,但仍然承担着对生产大队和生产队的组织协调职责,并行使基层政权组织的职能。《农村人民公社工作条例》(修正草案)指出,人民公社是政社合一的组织,规模为一乡一社。相应地,人民公社的组织原则由合作社的“民主管理”转变为民主集中制。

总的来说,人民公社、生产大队和生产队各自拥有不同层级的决策权和财产权,共同组成了农村集体经济的运作模式。在这个模式下,既保证了生产队的经营自主权,又维持了人民公社和生产大队对生产活动的协调和监督职责。人民公社作为政社合一的组织,既保留了一定的经济职能,也承担了基层政权的职能,这使政权和经济活动在农村紧密相连,共同推进社会主义农村经济的发展。

三、集体所有权成熟发展期(1979—2012年)

(一)政社分离的人民公社体制

随着乡政府的设立,人民公社演化为农村集体经济的组织形式。1982年,《宪法》将乡、民族乡、镇规定为农村基层政权组织,为后续的结构调整铺平了道路。1983年,中共中央、国务院明确了党政分设、政社分开的原则,倡导全国广泛实行政社分开,恢复乡政府建制,并将人民公社定位为集体经济组织。

在1983年至1985年,政社分开基本完成,乡镇政府不再负责管理集体资产的经济职能。随着人民公社向乡的转变,村民委员会、村民小组也逐步建立,由此形成了乡镇、村、组三级集体经济组织体系。1982 年,《宪法》正式写入村民委员会的设立,对村民委员会的性质、基本任务、组织设置、选举等有关事项作出规定,确立了其法律地位。1983 年,中共中央、国务院发布的《关于实行政社分开建立乡政府的通知》进一步明确了村民委员会是基层群众性自治组织。到 1985 年,人民公社政社分离工作完成,人民公社体制正式结束。1987 年,全国人大通过的《村民委员会组织法(试行)》确认了村民委员会是自治组织,明确了其与乡镇政府、集体经济组织的关系问题。然而,《民法典》、《土地管理法》和现行的《村民委员会组织法》继续赋予村民委员会“管理本村属于村民集体所有的土地和其他财产”的权力,这使得村民委员会和集体经济组织在管理权限上出现交叉,两者的权责并未真正分开。因此,各地普遍存在村民委员会代替集体经济组织或者村民委员会与集体经济组织“一套班子,两块牌子”的现象。

总的来说,从 1982 年到 1987 年,中国农村的组织结构经历了一系列重大改革。人民公社被重新定位为集体经济组织,乡政府的建制得以恢复,村民委员会也在逐步建立,并被赋予了法律地位。这些改革尽管在一定程度上解决了农村组织结构的问题,但在村民委员会和集体经济组织的管理权限上仍存在交叉和混淆,这是需要进一步解决和明确的问题。

(二)成员集体所有制

尽管人民公社的制度已不存在,但作为中国农业合作化进程中的重要制度成果,土地的集体所有制仍在中国的土地管理中占据重要位置。《宪法》和《土地管理法》都明确规定了“农村和城市郊区的土地……属于集体所有”。然而,我们需要注意的是,在 1985 年我国实行政社分设的过程中,并未在村、组一级完全实现行政管理职能与经济职能的分离。为了明确土地所有权的行使主体,《土地管理法》和原《物权法》也承认了这种不完全的政社分离模式。为了解决农民作为集体成员在集体所有权中如何体现其权益的问题,原《物权法》引入了集体成员权的概念,进一步推动了集体所有制向成员集体所有制的演化。

随着我国经济的快速发展,农村土地的财产属性日益突出。因此,在坚持土地公有制的前提下,实施了土地所有权和使用权的分离。在国有土地方面,在国家所有权的前提下,将一定年期的土地使用权,以有偿的方式出让或租赁给土地使用者。而在集体土地方面,农用地的使用权以家庭承包经营的方式确认给农户,宅基地则以批准宅基地使用权的方式确认给农户建造房屋。集体经营性建设用地方面也正在探索“两权分离”的新机制。在家庭承包经营制下,土地所有权由农民(成员)集体所有,使用权则通过承包方式赋予集体成员,《土地管理法》和《农村土地承包法》等法律都一直坚持这一原则,即只要是集体成员,就有权依法承包由本集体经济组织发包的农村土地。《农村土地承包法》进一步明确了农村土地承包关系长久不变,原《物权法》还将承包经营权列为用益物权,以物权化方式进行保护。

总的来说,中国的土地管理法制在坚持土地公有制的前提下,实现了土地所有权和使用权的分离,并在集体土地制度上进一步明确了农民的权益,尤其是通过家庭承包经营制、集体成员权等机制,农民能以集体成员的身份更好地参与土地管理,同时,也在法律上保障了农民的土地权益。

四、集体所有权制度改革期(2013 年至今)

2013 年,中共中央发布了《关于全面深化改革若干重大问题的决定》,此决策文件进一步赋予农户在其土地承包经营权上设定另一层土地经营权,并允许其流转至受让人。此举代表了对所有权、承包权与经营权“三权分置”的农地权利体系进行的探索。[1] 在累积了一系列实践经验并多次进行试点测试后,于 2019 年施行的新修订的《农村土地承包法》明确了承包方依法流转土地经营权的权利,并专设一节来构建土地经营权的基本制

---

[1] 参见《中共中央关于全面深化改革若干重大问题的决定》,载中国政府网,https://www.gov.cn/zhengce/2013-11/15/content_5407874.htm。

度。此后,2021 年施行的《民法典》沿用了上述的法制设定。

2018 年,中共中央、国务院发布了《关于实施乡村振兴战略的意见》,创新性地提出了对宅基地所有权、资格权、使用权“三权分置”的探索。[1] 这一措施显示了中共中央、国务院对于逐步推进农村土地制度改革从而实现乡村振兴的坚定决心。

通过对农村土地集体所有权制度变迁的梳理,不难发现,农村土地集体所有权作为马克思主义中国化的重要表现形式,具有中国特色的鲜明特征和制度品格,这主要表现在:

第一,形成路径的特殊性。纵观农村土地集体所有权的演进历史,其本质上是国家通过政治动员的方式逐步推进的,农民以让渡土地所有权的方式获得社员的身份,并享受相应的福利待遇,因此农村土地集体所有权实质上来源于社员让渡的权利。其形式上经历了合作社至人民公社的过程,农民从让渡部分土地权利到让渡全部权利。此种特殊性在于农民入社具有一定的强制性,虽然无论是合作社还是人民公社都以自愿和互利为组织原则,但事实上退社的情况极为少见。

第二,集体所有权具有一定的政治性。社会主义最基本的特征之一是生产资料公有制,农村土地作为重要的生产资料必定要从农民私有逐步过渡到集体所有。同时,土地私有并不能解决农民的发展和富裕问题,纵观历代王朝的兴衰,其中最为核心的因素之一便是土地兼并。因此,农村土地集体所有权是中央统筹当时的农业生产情况和农村实际情况作出的制度安排,也是促进共同富裕、实现社会主义制度优越性的必然要求。

第三,集体所有权是土地所有制在私法领域的具体体现。首先,土地所有制是马克思在政治经济学上创建的概念,属经济学的基本范畴,而所有权则是作为具体物的归属的法律概念。事实上,1954 年的《宪法》就明确

---

〔1〕 参见《中共中央、国务院关于实施乡村振兴战略的意见》,载中国政府网,https://www.gov.cn/zhengce/2018-02/04/content_5263807.htm。

了合作社所有制的概念,[1]因此,在我国改革开放以前的土地制度改革中更多体现的是所有制的改革,集体土地所有权的概念实际上隐埋于政治色彩极为浓厚的集体土地所有制概念之中。[2] 随着我国社会主义市场经济制度的确立,在后续的《土地管理法》、原《物权法》和《民法典》中才逐步确立了集体所有权这一法律概念。

第二节　集体所有权的现实问题

农村集体土地制度变革实践与探索已经进行了近40年,取得了丰硕的成果。然而,在改革开放之后,由于人民公社对农村生产力的压制,农村土地制度改革主要集中在土地承包经营权的落实上,而较少关注集体组织权益的实现。长期以来,集体所有权的权利实现受到主体界定不明、权能残缺等内外原因的影响,逐渐式微,集体成员的权益逐渐被忽视,这从根本上限制了农民财产性收入的实质增长。随着农地“三权分置”改革的提出和实施,政策文件中明确要求“坚持集体所有权”。同时,中共中央提出了宅基地“三权分置”改革意见,并进一步提出要“落实宅基地集体所有权”。从“坚持”到“落实”的语词转变,充分说明政策制定者已经充分意识到集体所有权在农村权利体系中逐渐边缘化的问题,即集体土地所有权的弱化和虚化。

一、集体所有权性质的理论争议

通过对集体所有权历史沿革的梳理不难发现,集体所有权在其形成过程、制度基础及功能方面都具有显著的中国特色。这也使得其在性质上兼具公权与私权属性,呈现出复合性与杂糅性的特征,而在理论上科学论证集体所有权的性质是实现其制度功能的逻辑起点。因此,学者们基于不同

[1] 参见《宪法》(1954)第5条。
[2] 参见姜楠:《农地三权分置制度法律问题研究》,吉林大学2017年博士学位论文,第75页。

的理论领域与研究方法，对集体所有权的性质形成了几类不同的观点。

（一）“总有说”

“总有”是日耳曼法中关于物权的重要观念之一，“其基本主张是并未赋有法律上人格之团体，以团体资格而所有物之共同所有”。[1] 在此观念下，团体不具备独立的民事主体资格，而是通过团体内部规约对所有权进行实质性分割。权能的行使依赖于民主决策机制，团体根据这一机制行使处分、管理和分配等支配性权能，而具体构成成员则根据其成员身份分享使用和收益权能。“总有”观念强调维护团体的利益，并具有明显的封闭性。

在这一体系下，“总有”实质上是此等团体之全体的权利与其构成成员之个别的权利，为团体规约所综合统一。基于此，学界普遍认为“总有”观念与我国的集体所有权在权利主体上具有一定的契合度，尤其是对于政治上具有团体色彩的“总有”，更符合集体所有制的要求。因此，学界对于集体所有权的属性与日耳曼法上的“总有”达成了普遍共识。然而需要注意的是，集体所有权与“总有”的产生背景，特别是在经济制度方面存在重大差异，因此二者仍然存在明显的区别。

总之，“总有”作为日耳曼法中的概念，强调了团体所有权的特征和行使方式。它与我国的集体所有权有一定的契合度，尤其是在政治和团体性质方面。然而，由于经济制度等因素的差异，集体所有权与“总有”仍存在着一些区别，主要体现在以下几个方面：

首先，两者在经济基础和制度功能导向上存在较大差异。在经济制度基础方面，集体所有权是我国集体所有制在民法领域的具体体现，具有明显的政治功能。而“总有”理论是基于私人所有制经济制度的理论，更加重视物权理论对于市场交易的促进作用。

其次，两者在权利主体方面存在差异。根据《民法典》第 261 条的规

[1] 参见史尚宽：《物权法论》，中国政法大学出版社 2000 年版，第 153～154 页。

定,农民集体所有的不动产和动产属于村集体成员集体所有。[1] 虽然《民法典》未将农民集体列为非法人组织,但从非法人组织的本质上看,农民集体是基于地缘关系形成的一种特殊组织形式,与血缘关系有所不同。而“总有”理论下的权利主体是团体,其形成与维系以血缘关系为联结点。

综上所述,集体所有权与“总有”理论存在实质性差别。这些差异体现在经济基础、权利主体以及权利的行使和内容等方面。深入理解和比较两者的差异有助于我们准确把握集体所有权的特点和本质,为相关法律和制度的制定与实践提供理论支持。

(二)“新型总有说”

在前文中提到,“总有”理论在我国集体所有权领域难以成为理论基础。因此,一些学者提出了“新型总有说”,将传统的“总有”理论与我国集体所有权的制度特点相结合。这种观点认为后者是对前者的继承和更新。

“新型总有说”在其延续传统“总有”理论的同时,也进行了必要的理论创新。在传统的“总有”理论中,成员团体的组成、优先维护团体利益以及团体对所有权的总体拥有等概念都对集体所有权的建构需求起到了满足的作用。尤其在权利实现方面,将农民集体定位为直接享有所有权的权利主体,可以更有效地维护农民集体的利益,这对于巩固和发展公有制经济具有积极的推动作用。

“新型总有说”的理论创新在于,它提出了集体成员通过“平等自愿,决议一致”的原则对集体土地进行抽象的统一支配的新模式。在这一模式下,成员根据权利分离理论享有集体财产的收益权,而针对成员集体对外的债务,则由集体成员根据分担原则承担补充性连带责任。这一理论观点与传统的“总有”理论仅将团体与成员的权能简单叠加,形成鲜明的对比。“新型总有说”透过复杂的社会现象,深化对集体所有权的理解,为我们提供了更为精细和深入的分析理论。

---

[1] 参见《民法典》第261条。

综上所述,“新型总有说”将传统的“总有”理论与我国集体所有权的特点相结合,该理论认为“总有”理论是对“新型总有说”理论的继承和更新。它强调了集体所有权的建构需要,并提出了权利实现、权利分离和成员责任承担等方面的新观点。该理论观点在我国的相关政策文件中也得到了一定程度的支持。

(三)“共有说”

“共有”理论源自罗马法,并在大陆法系中得到继承和发展。其基本主张是所有权由多个主体共同享有,可以按照是否区分份额分为共同共有和按份共有两种形式。这一观点在我国的立法例中也得到了具体体现。通过共有理论的视角来分析集体所有权,可以提出集体所有权的权利主体既不是集体经济组织,也不是农民集体,而是集体组织成员共同拥有的权利。换言之,集体所有权由全体成员个体平等地共同享有,在本集体内部享有平等的权利并承担平等的义务,而对外则承担连带责任。

然而,“共有”理论与集体所有权存在着难以调和的矛盾。首先,集体所有制是我国的基本经济制度之一,而共有理论与集体所有制相矛盾。因为共有理论的基础是承认农民个体对于集体财产享有所有权,这与集体所有制的制度导向完全相悖。其次,按照共有理论的一般原理,当共同共有的基础关系丧失后,共有人可以主张对共有财产进行分割。不过,集体成员并不享有在集体关系消除后分割财产的权利。

综上所述,“共有”理论作为源自罗马法的概念,强调了所有权的多个主体共同享有。然而,与集体所有权相比,“共有”理论存在难以解决的矛盾。这些矛盾体现在与我国的集体所有制相抵触以及集体成员在集体关系解散后无权要求分割财产等方面。关于深入理解和研究集体所有权的本质和特征,以及相关的法律和制度设计,我们需要更充分认识集体所有权与共有理论之间的差异和矛盾。

(四)“单独所有权说”

“单独所有权说”认为集体所有权的主体应为集体经济组织或集体组

织。然而,这一理论在面对社会实践发展时存在一些问题。

首先,该理论容易导致集体所有权的虚置与缺位。[1] 传统的集体所有权模式以“三级所有、队为基础”的格局难以维持,特别是在家庭联产承包责任制的冲击下。尽管人民公社逐步解体,但许多农村未能及时建立集体经济组织,导致部分农村出现主体缺位的情况。其次,作为法人的集体经济组织可能会面临破产的法律问题。根据传统公司法理论,一旦法人破产,集体所有制度可能会瓦解。[2] 然而,基于我国特殊的国情,集体经济组织在现阶段并不具备破产的客观条件,因为从其历史沿革和制度功能来看,其关系着农村的社会稳定。最后,该理论可能会侵害农民的合法权益。基于农村的现实情况,在农民权利意识淡薄、文化水平较低的背景下,集体经济组织可能会被滥用,变成乡、村干部团体或私人所有,从而损害农民的合法权益。[3]

学者们基于不同的角度和维度对集体所有权的性质在理论上进行论证,大体形成了以上4类观点。理论研究的目的在于完善集体所有权的制度构建,实现其制度功能,实质上并无优劣之分。但应当认识到,我国集体所有权从其产生之初即具有鲜明的中国特色,在对其性质进行界定时,必须要立足于我国的经济制度及特色国情。针对集体所有权的性质问题,学者们提出了“新型总有”的概念,通过引入集体所有权的特殊性来改造传统的“总有”制度,从而提供了对集体所有权最准确的性质描述。

二、现行法律下集体所有权的制度梳理

现行法律下的集体所有权制度以《宪法》为基础,在《民法典》、《土地管理法》和《农村土地承包法》中展开,从而构建了集体所有权的基本制度内容,具体表现在以下几个方面:

---

〔1〕 参见杨青贵:《集体土地所有权实现法律机制研究》,法律出版社2016年版,第13页。
〔2〕 参见王卫国:《中国土地权利研究》,中国政法大学出版社1997年版,第114页。
〔3〕 参见马俊驹、宋刚:《合作制与集体所有权》,载《法学研究》2001年第6期。

第一,《宪法》规定了集体所有制及集体所有权的基本内容。《宪法》第6条[1]明确了我国社会主义经济制度的基础是生产资料的社会主义公有制,即全民所有制和劳动群众集体所有制;第8条[2]明确农村集体经济组织实行家庭承包经营为基础、统分结合的双层经营体制;第9条、第10条[3]明确了集体所有权的客体,包括由法律规定属于集体所有的森林和山岭、草原、荒地、滩涂,除由法律规定属于国家所有的以外的农村和城市郊区的土地,宅基地和自留地、自留山。《宪法》关于集体所有制及集体所有权的相关规定构成了集体所有权的制度基础,由此可以看出,集体所有权是集体所有制的实现形式。

第二,《民法典》以《宪法》为基础对集体所有权进行明确。《民法典》物权编以类型化的方式,按照所有制标准将所有权划分为国家所有权和集体所有权、私人所有权,这是对《宪法》中规定的生产资料社会主义公有制的有效回应。同时,《民法典》第260条、第261条[4]第1款进一步细化了集体所有权的客体,明确了集体所有权的主体为村集体成员集体;第262条则规定了集体所有权由村集体经济组织或者村民委员会依法代表集体行使;第261条第2款、第264条、第265条[5]初步构建了集体成员权,明确了村集体成员的相关权利及村集体经济组织或者村民委员会的相关义务。《民法典》以《宪法》为基础进一步在私法领域构建了集体所有权的制度内容,明确了集体所有权的客体、主体、代表行使主体,并初步构建了集体成员权的内容。

第三,《土地管理法》和《农村土地承包法》在土地所有权与使用权“两权分离”的权利体系下明确所有权人与使用权人的相关权利义务关系。

---

〔1〕 参见《宪法》第6条。
〔2〕 参见《宪法》第8条。
〔3〕 参见《宪法》第9条、第10条。
〔4〕 参见《民法典》第260条、第262条。
〔5〕 参见《民法典》第261条、第264条、第265条。

《土地管理法》第 9 条、第 10 条、第 11 条[1]同样明确了农村和城市郊区的土地属于农民集体所有,农民集体所有的土地可以依法确定给单位或者个人使用,由村集体经济组织或者村民委员会经营、管理。该法同时确立了土地用途管制制度、土地利用总体规划制度、耕地保护制度、土地征收制度、土地使用权转让制度等。

综上所述,集体所有权通过以《宪法》、《民法典》、《土地管理法》和《农村土地承包法》为骨架的法律体系从不同侧面进行构造,形成了现行的集体所有权制度。通过制度梳理,不难发现集体所有权存在如下问题:一是集体所有权并非单纯的物权问题,在公法和私法领域如何协调其制度内容是重大课题;二是集体所有权的主体界定不明,虽然《民法典》规定农民集体所有的不动产和动产属于村集体成员集体所有。但村集体成员集体这一概念在外延和内涵都存在一定的模糊性;三是集体所有权的权能虚化,对于所有权中重要的处分和收益权能,现行法律并无明确规定,而在实践中也基本处于缺失状态;四是集体所有权的实现机制缺失,集中表现在农民集体与集体经济组织的关系不清,农民集体意志的实现机制缺乏法律支撑。

三、集体所有权主体界定不明

从现行立法来看,《民法典》已明确规定农民集体所有的不动产和动产属于村集体成员集体所有,《土地管理法》也明确规定农民集体所有的土地依法属于村农民集体所有,因此在立法层面已经明确集体所有权的权利主体是村集体成员集体或村农民集体。虽然在形式上集体所有权的权利主体已经通过立法予以明确,但应当认识到,实质上无论是村集体成员集体还是村农民集体,都是较为抽象的概念,其内涵与外延均存在不确定性,主要体现在以下几个方面。

---

〔1〕 参见《土地管理法》第 9 条、第 10 条、第 11 条。

(一)村集体成员集体或村农民集体是不是确定主体

长期以来,学界批判现行集体所有权的权利主体不明确或是被虚化,有学者认为,“集体”作为农村土地所有权之主体,是一系列政治运动的产物,其创制之初就没有遵循法律的制度逻辑。[1] 应当舍弃农民集体的表达,在法律理论上,可以从注重成员利益出发,将其解释为“农民成员集体”,也可以从便利交易出发,将其解释为“集体组织”。[2] 由此提出将农民集体进行法人化改造,集体所有权的主体应当是农村集体经济组织。[3] 此种法人化改造符合《民法典》将农村集体经济组织列为特别法人的立法目的,也契合司法实践。[4] 此外,关于“村集体成员集体所有”的权利主体是“村集体成员”还是“成员集体”,学界存在不同的理解:集体成员说认为集体所有权的权利主体应当是全体成员;[5]复合主体说认为集体成员和集体组织都是所有权的权利主体;成员集体说认为属于成员个体组成的集体所有。[6]

针对上述问题,本书认为,《宪法》、《民法典》和《土地管理法》已明确规定集体所有权的主体系农民集体,形式上并不存在集体所有权主体虚位的问题。集体所有权是社会主义公有制的法权表现形式,在坚守公有制的前提下,制度安排上不存在允许农民个体主张分割所有权的可能性,也不存在由集体经济组织所有的可能性,这是由我国生产资料的社会主义公有制决定的,无论是农民个体所有还是集体经济组织法人所有,都有悖社会主义公有制的本质要求。况且,从现行立法来看,《民法典》和《土地管理法》已明确规定集体所有权的主体系农民集体,由集体经济组织或村民委

---

[1] 参见陈小君等:《农村土地法律制度的现实考察与研究:中国十省调研报告书》,法律出版社2010年版,第203页。

[2] 参见童列春:《中国农地集体所有权制度理论解惑与重述》,载《南京农业大学学报(社会科学版)》2018年第2期。

[3] 参见孙宪忠:《论物权法》,法律出版社2001年版,第15页。

[4] 参见崔文星:《中国农地物权制度论》,法律出版社2009年版,第99页。

[5] 参见王利明:《物权法研究》,中国人民大学出版社2007年版,第186页。

[6] 参见韩松:《集体所有制、集体所有权及其实现的企业形式》,法律出版社2009年版,第103页。

员会等基层组织代表行使所有权，从立法层面明确区分集体所有权的权利主体和代表主体，这与国家所有的土地由国务院代表行使所有权并无二致，而不能说由国务院代表行使所有权，就意味着国务院是国有土地的所有权主体。同理，由集体经济组织或村民委员会等基层组织代表行使所有权，也不能说集体经济组织就是集体所有权的权利主体，不能混淆所有权主体及其代表主体。因此，将农民成员集体界定为集体所有权的权利主体，更接近确立集体所有制的立法意图，更符合我国实际立法目的和集体所有权发展的历史与现实。[1]

(二)集体所有权主体不明的本质

学界对于现行集体所有权的权利主体不明确或是被虚化的批判，其实质和症结是对农民集体这一概念本身的疑惑，主要体现在以下两个方面：

第一，相关法律对于集体所有权的权利主体规定并未统一。《宪法》仅宣示性规定农村和城市郊区的土地，属于集体所有，并未就“集体”这一概念作出直接规定。《民法典》明确农民集体所有的不动产和动产属于村集体成员集体所有，而《土地管理法》又采用了村农民集体或乡(镇)农民集体等类似表述。因此可以看出，现行法律对于集体所有权的权利主体的界定是混乱的，而农民集体作为抽象概念，需要在立法层面对其内涵和外延作出直接和具体的规定。正是此种立法上的混乱，导致集体所有权的主体在认知和实践中的混乱。

第二，农民集体的民事主体地位并未明确。在民事主体制度构建上，《民法典》明确自然人、法人及非法人组织的民事主体地位，其中非法人组织包括个人独资企业、合伙企业、不具有法人资格的专业服务机构等。[2]然而，《民法典》并没有明确农民集体属于何种民事主体类型。这是因为：

[1] 参见丁关良：《土地承包经营基本问题研究》，浙江大学出版社2007年版，第93页。

[2] 参见《民法典》第102条。

首先,农民集体属于群体性概念,显然不属于自然人范畴;[1] 其次,农民集体不具备法人应有的自由支配财产的权利、独立的责任能力和职责规范的内部组织机构,农民集体也不属于法人范畴。

综上所述,目前的民事法律框架对农民集体的地位并没有明确规定。虽然农民集体具备非法人组织的一般性特征,但缺乏明确的法律规定,使其在民事主体中的地位存在模糊性和不确定性。为了解决这一问题,需要进一步地法律修订或制定专门法规,来明确农民集体的民事主体地位,确保其在法律上能够享有相应的权利和承担相应的责任。

四、集体所有权权能虚化

按照传统物权法理论,所有权是完全物权,集体所有权作为所有权的类型之一理应包含占有、使用、收益和处分权能。但由于集体所有权制度生成的特殊性,其作为集体所有制的实现形式,不仅承载着维护社会主义公有制、促进社会公平、维护农村社会稳定等重要功能,还承载着促进社会主义市场经济发展和提高农民财产性收入增长的职责。[2] 正是因为集体所有权所承载的经济功能、社会功能及政治功能存在一定的矛盾性与斗争性,其在设计之初就存在先天的权能虚化问题,主要体现在以下几个方面:

(一)收益权能被严重侵蚀

一方面,在“轻所有,重利用”的立法导向下,长期以来在立法上都存在虚化所有权、做实使用权的倾向。在土地承包经营权领域,《民法典》《农村土地承包法》明确了集体成员有承包本集体土地的权利,对集体所有权人变更、解除承包的权利进行严格限制,明确承包期届满后再延长,承包权人可依法转让经营权。土地承包经营权呈现出法定性、无偿性、长期性及处

〔1〕 参见童列春:《中国农地集体所有权制度理论解惑与重述》,载《南京农业大学学报(社会科学版)》2018 年第 2 期。
〔2〕 参见程秀建:《我国宅基地“三权分置”改革法律问题研究》,西南政法大学 2019 年博士学位论文,第 184 页。

分性等特征。在宅基地领域,集体所有、一户一宅、无偿使用、限定面积、规划管控、内部流转是我国现有的宅基地制度安排。[1] 农民个体、农户所享有的土地承包经营权和宅基地使用权经由物权化制度设计,通过用益物权具体权能的不断充实,正在向“自物权”性质的所有权靠拢的进程中。[2] 正是此种制度安排严重侵蚀了集体所有权的收益权能。另一方面,在国家对土地用途、土地流转以及土地处分的严格管制下,集体土地所有权由于是公权力而不具备物权的自主性和对抗侵害的排他性效力。[3] 农民集体在土地征收决策及实施过程中的参与性极低。在“土地财政”的野蛮滋长下,土地发展权几乎被各级政府垄断。正是上述原因导致集体所有权缺乏实质上的收益权能。

(二)处分权能被严格限制

处分权能本是所有权的核心权能,包括事实上的处分和法律上的处分两种形式。一方面,在生产资料公有制下,不允许集体所有权人行使处分权能。根据《宪法》与《土地管理法》的规定,“国家秉持绝对禁止集体土地所有权和国家土地所有权处分权能的立场”。[4] 同时,《土地管理法》确立了土地用途管制制度、土地利用总体规划制度、耕地保护制度、土地征收制度、土地使用权转让制度等。规划土地用途、土地征收、土地使用权转让及土地利用期限等本属于所有者的权利由国家实质掌握。[5] 农民集体不享有事实上和法律上的处分权。另一方面,集体所有权人收回发包土地及宅基地的权利被限制。如果说集体为农户设定土地承包经营权或授予农户宅基地使用权可以视为法律上的权利处分行为,那么现行立法虽明确规定在特定的情形下,集体所有权人可以将土地承包经营权或宅基地使用权收

---

〔1〕 参见袁威:《宅基地制度改革要处理好四个关系》,载《学习时报》2020 年 8 月 12 日,第 6 版。

〔2〕 参见陈晓军:《集体所有权的法典化命运及其中国实践》,载《北方法学》2017 年第 6 期。

〔3〕 参见郭洁:《土地所有权一体保护立法研究》,知识产权出版社 2011 年版,第 155 页。

〔4〕 参见杨青贵:《集体土地所有权实现法律机制研究》,法律出版社 2016 年版,第 37 页。

〔5〕 参见童列春:《中国农地集体所有权制度理论解惑与重述》,载《南京农业大学学报(社会科学版)》2018 年第 2 期。

回,但法律对集体所有权人的收回权利的规制“仅仅停留在事实描述的层面,并未将其进行适当的法律技术处理”。[1]

(三)管理权能无法体现

传统物权理论以列举的方式明确所有权包括占有、使用、收益和处分4项权能,并得到我国立法的确认,但并不意味着管理不是所有权的权能。在私人所有权形态下,个人能够依据自己的自由意志支配所有物,实现所有物之利益,管理权能实质上贯穿于上述4项权能之中,因为在行使4项权能中不可避免地会行使管理权能,比如修缮、改良等。而集体所有权具备特殊性,主要表现为集体所有权主体的群体性、所有权行使意志的民主性、利益目的实现的集体公共性、对集体成员的普惠性以及所有权客体的不可分割性。[2] 上述特征决定了管理权能是集体所有权的必要权能。关于集体所有权的管理权能,现行法律也有相应规定,《土地管理法》第11条规定,农民集体所有的土地依法属于村农民集体所有的,由村集体经济组织或者村民委员会经营、管理。但由于多种因素的限制,集体所有权的管理权能始终难以实现。首先,现行法律仅概括性明确集体经济组织或者村民委员会有管理集体土地的权利,但对于该权利的具体内容、行使机制缺乏相应的法律支撑。其次,由于集体所有权收益和处分权能的实质性缺失,导致集体所有权代表主体缺乏行使管理权能的物质和经济基础。最后,国家依靠法律制度赋予的垄断性土地开发权,也进一步限制了集体所有权管理权能的实现。

对于集体所有权权能的虚化问题,学界已基本达成共识。探究集体所有权权能虚化问题,其本质上是一种功能性虚化。所谓功能性虚化,是指在制度设计中出于功能安排的需要而有意设计的虚化,以实现某种预定的功能。[3] 一方面,集体所有权承载着维护农村社会稳定和保障农民生产、

---

〔1〕 参见蔡立东:《论承包地收回的权利构造》,载《法商研究》2012年第3期。
〔2〕 参见韩松:《论农民集体土地所有权的管理权能》,载《中国法学》2016年第2期。
〔3〕 参见童列春:《中国农地集体所有权的虚与实》,载《农村经济》2011年第10期。

生活需求的制度功能,正是基于此,承包经营权和宅基地使用权的用益物权塑造不断限制集体所有权的权能实现,从而更好地保障广大农民的根本利益。另一方面,"土地财政"也进一步压制集体所有权权能的实现。我国城镇化快速发展进程中的大量资金需求是通过土地出让金获取的,这也是国家限制集体所有权人自主决定土地用途、严格限制集体土地上市流转、建立土地征收制度、垄断土地开发权的本质原因。

五、集体所有权实现机制缺失

农民集体作为集体所有权的法定权利主体,这一概念始终具有群体性和抽象性,其意志形成需要通过一定的组织、协调及表决的过程,在集体决策作出后,需要一个产权代表或决策执行代表负责具体落实,[1]以解决集体所有权权能如何实施的问题。虽然现行法律已经明确集体所有权由农村集体经济组织或村民委员会代表行使,但对于代表主体如何产生、农民集体与代表主体关系如何、集体决策的机制等方面都缺乏相应的法律支撑,尚未建立科学、完善的集体所有权实现机制。

(一)集体所有权代表主体的产生机制不明

现行立法宣示性地规定集体所有权由集体经济组织或村民委员会代表行使,但仍需要解决上述主体作为代表主体的正当性问题。首先,现行法律对于集体经济组织这一概念仅进行了原则性、概括性规定,并未明确其具体含义、性质、组织架构与产生机制,也未明确农民集体与集体经济组织的关系。其次,依据《村民委员会组织法》的规定,村民委员会在法律界定上属基层群众性自治组织。[2] 农民集体与村民委员会并非同一概念,二者在成员构成、判断标准及代表的广泛性方面均存在不同。因此,现行法律对于集体所有权代表主体的宣示性规定并未解决集体经济组织或村民

---

〔1〕 参见程秀建:《我国宅基地"三权分置"改革法律问题研究》,西南政法大学2019年博士学位论文,第184页。

〔2〕 参见《村民委员会组织法》第2条。

委员会作为代表主体的正当性问题。

（二）集体所有权实现的决策机制缺失

一方面，虽然《民法典》赋予了集体经济组织特别法人的民事主体地位，但集体经济组织具体内容的立法空白导致集体所有权的实现缺乏有效的决策机制。另一方面，在人民公社解体后，大部分地区并没有发展起农村集体经济组织，实践中通常由村民委员会代表行使集体所有权，但按照农民集体与村民委员会异质的逻辑，《村民委员会组织法》建构的村民自治的决策机制并不能适用于集体所有权的行使。同时，村民委员会事实上行使着基层行政管理权，其经济职能与行政职能的混同容易滋生权力侵害。事实上，中共中央、国务院 2016 年 12 月发布《关于稳步推进农村集体产权制度改革的意见》，提出了将村民委员会与集体经济组织的功能分设及组织分离的指导性意见，但实践中未能完全落实。决策机制的缺失导致农民集体的意志缺乏有效的实施途径，并且其他主体也会利用规则缺失侵害集体成员的利益。

（三）集体决策监督机制缺位

《民法典》第 261 条规定了集体成员对于集体重大事项决策的参与权；第 264 条规定了集体经济组织等集体资产的经营、管理主体公布集体财产状况的义务，集体成员有查阅和复制的权利；第 265 条规定了集体成员的撤销权。[1] 但上述规定仍然是赋权型的宣示性规定，对于上述权利的行使机制和程序缺乏相应的法律支撑，在实践中并无具体的操作规范。集体决策监督机制的缺位，导致集体成员的个人及总体利益缺乏有效的保障机制，难以实现集体所有权保障集体成员利益的制度功能。

集体所有权人必须通过公开、民主的决策过程形成集体意思，并通过执行主体对外表达意思，实施民、商事活动，实现集体所有权。实践中集体所有权缺乏实现机制必然会导致以下两个方面的问题：一是对外意思表达

〔1〕 参见《民法典》第 261 条、第 264 条、第 265 条。

受限,缺乏常态组织的农民集体对集体所有权的控制力逐渐衰弱并最终丧失。集体成员难以通过有效的意思形成机制形成集体的意志,集体对外意思表示的能力受到限制。二是对内形成意思僵局,缺乏有效运行规则的农民集体难以就具体事项的决议达成统一的意思。成员在参与集体决策过程中既难以通过有效的协调机制达成统一意思形成僵局,又无法对已形成的集体意思实施过程予以充分有效的监督。

第三节 “三权分置”下完善宅基地所有权的法制回应

宅基地“三权分置”改革旨在通过科学的权利体系构造实现宅基地身份性与财产性的相对分离,并在保障农民基本生存的前提下实现宅基地使用权的适度放活。但宅基地“三权分置”改革的底线是坚持集体所有制,落实集体所有权,这也是政策文本反复强调的关键点。事实上,宅基地“三权分置”改革也是解决前述集体所有权制度问题的重要契机,关键在于要始终坚持农村土地集体所有权的根本地位,[1]以集体所有权制度功能的调适为导向,在法律制度建构上给予切实的回应。

一、“三权分置”下完善集体所有权的宗旨

法律制度在其建构之初便已预设其制度功能,立法者亦望法律制度能够发挥其预定功能。[2] 因此,完善集体所有权必须要充分考虑到其制度功能,不能用基于个人主义的权能分离理论来理解集体所有权的权能分置问题,[3]需要按照功能主义视角去理解“三权分置”框架中集体所有权的核心

〔1〕 参见谭启平:《“三权分置”的中国民法典确认与表达》,载《北方法学》2018年第5期。

〔2〕 参见王丹丹:《法律制度的功能及其异化——人民调解制度演变史》,载《政法论坛》2016年第6期。

〔3〕 参见申始占:《公有制实现形式下农地权能分置理论的反思与重构》,载《农业经济问题》2019年第9期。

和本质。[1] 而集体所有权制度的功能导向则决定“三权分置”改革的路径和方向。鉴于此，阐明集体所有权的制度功能、明确完善集体所有权的宗旨极为必要。

（一）坚持集体所有制，落实集体所有权

《宪法》规定了生产资料的社会主义公有制，包括全民所有制和劳动群众集体所有制（集体所有制）。所有权制度是明确社会主义公有制实现形式的重要法律表达方式。集体所有制不仅在经济学和法学上有意义，更是国家政权建设的经济基础。因此，在探讨集体所有权的制度功能时，除了考虑经济效率，还应关注其政治意义。集体所有权的立法完善必须继续坚持并反映社会主义公有制作为经济制度基础的内容，[2]不能只追求传统物权理论中“轻所有，重利用”的观念，而应采取“弱化所有权、强化和细化利用权”的方式，通过加强土地承包经营权、宅基地等制度建设，期望农村土地的利用效率达到新的高峰。[3]

此外，集体所有权制度应体现社会主义公平价值观在农地领域的具体表现，与个人主义下的物权观有所区别。片面追求土地利用效率并非集体所有权的制度目标。习近平总书记曾指出：“农村土地属于农民集体所有，这是农村最大的制度。农村基本经营制度是农村土地集体所有制的实现形式，农村土地集体所有权是土地承包经营权的基础和本位。坚持农村基本经营制度，就要坚持农村土地集体所有。”[4]

（二）赋予农民更多财产权利

长期以来，保障功能一直是农村土地制度的基本功能，在农地领域体

---

[1] 参见楼建波：《农户承包经营的农地流转的三权分置——一个功能主义的分析路径》，载《南开学报（哲学社会科学版）》2016年第4期。

[2] 参见高飞：《集体土地所有权主体制度研究》（第2版），中国政法大学出版社2017年版，第147～148页。

[3] 参见高飞：《农村土地“三权分置”的法理阐释与制度意蕴》，载《法学研究》2016年第3期。

[4] 中共中央文献研究室编：《习近平关于社会主义经济建设论述摘编》，中央文献出版社2017年版，第173页。

现为农村土地承包关系维持长久不变,在宅基地领域则体现为宅基地使用权的无期限性和无偿性。这是为维护农村社会稳定、实现“耕者有其田,居者有其屋”的制度安排。但应当认识到,集体所有权作为法定物权仍然具备财产权属性,尤其在我国城镇化快速推进的背景下,其财产属性日益凸显。故而如何在土地制度改革中保障农民财产权利和赋予农民更多财产权利是制度设计层面必须要考量的问题。事实上,2013 年的《中共中央关于全面深化改革若干重大问题的决定》提出,农村土地制度改革的出发点是“赋予农民更多财产权利”,强调要保障农民集体成员权利。2014 年至 2022 年的中央一号文件多次提出,增加农民财产性收入,落实农村土地集体所有权。因此,“三权分置”下集体所有权的完善,应当以促使“赋予农民更多财产权利”的政策精神落地见效为依归。

二、明确集体所有权的权利主体

对于集体所有权的权利主体不明问题,学界一直持批判态度。理论争议集中于集体所有权的权利主体是农民集体还是农村集体经济组织。对于上述争议,本书认为:一方面,在坚持集体所有制的前提下,集体所有权的主体只能是农民集体,而非农村集体经济组织;另一方面,现行立法已明确集体所有权的权利主体系农民集体。故而对于此问题不再赘述,但农民集体与集体经济组织的区分,既不是“概念游戏”,也不是制度上的“叠床架屋”,而是一种法律上的技术设计。[1] “三权分置”下对于集体所有权的完善,应当着重解决以下问题:

(一)界定农民集体的概念

农民集体作为抽象性概念,现行立法对其缺乏直接和具体的规定,需要在立法层面进一步明确农民集体这一概念的内涵和外延。农民集体具

---

〔1〕 参见于飞:《“农民集体”与“集体经济组织”:谁为集体所有权人?——风险界定视角下两者关系的再辨析》,载《财经法学》2016 年第 1 期。

有群体性特征，是基于农村地缘关系形成的组织形态。因此，要明确农民集体的内涵就需要确定构成农民集体的成员范围。按照集体所有制形成的历史逻辑，即从初级社到高级社，再到人民公社，最终形成“三级所有，队为基础”的体制，事实上，现行体制也是由乡（镇）、村、村民小组三级构成，可以对农民集体的具体形态作类型化区分，明确农民集体包括乡（镇）农民集体、村农民集体和村民小组农民集体，这也符合现行立法对集体经济组织所做的类型化处理。

此外，还应当注意到，虽然形式上集体所有权的权利主体是农民集体，但农民集体作为总有团体并非绝对独立于集体成员，而是与其成员紧密联结，农民才是集体土地所有权的终极主体。[1] 在民法的维度内，集体所有权的主体既不是纯粹的集体，也不是纯粹的农民个体。农民集体是规范意义上的集体土地所有权主体，集体的全体成员则是事实意义上的集体土地所有权主体。[2]

（二）明确农民集体的民事主体地位

农民集体虽已作为民法概念于民事立法中使用，但《民法典》确立的民事主体包括自然人、法人和非法人组织，并未明确农民集体的民事主体地位。因此，集体所有权面临的首要问题是其权利主体资格难以融入既有的民事法律体系之中。在既有法律规定基础上，进一步明确集体土地所有权主体，使其具备民事主体法律资格，[3] 是宅基地“三权分置”改革背景下落实集体所有权的应有之义。

对于农民集体应当是何种民事主体类型这一问题，学界存在不同的观点。有学者提出，为明晰产权，提高土地利用效率，应当对农民集体进行法人化改造，赋予农民集体特殊法人资格，并通过公司法人的运行制度实现

---

〔1〕 参见李海平：《论农村土地属于集体所有的宪法解释》，载《政法与法律》2017 年第 6 期。

〔2〕 参见杨青贵：《集体土地所有权实现法律机制研究》，法律出版社 2016 年版，第 29 页。

〔3〕 参见孙宪中：《争议与思考——物权立法笔记》，中国人民大学出版社 2006 年版，第 540 页。

集体所有权。[1] 有学者建议将农民集体改造为股份合作社法人。[2] 但也有观点认为,农民集体的法人化改造与集体土地公有制及其担负的社会保障功能相违背,也与集体土地所有权不得买卖的宪法原则相违背。因此,农民集体的性质是非法人团体。[3] 也有学者认为,无论是法人还是非法人团体,均明确要求其具有明确的组织形态,而农民集体事实上缺乏组织形态,应当将农民集体塑造为一类特殊民事主体,[4]但并未就这一特殊民事主体的具体样态展开论述。

针对上述争议,本书认为:首先,对农民集体进行法人化改造不符合我国社会主义公有制的本质要求,也不符合宅基地“三权分置”改革坚持集体所有制的宗旨。其次,秉持基于个人主义下的传统物权观对集体所有权进行改造并不能实现其保障农民基本生存利益的制度功能,如果将集体所有权主体塑造成法人,那么其就受公司法关于公司营运的相关法律规制。作为法人的农民集体遭遇经营失败需以其全部的财产对外承担责任,势必会造成集体资产的流失,导致集体所有制的崩溃与土地私有化。这不仅违反了宪法关于集体土地不得买卖的规定,也从根本上违背了社会主义公有制的经济制度建构。最后,《民法典》已然赋予集体经济组织特别法人的民事主体地位,事实上已经在立法层面否定了农民集体法人化的可能性,农民集体因此难以被塑造为法人。对于农民集体能否被塑造为非法人组织,持否定态度的学者认为农民集体缺乏组织形态,不符合非法人组织的本质特征。但本书认为,从历史逻辑来看,人民公社运动正是党和国家为提高农民的组织化程度而采取的制度设计;从当下乡村振兴的战略背景来看,如何提高农民的组织化程度,实现共同富裕也是乡村振兴战略的应有之义。

---

[1] 参见宋志红:《中国农村土地制度改革研究:思路、难点与制度建设》,中国人民大学出版社 2017 年版,第 67 页。

[2] 参见高飞:《集体土地所有权主体制度研究》,中国政法大学出版社 2017 年版,第 201 页。

[3] 参见韩松:《农民集体所有权主体的明确性探析》,载《政法论坛》2011 年第 1 期。

[4] 参见程秀建:《我国宅基地“三权分置”改革法律问题研究》,西南政法大学 2019 年博士学位论文,第 195 页。

因此,农民集体缺乏组织形态是集体所有权改革需要解决的问题之一,而不是否定其非法人组织资格的理由。

对于农民集体应属何类民事主体,应从以下 3 个维度进行考察:一是是否应当明确农民集体的民事主体资格。农民集体符合民事主体的一般理论要素,作为集体所有权的主体已为立法所确认,法律规范层面上集体所有权的主体是清晰、确定的。既然集体所有权制度作为一项民事法律制度,那么集体所有权主体当然应属于民事主体的范畴,应当确立农民集体的民事主体资格。二是农民集体与现行民事主体类型的对应关系。《民法典》明确了自然人、法人和非法人组织的民事主体地位,农民集体作为群体性概念显然不属于自然人,因前述原因也难以塑造为法人。因此,农民集体只能在非法人组织中找到对应关系。三是从农民集体这一概念的特征出发,明确其民事主体类型。首先,农民集体具有天然性和封闭性。农民集体是按照农村的一定社区划分的,社区以地域为基础,由于土地的自然存在和不可移动,因而具有天然性和封闭性。[1] 其次,农民集体具有群体性和组织性。农民集体由一定农村社区范围内的具体成员构成,区别于私人所有权,其在特征上呈现出群体性和组织性。通过以上 3 个维度的考察,农民集体应当被塑造为非法人组织。原因在于:首先,非法人组织是指不具有法人资格,但是能够依法以自己的名义从事民事活动的组织。[2] 虽然《民法典》未将农民集体列举为非法人组织的典型类型,而农民集体符合非法人组织的本质特征使农民集体也难以被塑造为法人,但是其具备以自己名义从事民事活动的独立性,具备一定的组织性。其次,农民集体的非法人组织塑造契合集体所有权制度的运行现状及其所有权关系的性质和制度功能要求。

---

〔1〕 参见韩松:《农民集体所有权主体的明确性探析》,载《政法论坛》2011 年第 1 期。

〔2〕 参见《民法典》第 102 条。

三、赋予集体所有权完整权能

集体所有权权能虚化一直受学界诟病,虽然如前文所述,其权能虚化更多是一种功能性虚化,有其特殊的制度功能和现实因素的考量。但在乡村振兴战略与“三权分置”土地制度改革的背景下,在立法层面落实集体所有权的收益权能具有重要意义。一方面,乡村振兴战略实施过程中需要发挥农民集体和集体成员的主体性,而落实集体所有权,赋予集体所有权完整的权能,明确农民集体的相应权利,是提高农民主观能动性的重要方式之一,是促进乡村振兴战略实施的有效路径之一。另一方面,让农民分享更多的改革成果,赋予农民更多财产权利是“三权分置”改革的重要目标,而集体所有权本质上是为实现农民集体和农民个体共同利益所作的制度安排,赋予集体所有权完整权能是实现上述目标的必然要求。探索赋予集体所有权完整权能,需要从以下几个方面入手:

(一)落实集体所有权的收益权能

收益权能本是所有权的重要权能,但由于农村土地特殊的制度功能考量,集体所有权的收益权能长期以来受到严格限制。收益权能的缺失,既不利于集体的稳定与发展,也不利于集体利益的实现。因此,在“三权分置”改革背景下,在宅基地领域落实集体所有权的收益权能,主要涉及两方面的问题。

第一,宅基地初始分配层面的收益权。我国宅基地一直保持无偿分配的制度安排,有学者提出,宅基地使用权作为法定的用益物权类型之一,所有权人有权获取一定的收益,应当建立宅基地有偿使用制度。[1] 但本书认为,在理论层面,集体所有权形成于社会主义土地公有制改造,本质上是全体成员的特殊共有,虽然农民个体并无请求分割所有权的权利,但农村土

---

〔1〕 参见陈小君:《我国〈土地管理法〉修订:历史、原则与制度——以该法第四次修订中的土地权利制度为重点》,载《政法与法律》2012 年第 5 期。

地仍然负载着农民个体的基本利益。在现行的宅基地使用权制度建构之下,农户通过集体分配取得宅基地使用权,是农民基于成员身份向集体主张基本居住保障的权利,二者之间是集体与成员之间的总分关系,并非市场交易关系。因此,农民集体在宅基地初始分配层面的收益权并无法理上的正当性。在实践层面,在农村地区的社会保障仍然缺乏体系化建构的现实下,宅基地明显的社会福利性质和社会保障功能在我国未来很长一段时间内将会持续,[1]其仍然承担着保障农民基本居住需求的制度功能。因此,在宅基地初始分配层面,在法定的面积内应当坚持无偿分配原则。但对于集体成员通过各种方式取得宅基地而导致占有的宅基地超出法定面积的,应当就超出部分向集体缴纳一定的有偿使用费。

第二,宅基地继受取得层面的收益权。宅基地的继受取得主要包括继承、流转等方式。对于继承取得的宅基地应分情况处理:一是对通过继承取得宅基地超过法定面积且不愿退出的,应当赋予集体所有权人收取一定有偿使用费的权利;二是对通过继承取得宅基地并未超过法定面积的,仍应坚持无偿使用的原则,但应当明确通过继承已经取得宅基地的农户,不得再次申请宅基地。通过适度放活宅基地使用权实现农民财产收入的增长是“三权分置”改革的重要内容,而对于流转中产生的土地增值收益,由于此种通过市场交易方式产生的财产性收益已然超出保障农民基本居住需求的范围,因此必须要平衡国家、集体和农民三者之间的利益,基于“三权分置”改革,应构建宅基地有偿流转利用制度,分具体情况赋予集体所有权人相应的收益权。首先,对于宅基地的集体内部流转,集体所有权人有权向出让人收取一定比例的收益调节金,受让人在法定面积内无须向集体缴纳有偿使用费;其次,对于宅基地的外部流转,集体所有权人有权向出让人收取一定比例的收益调节金,受让人须向集体缴纳相应的宅基地有偿使

[1] 参见陈小君等:《农村土地法律制度的现实考察与研究:中国十省调研报告书》,法律出版社2010年版,第123页。

用费。

（二）夯实集体所有权的处分权能

我国《宪法》明确实行生产资料公有制，禁止土地买卖，因此集体所有权人的处分权并非指处分所有权，而是对相关使用权的处分。具体到宅基地领域，则是指宅基地的集体收回权、回购权和综合利用。

1. 宅基地集体收回权。宅基地集体收回权是指在特定条件下农民集体收回宅基地的权利，主要包括以下几个方面：一是为乡（镇）村公共设施和公益事业建设，需要使用农户宅基地的，集体有权收回，但应给予适当补偿；二是农户占有宅基地超出法定面积或一户多宅等情况，且拒绝就超出部分向集体缴纳有偿使用费的，集体有权收回宅基地；三是农户消亡且无人继承宅基地上住宅及其附属设施的；四是农户不按照批准的用途使用宅基地的。赋予集体宅基地收回权，目的在于提高宅基地的利用效率，实现宅基地的集约化利用。

2. 宅基地集体回购权。宅基地集体回购权是指在特定情况下，集体所有权人按照市场规则回购宅基地的一项权利。此项权利主要是针对闲置宅基地和农户自愿有偿退出宅基地两种情况。一方面，农村宅基地闲置情况日益严重，造成严重的资源浪费。因此，对于集体内闲置的宅基地，应当赋予集体所有权人通过与农户平等协商的方式回购宅基地。另一方面，对于已经离开农村进入城市生活而选择自愿退出宅基地的农户，集体所有权人有权按照市场交易原则回购宅基地。

事实上，赋予集体宅基地的收回权和回购权，目的在于建立宅基地的收储机制，实现存量宅基地二次利用，从而提高宅基地利用效率，实现其集约化利用，有效缓解农村土地资源紧张的问题。而上述权利的实现，以集体具备一定经济基础为基础，需要赋予集体综合利用宅基地的相关权利。集体对于通过收回和回购取得的宅基地有综合利用的权利：一是二次配置，满足集体新增成员的基本居住需求；二是用于经营等用途，增加集体的财产收入；三是通过租赁、委托、流转等方式交由第三方利用，获取一定的收益。至于集体通过上述方式获取的收益的使用、分配等,集体成员享有相应的请求权、知情权和监督权,这涉及集体所有权实现机制的构建。

(三)探索集体所有权管理权能的实现

集体所有权的管理权能由其本质特征和现实需求所决定。一方面,从所有权的权能内容及集体所有权的特征出发,其中必然包含有对标的物的管理权能,即决定如何维持和改善标的物、采用何种方法进行收益或者如何进行处分等权能。[1] 另一方面,个体始终追求自身利益的不断扩张,而集体所有权不仅关注个体利益,更关注成员集体的利益,个体利益与集体利益之间始终存在一定的矛盾。在乡村振兴战略及“三权分置”改革背景下,土地作为稀缺资源的经济价值会更加凸显,上述矛盾会越发加剧。因此,在此背景下探索集体所有权管理权能的实现方式,以平衡农民集体与集体成员之间的利益关系尤为必要。具体到宅基地领域,主要包括以下两个方面:

1. 宅基地规划利用权。土地作为稀缺资源,如果任由农民个体无序利用必然导致土地资源的紧张,也不利于实现我国坚守耕地红线的国策。集体所有权人对宅基地的规划管理是集体所有权管理权能的核心内容,因此,赋予农民集体宅基地规划利用权,使其根据土地分布、农民居住、自然环境等客观条件及农民生产、生活需求合理规划宅基地用地范围,根据集体土地情况、人口密度合理确定宅基地面积标准,从而实现宅基地的集约化利用。

2. 宅基地分配权。宅基地分配权作为农民集体享有的一项重要的管理权能,是农民集体将土地使用权根据一定的程序无偿、无期限地分配给集体成员使用的权利。根据《土地管理法》的相关规定,宅基地使用权分配实行“一户一宅”制度,即由农户提出用地申请,经乡(镇)人民政府审核、县

---

〔1〕 参见[日]我妻荣:《新订民法物权》,罗丽译,中国法制出版社2008年版,第325页。

人民政府批准后，由集体所有权人根据“一户一宅”的原则向农户无偿提供宅基地。由于现行制度强化审批，过度强化政府的管理权能，集体所有权人作为宅基地所有权人，其意志在宅基地创始取得制度设定中并未得到应有的重视与表达。作为设定在集体所有权上负担，宅基地使用权的创设应以集体所有权人的意志表达为核心，至少集体所有权人应在其中发挥关键性的作用。

四、探索集体所有权的实现机制

农民集体作为农村土地的法定所有权主体，这一概念终归是极度抽象的集合，在归属关系中，农民集体是有效主体，但在权利运行关系中，农民集体是无效主体，[1]无法有效实现集体所有权。因此，在“三权分置”改革下，如何通过顶层制度设计实现集体所有权成为改革成败的关键。构建集体所有权的实现机制需要关注3个方面的问题：一是集体所有权的代表行使主体，即集体经济组织的构建；二是构建集体经济组织的实现方式和运行机制；三是集体所有权的实现如何落实到农民个体。

（一）明确集体所有权的代表行使主体

为解决集体所有权的权利实施问题，《民法典》《土地管理法》都明确规定了集体所有权的代行主体，包括乡镇集体经济组织、村集体经济组织、村民小组和村民委员会。从立法目的上看，赋予村民委员会和村民小组代表行使集体所有权的权利，是考虑到部分地区并未建立集体经济组织的特殊情况，是基于现实因素的无奈选择，而在政社分离的基本原则下，村民委员会和村民小组不适宜作为集体所有权的代行主体。因此，本书主要讨论集体经济组织的相关问题。农村集体经济组织虽已作为法律概念在相关法律中使用，但都只对其进行了概括性、原则性规定，并未明确其具体含义、

[1] 参见童列春：《中国农地集体所有权制度理论解惑与重述》，载《南京农业大学学报（社会科学版）》2018年第2期。

性质、组织架构与法律地位等基本法律问题。

1.集体经济组织的概念界定。学者对于农村集体经济组织的界定存在不同观点。有学者认为,农村集体经济组织是指“成员为谋求共同经济利益,联合拥有和民主控制的经济组织”[1]。也有学者提出,农村集体经济组织是指在合作理念指导下,以土地集体所有制为基础的经济组织。[2] 综合不同观点的定义要素以及相关法律对于集体经济组织的界定,可以对集体经济组织作如下界定:集体经济组织是指一定社区范围内农民为谋求共同利益、保障集体成员的生存和发展,按照自愿、互利的原则,以其土地使用权等生产资料为基础共同组建,以民主方式共同管理的经济组织。

2.集体经济组织的实现形式。明确集体经济组织的法律地位是中国特色社会主义市场经济以及实现农村集体资产法律治理的客观要求,法律地位不明确的集体经济组织难以融入市场经济之中。《民法典》明确了集体经济组织特别法人的民事主体地位,但其仅是宣示性规定,缺乏系统的制度构建。[3] 当前学界关于农村集体经济组织实现形式的争论,主要集中于股份合作制和股份制的选择。

学者们也从不同的角度对股份合作制进行界定。有学者认为,股份合作制是把股份制引入合作制,实行劳资两合,按照自愿原则,建立起一种利益共享、风险共担的股份合作制度,其基本特征是实行股权量化,按股分红;[4]有学者从制度变迁的角度提出股份合作制是基于诱致性制度变迁而产生,制度变迁理论、交易费用理论和产权理论是其理论基础。[5]

综合学者们对股份合作制的相关定义,可以对其特征作如下总结:一是出资主体的多元化;二是出资方式呈现出资本形式与劳动形式的结合;

---

[1] 参见周晓东:《农村集体经济组织形式研究》,知识产权出版社2011年版,第102页。
[2] 参见李磊:《集体经济组织成员权的制度构造》,载《法制与社会》2011年第31期。
[3] 参见《民法典》第96条、第99条。
[4] 参见张云华、郭铖:《农业经营体制创新的江苏个案:土地股份合作与生产专业承包》,载《改革》2013年第2期。
[5] 参见肖端:《农村土地股份合作制模式发凡及其协同推进》,载《改革》2013年第9期。

三是成员有自愿加入或退出的权利；四是股份具有一定的封闭性，不能随意流转，进入市场交易；五是每个成员享有平等的表决权，实行民主决策、民主管理；六是公共性质的结余由所有成员共有，主要用于公共事业，不得随意分配；七是分配层面实行按资分配和按劳分配相结合。

赞成农村集体经济组织应当采取股份合作制企业形式的学者认为，股份合作制有效解决了集体财产归属不清、经济责任不明等问题，在实践中表现出更好的制度绩效。他们认为股份合作制更好地兼顾了公平和效率两大目标，[1]能够克服“帕累托机制”的不足，并提高农民的集体理性。[2]也有学者对股份合作制持反对观点：有学者从交易费用的角度提出农地股份合作制具有较高的内生交易费用，其发展趋势是股份制；[3]有学者从运行机制的角度提出股份合作制存在先天不足，由于合作制相关属性的约束，组织成员具备封闭性，对股份流通形成限制，不利于农村规模生产的发展，而股份制在法律地位、组织体系等方面都有法律保障，对股东和股份流通并无限制，有利于促进农村经济效率的提升，应以股份制作为发展目标。[4]

针对关于股份合作制和股份制的争议，本书认为，股份制诚然属于基本完备的现代企业体系，具备归属清晰、权责明确、融资便利及制度体系完备等优势，但基于农村集体经济组织的特殊性质，其法人化构造不仅需要关注效能提升、产权明确等因素，更应当关注到公共利益、公平公正、社会稳定等更高层面的因素，追究经济效率并非集体经济组织的首要目标。从制度需求层面看，股份合作制具有较好的适应性。股份合作制实质上是对农村集体经营性资产进行的股份合作制改革，并将其以股份或者份额形式

---

[1] 参见张笑寒、张瑛：《效率与公平视角下的农村土地股份合作制绩效分析》，载《农村经济》2009年第1期。

[2] 参见徐汉明、杨择郡：《推进土地股份合作制实施中的民意考量》，载《管理世界》2012年第5期。

[3] 参见刘承礼：《农地股份合作制的过渡性质：一种基于内生交易费用理论的评说与前瞻》，载《农业经济问题》2003年第11期。

[4] 参见田土城：《农村集体土地股份制改革的法律考量》，载《社会科学辑刊》2015年第1期。

量化到村集体成员，更注重对整体利益的保障，能够较好地兼顾效率和公平两大目标，更符合集体所有制的本质要求，实现集体所有权的制度功能。从制度环境层面看，股份合作制能够更好地适应集体经济组织的现实条件。基于农村地区现实的地缘关系和治理体系，综合来看，农村地区以熟人关系为社会基础，在整体上仍然较为封闭，社会环境相对固定。股份合作制以合作制为基础，并具备股份制的特征，参与成员相对固定，以维护整体利益为根本，更能适应农村地区的发展实际。本书无意否定股份制在经济运行效率方面的优势，但综合考量农村地区的市场经济条件、基层治理现状及社会形态发展等现实因素，认为股份合作制无疑具有更好的制度适应性，是当下集体经济组织实现形式的更优选择。

（二）完善农村集体经济组织法律制度

作为民事主体之特别法人、乡村振兴战略实施及“三权分置”改革组织载体的农村集体经济组织缺乏系统的制度构建，显然已不能适应新形势之迫切要求。对于此问题，学界已达成普遍共识，即认为应当以特别立法的方式，制定《农村集体经济组织法》以完善其制度构建。就具体立法内容而言，至少从如下 4 个方面加以规制：其一，应当对农村集体经济组织这一概念的内涵和外延进行明确界定，对于关涉集体经济组织的一般性内容应当作出明确性的规定，诸如集体经济组织的属性、法律地位以及具体的组织形式等内容。其二，应当明确集体经济组织的设立条件、采用的法人类型以及运行规定等内容，尤其应明确集体经济组织解散与破产后债务清偿的责任财产范围以及如何与现行《企业破产法》衔接。其三，集体经济组织的内部治理与外部监督制度的明确。其四，集体经济组织成员资格得失的判断标准、成员权益的实现路径等。

第七章　“三权分置”下宅基地资格权的界定

宅基地“三权分置”是中共中央为了深化农村土地制度改革而提出的一项重要顶层制度设计，其目的是对农村宅基地制度进行改革，同时也为乡村振兴战略的全面实施提供新的思路。这一制度设计是在继承包地“三权分置”之后的进一步创新，它将农村土地权利体系基于集体土地所有权的基础上进行了更加具体的细分，具有重要的现实意义。诚如2018年1月的全国国土资源工作会议上强调的，当前探索宅基地“三权分置”政策的具体实践路径，首先应围绕农户资格权展开法理研究。这意味着在实施宅基地“三权分置”改革时，关键问题是要解决宅基地资格权的定义和规制方法。

第一节　宅基地资格权的法律属性

宅基地资格权作为一个创新的理论概念，自提出以来面临众多的疑问和挑战。其最核心的问题在于如何精准地界定宅基地资格权的性质。这一问题的争议性阻碍了理论的深入发展，使宅基地资格权的内涵难以被确定。为了对宅基地资格权的性质进行准确的界定，就必须综合考虑我国农村的国情、试点地区的实践经验以及当前的经济环境。权利性质的明确界定是构建一个权利体系的前提。只有对宅基地资格权的性质进行清晰界定，才能在此基础上进一步明确其概念、内容等各个方面，从而推动宅基地资格权理论的深化发展。

一、宅基地资格权性质的理论争鸣

(一)“成员权说”

“成员权说”是一种对宅基地资格权解释的学术视角,它强调文本解释的重要性,并坚信其理解方式更贴近宅基地资格权的原始含义。按照这一观点,“资格”一词揭示了对某种身份地位的确定性,与现行的集体成员权制度相一致。

在这个理论框架下,宅基地资格权被看作集体成员权的衍生权利,它具有制度福利和身份福利的性质,本质上属于一种预期利益。[1] 这意味着宅基地资格权并非一种全新创设的权利,而是集体成员权在宅基地分配制度中的具体体现。宅基地的福利和保障功能通过“一户一宅”的分配机制得以实现。根据宅基地资格权的设定,集体成员有权向集体无偿申请分配宅基地,并拥有无偿使用宅基地的权利。实质上,通过“成员权说”的解释,可以将宅基地使用权与身份属性区分开来,实现其有序流转,从而提高农民的财产收益,为农民提供经济保障。

总的来说,从“成员权说”的角度来看,宅基地资格权是一种派生权利,是集体成员权在宅基地分配制度中的具体表现。通过这种制度安排,农民可以获得宅基地的福利和保障,并通过宅基地的有序流转增加其财产收入,提供货币保障。

(二)“用益物权说”

“用益物权说”是一种从意译的角度对宅基地资格权进行解释的理论观点。根据这个观点,宅基地资格权具有保障性和身份性,其主要功能是在各个环节充分保障农民的权益和需求。从权利类型上看,该学说可以分为“宅基地使用权说”和“剩余权说”,但本质上都是对宅基地资格权的用益物权塑造。

---

〔1〕 参见林依标:《农村宅基地“三权分置”的权能界定与实现路径》,载《中国土地》2018 年第 9 期。

根据“宅基地使用权说”，宅基地资格权被视为现行法律上的宅基地使用权。而“三权分置”是指赋予宅基地使用权人在使用权上设置一定年限的次级使用权的权利。这种次级使用权可以通过市场化自由流转来实现宅基地的财产性。在这种情况下，农民仍然保有宅基地使用权，待次级使用权期限届满后，宅基地使用权将自动恢复到农民手中。

“剩余权说”认为宅基地资格权是农户在转让一定期限的宅基地使用权后保留的剩余权。这种剩余权可以看作是一种回复权能，即当转让的期限届满或达到约定的终止条件时，农户可以依据这个剩余权请求恢复完整的宅基地使用权。

总的来说，“用益物权说”强调宅基地资格权的保障性和身份性，并将其归类为用益物权的范畴。无论是“宅基地使用权说”还是“剩余权说”，都是对宅基地资格权的不同解释和阐释，目的在于确保农民在宅基地问题上的权益得到充分的保护和实现。

（三）“新型权利说”

在“新型权利说”中，提出了关于宅基地资格权的全新观点。根据这一观点，宅基地资格权被认为是一种独立于现行法律中的集体成员权或用益物权的全新权利类型。该观点认为，宅基地集体所有权仅仅是一种管理权，而宅基地资格权则被塑造为一种“类所有权”，具有类似所有权的功能，并从中派生出宅基地使用权。[1] 其基本主张是，集体与集体成员之间的关系被视为一种特殊的总有关系。在财产方面，这种关系体现为集体成员依据成员资格请求行使分配土地或使用土地的权利。而宅基地资格权正是源于这种特殊的总有关系，包括了集体财产的所有权与利用的权利关系，以及非财产权关系的处理。因此，宅基地资格权并非成员权，其范围和内容高于成员权。[2]

---

〔1〕 参见贾翱：《宅基地资格权的“类所有权”属性及其制度构造》，载《行政与法》2018 年第 12 期。

〔2〕 参见孙志伟：《宅基地“三权分置”中资格权、使用权定性辨析——兼与席志国副教授商榷》，载《政治与法律》2019 年第 1 期。

根据“新型权利说”,具备类所有权性质的宅基地资格权可以派生出宅基地的使用权,并且这种使用权可以在一定条件下对外流转。这一观点为解决宅基地使用权流转的问题提供了一种新的视角和解释。通过将宅基地资格权视为一种独立的权利类型,可以为宅基地所有权与使用权的划分提供更为清晰的依据,有助于推动农村土地制度的改革和发展。

总之,“新型权利说”在对宅基地资格权进行重新解读的基础上,提出了宅基地资格权作为类所有权的概念,并认为宅基地资格权能够派生出宅基地使用权并进行流转。这一观点为理解和解决宅基地权属问题提供了新的思路。

在关于对宅基地资格权的性质如何界定的问题上,存在 3 种主要的学说,它们在理论上都有各自的优劣之处。然而,这个问题实际上是一个立法价值选择问题,而不是一个事实判断问题。[1]

首先,“成员权说”通过剥离宅基地使用权的身份属性,彰显了使用权的财产属性。这有利于实现宅基地使用权的市场化流转,提高产权关系的清晰度,降低交易成本。然而,它的局限性在于:将宅基地使用权解释为成员权的派生权利,可能无法为农户提供稳定和充足的保障,存在冲击农村稳定的风险。

其次,“用益物权说”提出通过设立次级用益物权或宅基地租赁权的方式以实现宅基地的集约利用,这种观点在效率与公平之间取得了一种平衡。然而,我国当前的法律制度并没有次级用益物权或法定租赁权的立法先例,因此存在与现行法律制度不契合的问题,同时也可能导致宅基地权利体系过于复杂。

最后,“新型权利说”则代表了一种具有较强理论创新性的观点。它通过引入一种新型权利,试图对宅基地权利体系进行重构。这种新型权利旨

---

〔1〕 参见王轶:《当前民法典编纂争议问题的讨论方法》,载《北京航空航天大学学报(社会科学版)》2018 年第 1 期。

在实现宅基地使用权的财产属性,同时也为适度激活使用权提供了理论依据。然而,就目前的法律制度来看,"资格权"的概念主要从村集体成员权中找到对应的联系,而提出资格权高于成员权的观点尚缺乏相应的制度支持和理论依据。[1]

综上所述,关于宅基地资格权的性质界定是一个立法价值选择问题,各种学说在理论上都有其优劣之处。在制定相关法律时,需要综合考虑效率、公平、稳定等因素,以建立一个合理的宅基地权利体系。

二、宅基地资格权的实践样态分析

(一)义乌模式

浙江省义乌市是中国最早开展宅基地"三权分置"改革试点的地区之一。在2016年,义乌市相继发布了《义乌市农村宅基地使用权转让细则(试行)》和《义乌市农村集体经济组织成员资格界定指导意见》,这些政策文件为宅基地改革提供了法律依据和操作指南。《义乌市农村宅基地使用权转让细则(试行)》将宅基地的资格权界定为成员权。[2] 也就是说,宅基地的所有权属于集体,而农户只拥有使用权,在转让使用权后,农户不再享有宅基地的实体权利。这种"三权分置"体系明确了所有权(集体)—资格权(农户)—使用权(第三方)的关系,并且为了避免农户失地的风险,还设立了相应的行政审批制度。[3]

类似的宅基地改革试点还在浙江省德清县、重庆市大足区和安徽省旌德县等地区展开。这些地区的实践模式与义乌相似,也将资格权界定为成员权,改革内容主要体现为申请宅基地的权利、实现宅基地使用权的有限流转方面。其中,浙江省德清县在资格权的界定方面取得了进一步的完

[1] 参见丁国民、龙圣锦:《乡村振兴战略背景下农村宅基地"三权分置"的障碍与破解》,载《西北农林科技大学学报(社会科学版)》2019年第1期。

[2] 参见《义乌市农村宅基地使用权转让细则(试行)》第5条。

[3] 参见《义乌市农村宅基地使用权转让细则(试行)》第7条。

善。《德清县农村宅基地管理办法(试行)》将资格权界定为申请取得宅基地的权利,以及在未取得宅基地的情况下申请获得替代住房保障或住房补贴的权利。[1] 这一举措进一步保障了农户的住房权益。

总的来说,义乌市作为宅基地改革的先行者,通过将宅基地的资格权界定为成员权,实现了所有权、资格权和使用权的分离,确保了农户的使用权权益,并通过行政审批制度规避了农户失地的风险。后续的试点地区如浙江省德清县也在这一基础上进行了完善,进一步保障了农户的权益。这些试点的经验对于宅基地改革在其他地区的推广具有积极的借鉴意义。

(二)大理模式

根据对《云南省大理市农村宅基地制度改革试点实施方案》以及《云南省大理市农村宅基地制度改革试点三年实施计划》的分析,可以看出“大理模式”是一种与“义乌模式”不同的探索性实践。该模式在宅基地的经营方式上积极尝试多元化途径,以实现宅基地的财产属性回归。它主要通过改变宅基地的使用主体和增加宅基地的功能的途径,初步形成了宅基地“三权分置”的雏形。[2]

虽然“大理模式”并未明确采用“资格权”这一术语,但实质上将其界定为用益物权,并从中衍生出经营权或租赁权,形成了集体所有权—农户使用权—第三方经营权或租赁权的“三权分置”体系。该模式明确了集体成员享有的宅基地使用权可以通过合作、租赁等方式进行流转,并适度放宽了宅基地的用途范围。但是,若要变更用途,需要向集体缴纳一定的土地收益调节金。实际上,这种模式是将宅基地的资格权转化为用益物权。

总的来说,“大理模式”是在宅基地“三权分置”改革中的一种探索,其主要特点是多元化的经营方式和财产属性回归。通过将宅基地的资格权转化为用益物权,并引入经营权或租赁权,实现了集体所有权、农户使用权

[1] 参见《德清县农村宅基地管理办法(试行)》第16条、第20条、第21条、第22条。

[2] 参见刘圣欢、杨砚池:《农村宅基地“三权分置”的权利结构与实施路径——基于大理市银桥镇农村宅基地制度改革试点》,载《华中师范大学学报(人文社会科学版)》2018年第5期。

和第三方经营权或租赁权的分离。这一模式为农村宅基地制度改革提供了一种可行的路径,促进了农村土地资源的高效利用和农民收入的增加。

可以看出,对于宅基地资格权的界定存在理论上和实践中的争议。在理论上,一种观点认为宅基地资格权应该被视为成员权,即与农户的身份和成员关系相关联,而另一种观点则认为它应该是用益物权,即作为农户对土地使用和收益的权利。这两种观点在实践中都有一定的依据和应用案例。无论是将宅基地资格权界定为成员权还是用益物权,都存在一些问题需要解决。如果将宅基地资格权界定为成员权,如何确保农户的基本居住需求得到满足是一个关键问题。在实践中,一些地方采取了替代保障的方式,即为那些无法享有宅基地使用权的农户提供替代性的住房保障,以确保其基本居住权益。如果将宅基地资格权界定为用益物权,如何解决两级用益物权下权利体系臃肿、复杂的问题也是一个挑战。在一些地方,宅基地的使用权属于集体经济组织,而集体经济组织又将使用权分配给农户,这导致了权利关系的复杂性和权责不清问题的产生。解决这个问题需要建立清晰的法律和制度框架,明确各方的权利和责任,以促进宅基地的合理使用和管理。

综上所述,对于宅基地资格权的界定存在成员权和用益物权的争议,在实践中,一些地方政府通过替代保障措施解决了农户的基本居住需求问题。而解决宅基地资格权的界定和管理问题需要综合考虑农户的基本居住需求、经济资源的合理利用以及法律和制度的规范,以实现宅基地的可持续发展和社会公平。

三、宅基地资格权的性质界定

宅基地资格权性质的厘定是其制度构建的前置性问题。当前所面临的难题是确定宅基地资格权是应当被塑造为集体成员权还是用益物权。在宅基地的"三权分置"权利体系中,已经存在宅基地使用权的情况,因此需要考虑宅基地资格权是否适宜被塑造为用益物权。同时,也需要评估将资格权塑造为集体成员权是否能够为农民提供充足、稳定的保障。

(一)宅基地资格权难以被塑造为用益物权

对宅基地资格权进行用益物权化的制度设计会构建出“所有权—用益物权—次级用益物权”的权利结构,但这种制度安排面临着制度不适和理论障碍的挑战。首先,我国在法律框架和理论基础上并未具备次级用益物权的先例,直接借鉴西方的法律范例可能导致制度适应性的问题。原因在于这种制度无法全面适应我国农村的复杂国情,也难以解决实践中所出现的问题。其次,按照“一物一权”原则,同一物不应同时存在两个以上性质和内容不相容的所有权和用益物权,[1]将宅基地资格权转化为用益物权存在显而易见的理论障碍。此外,叠加用益物权的安排进一步加重了法律关系的复杂性,在存在物权和债权区分的情况下,这种安排被视为立法技术的退步。[2]

宅基地资格权的用益物权化不利于实现“三权分置”的改革目标。首先,当前的宅基地使用权已经被赋予了无限期和无偿性,如果允许农户在宅基地使用权上设立新的用益物权,那么农户实际上已经获得了无偿和无限期的占有和使用权,并且可以通过设置次级用益物权来实现流转和收益。这等同于将使用权的权能提升至与所有权相同,会导致实质上的宅基地私有化,使集体所有权主体的虚置问题进一步严重,这与落实宅基地集体所有权的目标产生了矛盾。其次,目前宅基地的粗放利用已导致许多地区无法为新增成员分配宅基地。宅基地不仅应为现有成员提供保障,更应考虑新增成员的居住权利。虽然宅基地资格权的用益物权化可以为现有成员提供稳定和充足的保障,但这种做法无疑是剥夺了新增成员的居住权利,导致宅基地初始分配的不公平,难以实现保障农户资格权的目标。

---

〔1〕 参见崔建远:《物权:规范与学说——以中国物权法的解释论为中心》(上册),清华大学出版社 2011 年版,第 45 页。

〔2〕 参见陈小君:《我国农村土地法律制度变革的思路与框架——十八届三中全会〈决定〉相关内容解读》,载《法学研究》2014 年第 4 期。

综上所述,将宅基地资格权转化为用益物权会带来制度不适和理论障碍,并且不符合实现“三权分置”改革目标的要求。应该继续探索其他适合我国国情和农村现实的解决方案,以确保宅基地制度能够平衡各方利益,维护农民的合法权益,促进农村可持续发展。

(二)宅基地资格权作为集体成员权的必要性

首先,宅基地资格权可以被理解为集体成员权在宅基地领域的具体表现形式。在对权利的表述中,“资格”代表了获取特定权利所必需的先决条件,它同时标志着对特定身份的确认。集体成员权则是指农民在特定社区内通过法律规定或章程规定获取成员资格后,所获取的与其成员资格一致的集体财产权利的总称。[1] 因此,宅基地资格权可以被看作是集体成员权在宅基地领域的特殊化和具体化。

其次,关于权利的内容,目前宅基地使用权的获取需要具备集体成员的身份。这种基于身份的限制设定旨在解决宅基地初始分配的公平问题,同时保障农民的基本居住需求,兼具政策导向和保障功能,其核心目标在于解决农民的基本生存问题。[2] 然而,这种身份性限制并不能自动适用于宅基地使用权的流转阶段,否则那些已经转入城市并失去集体成员身份的农民将无法合法继承和保留宅基地使用权。因此,宅基地资格权通过将宅基地使用权的获取与身份的法定化结合起来,实现了身份属性的去除。

最后,从宅基地“三权分置”改革的目标来看,成员权是集体所有权在成员个体上的具体表现。[3] 因此,通过设立宅基地资格权,可以具体化集体成员权在宅基地领域的应用,这对于完善集体成员权制度并成为实现宅基地集体所有权的必要前提起到了关键作用。同时,宅基地资格权也有助

---

〔1〕 参见陈扬众:《农村土地制度改革中农民集体成员权行使机制研究——基于农民财产权利自我保护的视角》,中国经济出版社 2018 年版,第 95 页。

〔2〕 参见汪洋:《集体土地所有权的三重功能属性——基于罗马氏族与我国农村集体土地的比较分析》,载《比较法研究》2014 年第 2 期。

〔3〕 参见胡风:《三权分置背景下土地承包经营权的分离与重构》,载《西北农林科技大学学报(社会科学版)》2017 年第 3 期。

于实现宅基地使用权的适度放活，从而保障农户资格权。

总的来说，作为集体成员权在宅基地领域的具体化，宅基地资格权通过将宅基地使用权的获取与身份的法定化结合，解决了初始分配的公平和农民基本居住需求的问题，同时也有助于完善集体成员权制度并推动实现宅基地集体所有权的目标。因此，设立宅基地资格权具有显著的必要性，同时也为宅基地使用权的流转提供了合法性和正当性的基础。

（三）宅基地资格权作为集体成员权的可行性

在法律制度的融贯性层面上，将宅基地资格权塑造为集体成员权在理论上并不存在障碍。首先，《民法典》构建了初步的集体成员权制度，其中包括知情权、参与权和监督权等程序性权利。[1] 此外，《村民委员会组织法》和《农村集体经济组织示范章程（试行）》等法律文件已经初步建立了农村集体的议事规则。例如，《村民委员会组织法》规定宅基地使用方案需经村民会议讨论决定；《农村集体经济组织示范章程（试行）》规定重大决策采用“四议两公开”机制，包括党组织提议、会议商议、党员大会审议、集体成员大会决议，并公开决议和实施结果。这些法律规定为集体成员权的行使提供了制度支持。因此，宅基地资格权作为集体成员权可以与现行法律制度相衔接，从而实现法律制度的融贯性。

其次，在实践中，宅基地“三权分置”的试点地区已经探索了将资格权作为集体成员权的可能性。例如，浙江省义乌市于2016年颁布的《义乌市农村宅基地使用权转让细则（试行）》规定，在不改变集体土地所有权和成员资格的前提下，使用权受让人依法享有宅基地使用权及其上建筑物的占有、使用、收益和处分权利；[2] 安徽省旌德县于2018年率先发放宅基地“三权分置”的产权证，将宅基地所有权、资格权和使用权分别交由村民委员会、农户和实际使用人持有。

---

〔1〕 参见《民法典》第261条、第264条、第265条。

〔2〕 参见《义乌市农村宅基地使用权转让细则（试行）》第5条。

从理论和实践的角度看,将宅基地资格权作为集体成员权具有可行性,并能与现行法律制度相契合,对于实现宅基地“三权分置”改革目标具有重要意义。因此,我们应当将宅基地使用权的身份属性剥离,以宅基地资格权的形式法定化。宅基地资格权作为集体成员权,其依赖身份,强调生活保障,而物权则侧重流转,重视对物的占有和支配权利。[1] 这样的制度安排有助于确保农民的合法权益,并推动宅基地改革的进一步发展。

(四)宅基地资格权作为农民集体成员权的制度优势

塑造宅基地资格权为农民集体成员权对于完善农民集体成员权制度及落实集体所有权具有至关重要的意义。在现行的集体所有制体系下,农村土地存在主体虚置的问题,这主要是由于农民集体成员权缺乏完备的制度构建。为了真正实现集体所有权,必须强化人的权利行使。因此,将宅基地资格权塑造为农民集体成员权,不仅能够进一步落实集体成员权,而且还能在宅基地领域将农民个体与农民集体紧密联系起来,通过个体权利的行使实现宅基地的集体所有权。

同时,将宅基地资格权作为农民集体成员权对于实现农民财产权利的自我保护具有显著意义。在我国当前的农村治理体系下,农民个体在集体事务的参与方面缺乏有效的途径,这是因为村民委员会或农村集体经济组织行使了类似行政管理权力。随着乡村振兴政策的深入推行,农村经济预计将迎来快速发展,而经济的发展必然会带来一系列的基层治理问题。宅基地作为稀缺土地资源的经济属性将变得越发显著。事实上,在一些地方比如大理市、德清县等地,政策已经放宽了宅基地的使用范围。在这种情况下,如何有效保护宅基地和房屋作为农民重要的财产,这已经成为一个必须从制度层面考虑的问题。通过将宅基地资格权定义为农民集体成员权,并赋予其在宅基地分配、规划管理、收益等方面的权能,这可以在制度

[1] 参见李凤章、李卓丽:《宅基地使用权身份化困境之破解——以物权与成员权的分离为视角》,载《法学杂志》2018 年第 3 期。

层面保障农民的财产权利。同时,这也为农民个体参与基层治理开辟了有效的途径,调动了农民个体参与集体事务的积极性,对于提升农村治理能力具有一定的价值。

综上所述,通过对宅基地资格权进行农民集体成员权塑造,可以进一步完善农民集体成员权制度并落实集体所有权。此举不仅可以解决农村土地主体虚置问题,还有助于实现农民财产权利的自我保护。同时,通过赋予农民在宅基地领域的权能,可以保障农民的财产权利,并促进农民个体参与基层治理,从而提升农村治理能力。这一举措具有重要的理论和实践价值。

第二节 宅基地资格权的实现

宅基地资格权作为一个全新的政策概念,尚缺乏规范的法律表达,需要在制度层面进行相应的构建。在制度层面进行相应的构建,包括界定资格权概念、规定权利内容、明确权利行使方式和建立权利保障机制等。

一、宅基地资格权的取舍

针对是否应采用“宅基地资格权”这一概念,或者是否有必要创设这一权利,学术界存在争议。反对者的观点主要包括两个方面:一是认为“宅基地资格权”并非专门的法律术语,政策文本中的表述不应被直接引入到具有规范性的法律文本中;[1]二是认为与其将资格权看作一种权利,不如将其视为一种权利能力,即农户获得宅基地的一种资格。

然而,本书持有不同观点,认为应当肯定宅基地资格权的必要性和正当性,原因如下:首先,反对者未能充分认识到宅基地资格权存在的合理性

[1] 参见程秀建:《我国宅基地“三权分置”改革法律问题研究》,西南政法大学2019年博士学位论文,第223页。

和其独特的价值。在我国农村土地制度由农民私人所有制向集体所有制转变的改革进程中,农民无偿让渡了其土地所有权,同时农民和农村地区在工业化进程中也做出了重大贡献和牺牲。因此,农民主张对居住利益的权利具有正当性,并应通过法律予以明确。宅基地资格权的独特价值就体现在其保障功能以及对农民集体成员权制度构建的推动作用上。其次,宅基地资格权不仅仅是农民获得宅基地的一种资格,它还涵盖了无偿占有、使用宅基地、参与宅基地规划使用以及监督宅基地分配等权利。宅基地资格权的内容涵盖了农民在宅基地问题上的多方面权益,通过确立宅基地资格权,可以更有效地保护农民的合法权益。最后,“宅基地资格权”这一术语能够准确地表达出其作为农民集体成员权的本质特性,完全符合宅基地资格权的权利内容。通过采纳“宅基地资格权”这一概念,并构建完善的宅基地资格权制度,可以实现其独特的法律价值,从而更好地保护农民的利益。

二、宅基地资格权的概念

在对宅基地资格权的界定上,不同学者对其定义存在一定差异。岳永兵从宅基地配给的角度将宅基地资格权定义为宅基地配给权的一部分,即其是从使用权中分离出的权利。[1] 高海通过对宅基地政策文本的分析,将宅基地资格权界定为村集体成员在进行住房财产权转让后,在一定面积范围内继受宅基地使用权的受让权、优先受让权以及其他替代保障待遇请求权。[2] 张力则认为宅基地资格权是指权利人根据当地法律法规,向集体申请无偿分配一定面积的宅基地用于建造住房,以形成并行使宅基地使用权

---

〔1〕 参见岳永兵:《宅基地“三权分置”:一个引入配给权的分析框架》,载《中国国土资源经济》2018 年第 1 期。

〔2〕 参见高海:《宅基地“三权分置”的法律表达——以〈德清办法〉为主要分析样本》,载《现代法学》2020 年第 3 期。

的请求权。[1] 在实践中，部分地区也对宅基地资格权进行了界定，比如2018年浙江省德清县颁布的《德清县农村宅基地管理办法（试行）》将宅基地资格权定义为集体成员依法取得宅基地的权利。[2]

然而，本书认为宅基地资格权不应仅局限于取得宅基地的层面，而应该包括更广泛的方面。因此，应当对宅基地资格权作如下界定：宅基地资格权是指在一定农村社区范围内，农民因法律或章程约定获得成员资格后取得的、与其成员资格相始终的、依据法律和章程规定对集体所有的宅基地享有的宅基地分配请求权、集体宅基地收益分配请求权、宅基地管理参与权、宅基地分配监督权等权利的总称。

三、宅基地资格权的内容及行使

基于以上讨论，本书认为宅基地资格权是一种既具备身份性又具备财产性的复合性权利，其具体内容不仅包括实体权利，还包括程序性权利，应当包含以下权利内容。

（一）宅基地分配请求权

1. 宅基地分配请求权的内容。宅基地分配请求权是指符合法律法规和章程规定的资格权人，根据一定条件有权向村集体请求无偿分配一定面积的宅基地，并享有无偿占有和使用该宅基地的权利。该权利的行使需要满足以下条件：申请分配宅基地的成员在本集体没有其他宅基地，并且在城市也没有其他房产。宅基地的面积在法律上可以规定一个范围，具体的面积则由各省、自治区、直辖市根据当地农村土地情况进行另行规定。

宅基地分配请求权的设立，旨在解决农村居民的住房问题，为农民提供合法、稳定的住房权益。通过设立分配请求权，农民能够依法向集体组织申请宅基地，并在满足相关条件的情况下，获得无偿使用宅基地的权利。

---

〔1〕 参见张力、王年：《“三权分置”路径下农村宅基地资格权的制度表达》，载《农业经济问题》2019年第4期。

〔2〕 参见《德清县农村宅基地管理办法（试行）》第16条。

这为农村居民提供了发展住房建设、改善居住条件的机会，同时也有助于促进农村地区的稳定发展。

宅基地分配请求权的实施涉及多方面的法律法规和章程规定。首先，集体土地所有权制度是其实施的基础，该制度保障了村集体对土地的管理和配置。其次，相关法律法规对宅基地分配的条件和程序进行了规定，确保了分配的公平性和合法性。此外，各级政府在土地管理方面也扮演着重要角色，他们根据当地农村土地情况，制定具体的宅基地面积规定，保障土地资源的合理利用和分配。

总的来说，宅基地分配请求权是一项重要的农村土地制度安排，旨在保障农民的住房权益。该权利规定了符合条件的资格权人可以向村集体请求分配宅基地，并享有无偿占有和使用的权利。该制度需要依据法律法规和章程规定的条件进行操作，并受到各级政府的监管和管理。宅基地分配请求权的实施，有助于促进农村居民的住房改善，推动农村地区的稳定发展。

2. 宅基地分配请求权的行使。宅基地分配请求权的行使需要农户以书面的方式申请，并承担证明符合宅基地申请条件的主动义务。此外，提出宅基地分配请求后，需要经过村集体内公示，并经乡（镇）人民政府审核，最终由县级人民政府批准。在不违反法律规定、集体组织章程和村规民约的前提下，集体经济组织或村委会应当履行相应的宅基地分配义务。也就是说，当申请人提出宅基地使用权合同缔结要约时，村集体有义务强制缔约。[1] 此外，如果符合条件的资格权人在本集体没有可分配的宅基地或者放弃了宅基地分配请求权，他们可以向村集体申请替代住房保障或住房补贴。这就为那些无法获得宅基地的农户提供了一种替代的住房保障措施。

综上所述，宅基地分配请求权的行使需要经过申请、公示、审核和批准

---

〔1〕 参见陈扬众：《农村土地制度改革中农民集体成员权行使机制研究——基于农民财产权利自我保护的视角》，中国经济出版社 2018 年版，第 105 页。

的程序,并在符合法律和组织规定的前提下,集体组织有义务履行宅基地分配的义务。对于无法到分配宅基地的资格权人,他们可以向集体申请替代住房保障或住房补贴。这些规定旨在确保农村居民的宅基地使用权得到保障,并为其提供合理的住房保障措施。

(二)集体宅基地收益分配请求权

1. 集体宅基地收益分配请求权的内容。在农村集体宅基地的管理中,涉及收益分配请求权的问题。这个请求权并不是指宅基地使用权人处分权利获得收益的权利,而是指由集体经济组织或村民委员会管理的宅基地用于经营活动所获得的收益,宅基地的资格权人有权申请分配这些收益的权利。在实践中,部分宅基地是由集体经济组织或村民委员会收回管理,特别是在推行乡村振兴战略的背景下,对农村宅基地的用途范围已经有所放宽。因此,对于将农村集体宅基地用于经营活动并获得收益的,宅基地的资格权人应当享有收益分配请求权。这意味着资格权人有权要求分配部分或全部收益,以实现他们对宅基地使用权所应享有的经济利益。这一权利的行使有助于确保宅基地的管理和利用符合公平、合理的原则,同时也能够促进农村经济的发展和农民福利的提升。

总之,农村集体宅基地的收益分配请求权并不是指宅基地使用权人在使用宅基地并获得收益时可以自由支配收益的权利,而是指宅基地用于经营活动所获得的收益,资格权人有权要求分配这些收益。这一权利的行使对于促进农村经济发展和农民福利具有积极意义。随着农村宅基地用途范围的扩大和管理方式的改变,这一问题的重要性也越来越凸显。

2. 集体宅基地收益分配请求权的行使。集体宅基地收益分配请求权应当由村集体定期公告宅基地的经营情况,并按照相关规定进行分配。为确保公平和透明,村集体应当召开村民代表大会或村民代表会议,审议通过收益分配方案。

集体收益分配请求权的行使主要基于以下两种情形:一是当村集体未及时对宅基地的经营收益进行分配时,集体成员有权要求将法律规定范围内可分配的收益进行分配。为了解决这一问题,村集体应当召开成员大会或成员代表大会,通过决议制定相应的分配方案。二是如果在村集体进行收益分配的过程中,某些集体成员未能参与分配,这些成员有权向村集体提出参与分配的请求。为确保公平性,村集体应当积极响应这些请求,确保每个集体成员都有机会分享宅基地经营所得的收益。

因此,为了保障集体宅基地收益分配的公正性和合法性,村集体应当及时公告经营情况,制定合理的分配方案,并积极回应集体成员的请求,确保每个成员的权益得到维护。这将有助于增强集体成员的参与感和归属感,并促进宅基地资源的有效管理和利用。

(三)宅基地管理参与权

1.宅基地管理参与权的内容。在宅基地管理中,资格权人的参与权并非指行政管理权利,而是指他们在集体经济组织或村民委员会规划宅基地以及将宅基地用于经营目的时,有权参与决策过程的权利。

赋予资格权人参与管理宅基地的权利具有重要意义。首先,这种参与能够实现农民财产权利的自我保护。通过参与决策过程,资格权人可以在规划和使用宅基地的过程中表达自己的利益和意见,确保自己的权益得到充分保障。这有助于防止农民利益受到损害,从而维护他们的合法权益。其次,赋予资格权人参与管理宅基地的权利能够起到制衡集体的作用。在宅基地管理中,集体经济组织或村民委员会通常拥有较大的权力,可能存在有滥用权力或不公正行为的情况,而资格权人的参与可以有效监督和制约这些行为的发生,确保宅基地管理过程的公正性和透明度。因此,资格权人的参与可以促使决策过程更加民主和公开,减少权力集中带来的潜在问题。最后,赋予资格权人参与管理宅基地的权利还可以促进宅基地的可持续发展。资格权人可以提供对宅基地管理的实际经验和专业知识,为决策过程提供有价值的参考意见。他们能够更好地了解宅基地的实际情况和需求,从而为宅基地的规划和使用提供更科学合理的建议,推动宅基地的可持续利用和发展。

综上所述，赋予资格权人参与管理宅基地的权利具有重要的意义。这不仅可以保护农民的财产权利，实现农民利益的自我保护，还可以起到制衡集体的作用，确保宅基地管理的公正性和透明度，同时促进宅基地的可持续发展。因此，在宅基地管理中应该充分重视资格权人的参与，建立健全参与机制，确保他们能够有效地参与到决策和管理过程中。

2. 宅基地管理参与权的行使。宅基地管理参与权的行使是指农村集体经济组织或村民委员会应及时通知宅基地资格权人参加决策会议，并在决策过程中给予资格权人发表建议和参与表决的权利。此外，当集体成员对当前的宅基地规划或管理方案存在异议时，他们也有权向村集体提出异议，并要求村集体给予必要的解释和说明。

在宅基地管理中，农村集体经济组织或村民委员会应当意识到资格权人参与决策的重要性，并在决策过程中积极倾听他们的意见和建议。这种参与可以确保农民在自己宅基地的管理和利用中发挥积极的作用，同时也能提高农村集体经济组织决策的民主性和科学性。

资格权人在决策过程中有权发表建议和参与表决，这意味着他们不仅可以提出自己的意见和看法，还可以对各种决策进行投票表决，以保证他们的权益得到充分考虑和保护。这种参与权的行使使得决策更加公正、透明，能够综合各方意见，避免一方独断专行，促进集体利益和资格权人个人利益的统一。

另外，当集体成员对宅基地规划或管理方案存在异议时，他们有权向村集体提出异议。这体现了农民作为宅基地的使用者和受益者的权益保障。村集体应该积极回应异议，并提供必要的解释和说明，以便农民能够更好地了解决策的合理性和合法性。这种机制可以促进集体组织与农民之间的有效沟通和互动，维护农民的合法权益。

综上所述，宅基地管理参与权的行使对于保障农民的权益、促进农村集体经济组织的民主化和科学化具有重要意义。这一制度安排，通过及时通知资格权人参加决策会议，给予他们发表建议、参与表决的权利，以及对集体成员的异议进行解释和说明,可以建立起一个公正、民主、透明的宅基地管理机制,从而促进农村的可持续发展。

(四)宅基地分配监督权

1. 宅基地分配监督权的内容。宅基地分配监督权是一项重要的制度安排,旨在确保农村宅基地分配过程的公正和透明。在农村集体经济组织或村民委员会进行宅基地分配时,资格权人应被赋予知情权和监督权。这意味着集体应该公示宅基地的分配情况,使资格权人能够了解分配的结果并对其进行监督。此外,资格权人还应该有权查阅申请人提交的相关资料。这项权利使资格权人能够验证申请人的资格和符合条件的证据,从而确保宅基地分配的合法性和公平性。

通过赋予资格权人这些权能,在宅基地分配过程中的不公平现象可以得到减少。资格权人的监督和公示将迫使村集体或村民委员会在分配宅基地时更加慎重和公正,避免个别人员的特权或不当行为。这有助于保障宅基地在初始分配阶段的公平性,为农村居民提供公平的宅基地分配机会。

综上所述,宅基地分配监督权的实施是为了确保农村宅基地分配过程的公正和透明。通过公示分配情况和允许资格权人查阅相关资料,可以减少不公平现象,保障宅基地在初始分配层面的公平性。这一制度安排对于维护农村土地资源分配的公正性具有重要意义。

2. 宅基地分配监督权的行使。在宅基地分配监督权的行使方面,应当包括以下几个方面的内容:

第一,宅基地分配情况公示的频率和方式。农村集体经济组织或村民委员会应当定期、及时地公告宅基地的分配情况,以确保其透明度和公正性。公告可以采用多种方式,如在村级公告栏、官方网站或村务微信群发布通知,确保信息传达到每一个集体成员。

第二,异议提起和村集体的回应。当村集体未能及时公告宅基地分配情况时,任何集体成员都有权提起异议。村集体应当设立明确的异议申请程序,并在合理的时间内对异议进行处理和回应。这可以包括收集和审查异议申请,组织相关会议或公开听证会,以便集体成员能够表达意见并参与决策过程。

第三,集体成员查阅申请资料的权利。为了确保透明度和公正性,集体成员有权要求查阅与宅基地分配相关的申请资料。这可以包括申请人的身份信息、申请理由、分配标准等。集体组织应当积极配合集体成员的要求,并提供必要的支持和便利,确保他们能够全面了解和监督分配过程。

综上所述,宅基地分配监督权的行使应当包括定期公告分配情况、处理异议申请并回应集体成员的意见,以及支持集体成员查阅相关申请资料。这些措施将有助于增加宅基地分配过程的透明度、公正性和参与度,提升宅基地分配制度的有效性和可信度。

(五)宅基地资格权的类型化

从权利的类型化来看,宅基地资格权可划分为实体性权利和程序性权利。这两种权利的相互结合构建了一个完善的宅基地资格权制度。该制度通过实体性和程序性权利的并存,为村集体成员提供了充足、稳定的保障,并为实现宅基地集体所有权提供了制度支撑。

首先,实体性权利涉及宅基地分配与收益分配请求权。这一权利确保村集体成员能够获得适当的宅基地,并从中获得相应的经济收益。通过确立宅基地分配和收益分配的实体性权利,农村居民得以享有稳定的住房,并获得可持续的生活保障。实体性权利的存在使宅基地制度能够直接回应村集体成员的需求,从而促进农村地区的稳定发展。

其次,程序性权利涉及宅基地管理参与权和宅基地分配监督权。这些程序性权利使村集体成员能够参与宅基地的管理决策,并监督宅基地的分配过程。通过行使这些权利,村集体成员能够确保宅基地制度的公正性和透明度,防止权力滥用和不当行为的发生。程序性权利的行使有助于保护村集体成员的利益,并确保宅基地集体所有权得到切实落实。

综上所述,宅基地资格权制度的建立是通过实体性和程序性权利的相互配合实现的。实体性权利提供了稳定的宅基地分配与收益分配请求权，为村集体成员提供了充足、稳定的保障，而程序性权利确保了宅基地管理的公正性和透明度，使村集体成员能够参与决策并监督权益的具体实施。这样的制度安排为宅基地集体所有权的落实提供了重要的制度支撑，并为农村地区的可持续发展做出了积极贡献。

四、宅基地资格权的取得与丧失

（一）宅基地资格权的取得

宅基地资格权的取得实质上是对成员资格进行的确认，其前提是经过法律或集体机构的认定方能行使相应的权利。在成员资格认定过程中，涉及两个核心问题：一是宅基地资格权权利主体的确定；二是成员资格认定标准的制定。

1. 宅基地资格权的权利主体。现行法律将“户”作为宅基地使用权和农村土地承包经营权的适格主体，但本书对此持否定态度，认为不应将“户”作为宅基地资格权的唯一适格主体。理由如下：

首先，需要注意的是，“户”这一概念并未被明确规范为法律上的概念，只是为了迎合农村风俗而采取的一种习惯性表达。[1] 因此，将“户”作为宅基地资格权的唯一适格主体并不符合法律规范的原则。其次，考虑到“户”这一概念的不稳定性和不确定性以及其外延不清的问题，将其作为宅基地资格权的唯一适格主体存在问题。事实上，“户”所指向的对象并不确定，可能是一个或多个个体，这与法律概念的确定性原则相背离。如果将“户”作为唯一适格主体可能导致对资格的界定模糊不清，从而给宅基地的管理和使用带来困难。最后，过分强调“户”这一概念并不利于个体权利的保护。尽管现行法律规定宅基地使用权以“户”为单位申请，但并不能以此否

〔1〕 参见陈扬众：《农村土地制度改革中农民集体成员权行使机制研究——基于农民财产权利自我保护的视角》，中国经济出版社 2018 年版，第 105 页。

定农户内的个体成员也有获得住房保障的权利。为了更好地保护个体权利,应将农民个体纳入宅基地资格权的适格主体范围。

2. 成员资格的认定标准。宅基地资格权的取得依赖于成员资格的认定,对于成员资格的认定标准,在理论上存在不同的形式,可以概括为3类:事实主义、契约主义和折衷主义。

(1)事实主义。事实主义是一种成员资格认定标准,根据该标准,农民的成员资格是基于其在集体中的具体事实行为或实际状态进行判定的。在这种认定标准下,张兆康、管洪彦和于毅等学者提出了各自的观点。张兆康主张将户籍作为成员资格认定的基础,同时综合考虑土地承包和义务履行等因素。他还提出了成员资格申请制度、审核制度、公示制度、登记制度和归档制度,以确保认定过程的公正性和透明度。[1] 管洪彦认为,判断民事主体的成员资格应考虑户籍、固定长期的生产生活关系以及以土地为生活保障基础这3个方面的因素。他认为这些因素可以作为一般标准来确定成员资格。[2] 于毅认为,成员资格的认定应以户籍为基础,并结合农民长期在户口所在地的生产、生活以及履行相应义务的情况。此外,他认为当地的乡规民约和风俗习惯也可以作为补充条件来综合判断成员资格。[3]

尽管这些学者在成员资格认定标准的具体内容上存在差异,但它们的实质都是基于事实主义的判断标准。这意味着农民的成员资格取决于其在集体中的实际参与、土地承包经营权的取得或依赖集体提供的保障等具体事实行为或实际状态。事实主义的判断标准强调了对农民在集体中的实际贡献和参与程度的重视,以便更准确地确定其成员资格。

(2)契约主义。契约主义基本主张是成员权的基础是法律行为。在契

[1] 参见张兆康:《创设集体成员资格界定制度》,载《农村经营管理》2010年第7期。
[2] 参见管洪彦:《农村集体成员资格认定标准立法完善的基本思路》,载《长安大学学报(社会科学版)》2013年第1期。
[3] 参见于毅:《浅议农村集体经济组织成员资格的界定》,载《农业经济》2014年第6期。

约主义的观点中,个体和集体之间的权益关系建立在明确的法律行为上。杨一介提出成员权的获得基于法律行为。[1] 这意味着个体成员通过参与特定的法律行为获得相应的权利,如签署合同或遵守法律规定。张钦认为契约主义注重私法自治原则,是通过合同行为来确立权益。他还认为,除了合同行为,婚姻、生死等法律事实也应该被兼顾。[2] 这意味着个体和集体的权益关系不仅仅依赖于合同行为,还应考虑到其他法律事实的影响。侯德斌提出应尊重农民成员集体和农民个体双方的意思表示,并通过立法的方式使用推定标准。[3] 这意味着在确定个体和集体权益时,应当兼顾他们双方的意愿,并通过法律推定标准来解决争议。

综合上述观点,可以总结为:契约主义强调成员权的获得是建立在明确的法律行为基础上,并注重个体和集体之间的意愿表示以及法律事实的考虑。这种观点强调私法自治原则,认为通过合同行为和其他法律事实来确立个体和集体的权益关系。同时,通过立法的方式使用推定标准,以平衡双方的权益。

(3)折衷主义。在韩松、戴威、陈小君和石敏为代表的观点中,可以得出一种折衷主义的立场。韩松认为,在确定集体土地基本生存保障的原则时,应由集体自治来决定,但不能违反法律规定、社会习惯以及公平正义。[4] 戴威和陈小君提出,应采取法律强制规定与集体自治相结合的方式,以平衡集体决议和事实因素之间的关系。[5] 石敏则主张在判断问题时应综合考虑法律制度逻辑和乡土逻辑。[6]

这些观点融合了事实主义和契约主义的认定标准,同时兼顾了事实行

---

[1] 参见杨一介:《农村地权制度中的农民集体成员权》,载《云南大学学报(法学版)》2008 年第 5 期。

[2] 参见张钦、汪振江:《农村集体土地成员权制度结构与变革》,载《西部法学评论》2008 年第 3 期。

[3] 参见侯德斌:《农民集体成员权利研究》,吉林大学 2011 年博士学位论文,第 89 页。

[4] 参见韩松:《论成员集体与集体成员——集体所有权的主体》,载《法学》2005 年第 8 期。

[5] 参见戴威、陈小君:《论农村集体经济组织成员权利的实现——基于法律的角度》,载《人民论坛》2012 年第 2 期。

[6] 参见石敏:《农村集体经济组织成员资格认定的实践逻辑——基于广东省三个村的调查》,载《农林经济管理学报》2016 年第 1 期。

为和意思表示。折衷主义的核心思想是在保障集体土地利益的同时,兼顾法律规定、社会习惯以及公平正义的要求。它强调通过集体自治和法律规定相结合的方式来平衡各种因素的权衡,以达到合理而公正的解决方案。

综合而言,折衷主义提供了一种平衡各方利益的方法,旨在解决与集体土地相关的问题。它强调集体自治和法律规定的结合,综合考虑不同的逻辑和标准,以便在实践中找到最合适的解决方案。这种折衷主义的立场有助于确保公平、公正和合法性,同时尊重集体意愿和社会的整体利益。

在村集体成员资格的认定问题上,折衷主义所提出的观点为我们提供了一种理论上的指导,具有显著的优势。本书同意并认同折衷主义的这一立场,并认为其优势主要体现在以下几个方面:

首先,折衷主义通过提倡以国家法律和集体自治的方式来规范成员资格的认定,既考虑了我国法治化进程的需要,也兼顾了农村地区的实际情况。在这个过程中,国家法律应明确提供统一的标准和程序以保证成员资格的认定,同时,鉴于农村地区对集体自治的依赖性,地方自治组织在成员资格认定上应被赋予一定的权力。这一理论不仅具有较强的解释力,在实践层面上也显示出明显的可操作性。

其次,相较于事实主义所采用的认定标准,折衷主义的认定标准更具有合理性。事实主义主张以具体的事实行为和基本生存保障作为认定成员资格的标准,然而,基本生存保障更多的是一个价值判断而非事实判断。如果将其作为唯一的认定标准,将会面临不确定性和模糊性的问题,从而在实践中难以明确执行。相反,折衷主义倡导的法律强制规定和集体自治相结合的方式更具有可操作性和可执行性。

最后,契约主义虽然理论上有其优越性,但其对我国农村现实情况的适应性却有所欠缺。虽然我国法治化进程在持续推进,但在农村地区,乡土社会和人情关系仍旧是其社会结构的基础。将成员资格的认定完全交由集体自治,可能会引发制度不适的问题。因此,应由国家法律明确集体成员的判定标准,同时允许地方自治组织根据各地具体情况制定具体的认定标准,这既保障了认定过程的公正性和合理性,又尊重了农村地区的特殊性。

总体来看,折衷主义的认定标准在规定村集体成员资格方面具有显著的合理性和可操作性。因此,应通过国家法律明确集体成员的判定标准,并赋予地方根据各自具体情况制定具体认定标准的权利。同时,《村民委员会组织法》《农村集体经济组织法》等相关法律法规应为农村自治组织认定成员资格赋予一定的权利,以保证认定过程的公正性和合法性。

(二)成员资格的丧失

依据现有的民法和成员权理论,成员资格的获取和丧失通常取决于具体的事实行为和法律行为。就成员资格的丧失方式而言,国家层面的法律应明确规定集体成员部分丧失资格的准则,同时也应授予集体和个体一定的自治权利。这一观点同样适用于对于村集体成员资格的确定和丧失。具体来说,在法律层面,应明确规定如下情况下村集体成员的资格丧失:一是由于成员的死亡或被法律宣告死亡,二是成员成为与本集体没有隶属关系的其他农村集体组织的成员。这两种情况可以被视为成员资格的自动丧失,即成员资格的丧失并非来自成员自身的行为或选择,而是由于外部因素所导致。同时,个人也应被赋予申请放弃成员资格的权利。这种情况下的资格丧失是基于个人的自愿选择,也就是说,成员可以主动选择退出集体,放弃其在集体中的成员资格。此外,村集体组织也应有通过民主决议限制或剥夺成员的权利。这种情况下的资格丧失是基于集体的决定,也就是说,如果集体成员的行为违反了集体的利益或规章,集体可以通过民主决议的方式,剥夺其成员资格。这样的规定有利于维护集体的稳定和整体利益。

此外,对于成员资格的丧失,需要在法律框架内确保平衡和公正。在规定丧失资格的标准时,应考虑到个人的权益,尤其是在放弃成员资格的情况下,应确保个人能够自由行使这一权利,并充分考虑到其后果。此外,集体组织限制或剥夺成员权利的行为也应受到适当的制约和监督,以防止滥用权力和不当行为的发生。

综上所述,对于成员资格的丧失,应建立明确的法律标准并赋予相关主体一定的自治权利。同时,应重视个人权益和民主原则,确保在制定和执行相关规定时的公正性和平衡性。通过这样的方式,可以更好地管理和维护村集体的成员资格,促进社会的稳定和发展。

第三节 宅基地资格权的保障

在权利的顺畅运行方面,构建完善的保障制度至关重要。特别是对于宅基地资格权的保障,其具体体现在两个方面:一是通过确权登记来确认和记录宅基地资格权;二是建立完善的宅基地资格权救济途径。

一、落实宅基地资格权的确权登记

根据《民法典》物权编,不动产占有与登记被视为物权公示效力的两大方式,特别是按照不动产物权变动的形式主义原则,我国实行了不动产统一登记制度以确认和保护不动产权利。然而,在宅基地资格权的登记和保护问题上出现了一些争议。一些观点认为,宅基地资格权属于成员权的实体内容,并不归入物权法的范畴,因此没有必要进行登记和物权保护。[1]但本书对此观点持反对态度。

首先,我国实行的是统一不动产登记制度,不动产登记作为国家行政管理事项,受到公法属性明显的《不动产登记暂行条例》的调整。据此,《不动产登记暂行条例》规定并允许登记宅基地资格权并无法律上的不当。其次,在当前公法与私法趋于融合的大环境下,仅依赖传统民法的自然法价值观,否认公法与私法共享的价值观,尤其是在构建具有纯粹私法性质的

〔1〕 参见刘征峰:《农地“三权分置”改革的私法逻辑》,载《西北农林科技大学学报(社会科学版)》2015年第5期。

民法时,已明显不适应现实。这将导致民法放弃或至少部分放弃调整现代市民社会和作为市场经济基本法的功能与地位。

另外,成员权本身是一种复合性的财产权利,它既有身份属性也有财产属性。身份属性仅是获取宅基地使用权分配的前提条件,而财产权则是宅基地使用权实现的具体表现形式。因此,宅基地资格权的登记内容不仅应包括集体成员的身份信息,还应包括依申请取得的宅基地使用权的财产性内容。这将推动宅基地使用权的流转。

事实上,一些地方如安徽省旌德县已经尝试在实施宅基地“三权分置”改革试点工作中进行宅基地资格权的单独登记,而且这样的做法已经取得了良好的社会效果。因此,我们建议在宅基地“三权分置”改革的基础上,建立宅基地资格权的登记制度。通过实现所有权、资格权和使用权的清晰划分和顺畅运行,我们不仅能够维护集体所有权制度的实施,而且也能推动与宅基地使用权退出制度的衔接,从而更好地活化宅基地的经济价值。

二、完善宅基地资格权的法律救济途径

无救济,则无权利。宅基地资格权属于集体成员的权利,而该权利的行使通常需要与集体经济组织或其他相关管理机构的合作。然而,有时资格权的行使可能会受到阻碍或侵害,因此需要建立有效的救济机制来解决这一问题。救济机制主要包括自力救济、行政救济和司法救济 3 种方式。

(一)自力救济

自力救济是指在资格权人遇到紧迫情况无法或难以行使其成员权利时,凭借自身能力采取必要的行动来保护自己的权益。这包括在法律允许的情况下采取紧急避险行为、留置集体文书或财产以及变卖财产等行为。通过这些自我救济的措施,资格权人能够保护自身的资格权。

自力救济不仅适用于集体成员权利的自我救济,也适用于民事权利的自我救济。这意味着任何民事权利的主体都可以采取上述方式来维护自己的权益,这并不是集体成员权自我救济的独有方式。本书不打算对此进

行深入讨论。

总之,自力救济是一种在紧急情况下保护资格权人权益的手段。通过依法采取紧急避险行为、留置财产或文书以及变卖财产等方式,资格权人能够在无法或难以行使成员权利时保护自己的权益。这种自我救济的方式不仅适用于集体成员权利,也适用于其他民事权利的主体。

(二)行政救济

集体经济组织或村民委员会的活动不可能脱离政府权威的范畴。因此,政府对集体事务进行监督和管理以及提供必要的行政救济,成为了一项不可或缺的职责。行政机关基于其自身的职权和职责,承担起为集体成员提供行政救济的任务。

首先,行政机关在对集体事务进行监督和管理的过程中提供行政救济。在集体成员行使权利的过程中,农民集体决议事项往往需要得到国家行政机关的监督或管理。例如,在宅基地使用权行使中,宅基地的分配需要经过基层政府的认可和批准才能得以实施。若宅基地分配请求权未得到充分行使,集体成员可向主管行政机关寻求救济。行政管理机关有权要求集体经济组织纠正违反法律法规的决定,但不能直接修改集体决议,以确保行政权力不取代基层民主权利。这种基于监督和管理的行政救济可以由行政机关主动提供保护,也可由集体成员申请保护。例如,集体成员可向行政机关申请处理集体经济组织或其管理人员的违法违规行为,以维护成员权益。

其次,基层行政机关基于解决纠纷的需要提供行政救济。尽管我国实行基层民主管理,但若集体内部无法通过民主决议程序解决纠纷,基层行政机关可进行调解。例如,在宅基地使用权纠纷中,纠纷双方可协商解决,也可请求当地政府机关进行调解,甚至可向人民法院提起诉讼。对于那些未能实际取得宅基地使用权的集体成员,他们可向相关行政主管部门申请解决。

最后,行政救济亦适用于行政机关怠于履行法定职责的情况。若行政机关无正当理由不批准宅基地使用权申请,集体成员可依法提起行政复议或行政诉讼。

综上所述,政府对集体经济组织或村民委员会的活动进行监督和管理,并提供必要的行政救济,是一项不可或缺的职责。行政机关基于自身职权和职责,为集体成员提供行政救济,包括对集体事务的监督和管理所提供的保护、基于解决纠纷的调解,以及针对行政机关怠于履行法定职责的行政救济。这些行政救济措施有助于维护集体成员的权益,保障集体经济组织或村民委员会的正常运行。

(三)司法救济

司法救济是一种法律规定的请求权,用于集体成员在权利受到侵害或行使受阻时,通过向法院提起诉讼,寻求强制性措施以保护或救济其权益。司法救济的范围很广,既可针对所有集体成员的成员权行使提供保护,也可专门保护受到侵害的特定成员的权益。无论是集体成员与成员之间还是成员与集体之间的纠纷,都可以通过司法救济途径解决。对于集体成员权利的救济或保护主要包括立法保护和司法诉讼。

在相关法律中,有一些条款涉及集体成员权利的救济,如《民法典》第265条,《土地管理法》第16条,《村民委员会组织法》第36条,《农村土地承包法》第51条、第52条、第53条、第54条、第57条、第58条、第61条等。这些法规为成员权利的救济提供了初步的法律依据。然而,这些涉及集体经济组织成员救济的规定分散在各个法律条文中,一方面存在重复规定的情况,如《民法典》第265条和《村民委员会组织法》第36条的规定;另一方面也存在一些基本权利立法的空白,比如在集体成员资格的认定问题上缺乏明确的规范。

因此,本书认为有必要尽快颁布关于集体经济组织的专门法律,以集中、统一、明确地规范集体成员权利和集体经济组织的相关事项。这样的法律规范将为涉及广大农民群众切身利益的基本民事权利提供明确的法律依据,而不仅仅依赖于《民法典》及其他法律中零散的规定。

第八章 “三权分置”下宅基地使用权的重构

《中共中央、国务院关于实施乡村振兴战略的意见》提出推进宅基地“三权分置”改革，旨在通过建立集体成员权制度，赋予宅基地使用权以资产属性和财产功能。该改革的目标是实现宅基地的高效利用，增加农民的财产性收入。改革的核心在于“适度放活宅基地和农民房屋的使用权”，以在乡村振兴战略下实现新型城镇化的全面发展，并促进城乡一体化的协调发展。考虑到我国宅基地使用权制度的固有属性，简单套用“私有化+市场”模式可能导致个别土地利益固化，从而阻碍集体行动的达成。[1] 因此，通过制度建构，使放活的使用权符合实际需求，是宅基地“三权分置”改革能否取得成功的关键所在。

第一节 “三权分置”下宅基地使用权的性质及内涵

两权分离下宅基地使用权作为法定的用益物权，其性质本无争议。但在“三权分置”下，由于存在宅基地资格权是成员权还是用益物权的争议，在理论上产生了对宅基地使用权性质认知的分野，主要表现为用益物权和债权的分歧。在完成“三权分置”下对使用权性质界定的基础上，也应当重塑使用权的内涵。

---

[1] 参见贺雪峰：《地权的逻辑：中国农村土地制度何去何从》，中国政法大学出版社2010年版，第11页。

一、宅基地使用权性质的争议

(一)法定租赁权属性的使用权

在将宅基地资格权界定为用益物权的前提下,一些学者提出了通过债权化解决宅基地流转问题的观点。他们主张设立新的“法定租赁权”,将宅基地集体所有权债权化,并通过设定宅基地债权来实现房屋转让。[1] 这种债权化的制度方案通过扩大宅基地法律权利的范围,旨在推动宅基地的市场化,同时悬置对宅基地使用权可转让性的争论。

在实践中,云南省大理市采取了上述模式进行了宅基地“三权分置”改革试点。大理模式将宅基地资格权归属于用益物权,并在原宅基地使用权的制度功能基础上进行了调整。不同之处在于,大理模式通过引入资格权的概念,从集体成员权的角度确定了宅基地使用权人的准入和退出资格,在分置后的使用权法权构建上,引入了法定租赁权的概念,形成了“集体所有权 + 宅基地资格权 + 宅基地租赁使用权”的案例实践。《大理市农村宅基地流转管理办法(试行)》规定,经村集体经济组织书面同意,农户可以将宅基地使用权与房屋一并出租,通过变更宅基地使用权的行使,以出租宅基地来获取租金对价,但其仍保有宅基地使用权。

综上所述,通过引入法定租赁权的概念,可以为农村房屋市场化交易提供一种法律制度解决方案。大理的实践案例展示了宅基地“三权分置”改革的具体操作方式。

(二)用益物权属性的使用权

在将宅基地资格权定义为集体成员权的前提下,通过资格权作为纽带,将集体所有权与宅基地使用权相连接,并将分置后的宅基地使用权视为去身份化的纯粹用益物权,[2]形成了“集体所有权 + 宅基地资格权 + 宅

[1] 参见徐忠国等:《农村宅基地三权分置的经济解释与法理演绎》,载《中国土地科学》2018 年第 8 期。
[2] 参见宋志红:《宅基地“三权分置”的法律内涵和制度设计》,载《法学评论》2018 年第 4 期。

基地使用权”的三权架构。这种分置后的使用权可以通过市场化流转来实现高效利用。

一个具体的实践例子是浙江省义乌市,该地采用了上述模式,通过引入集体成员权的概念,剥离了宅基地使用权中的身份属性,恢复了宅基地使用权的完整用益物权属性。在此基础上,还区分了成员自主利用和对外流转利用情况下的权利构造。当农户自主利用时,宅基地使用权是农民基于成员身份专享的用益物权,而当其他社会主体通过流转利用时,应该区别不同的利用方式,给予房屋租赁和受让不同的权利构建。此外,当其他社会主体受让农民房屋时,实际上并不获取宅基地使用权,而是获取集体经营性建设用地使用权。

因此,宅基地租赁使用权实质上是一种用益物权型的利用模式,在“三权”之上增设宅基地房屋租赁使用权,形成了“四权”形态,即“集体所有权 + 宅基地资格权 + 宅基地使用权 + 宅基地房屋租赁使用权”的实践范式。

总的来说,这种“三权”或“四权”架构为宅基地的合理利用提供了一种法律框架。通过将宅基地使用权从身份属性中解放出来,允许其在市场上进行流转,可以提高土地资源的利用效率。同时,这也体现了对农民权益的保护,使农民在自主利用宅基地时能够享受到其成员身份的特殊权益。浙江省义乌市的实践经验对其他地区在宅基地管理和利用方面提供了有益的借鉴。

关于“三权分置”下宅基地使用权的性质争议,其实质是对于资格权性质的争议。如前文所述,如果将资格权界定为用益物权加以规制,在理论上存在违背“一物一权”原则的理论障碍,在实践中也难以适应我国复杂的农村国情,不具备制度适应性。因此,遵循资格权作为集体成员权的制度逻辑,使用权应当被界定为用益物权。

二、“三权分置”下宅基地使用权的性质应为用益物权

宅基地“三权分置”改革要求“适度放活使用权”,立足于宅基地固有特

性基础上强调宅基地的利用，由于宅基地资格权的法律属性的定位不同，而演绎出分置使用权的不同定性。因此，对于“三权分置”下宅基地使用权性质的讨论，应立足于制度适应性加以分析，主要包括与现行法律制度的协调性、实践可行性及实践需求3个维度。

（一）定性为用益物权更能与现行物权法体系相协调

宅基地使用权制度是农村土地制度的重要组成部分，与既有的物权法规则体系应当协调一致。因此，在讨论分置的使用权的法律属性时，应将其纳入整个《民法典》物权法编的体系构造与妥适性表达之中，而不仅仅局限于对单个制度的论证。考虑到物权法的体系协调，宅基地资格权是集体所有权与宅基地使用权的中介，宅基地资格权法律属性的确立与分置与使用权法律属性的确定具有直接关联性。理论及实践中对于宅基地资格权属性的论证与认定不尽相同，但依循前文对宅基地资格权属于集体成员权的权利内容的证成，分置后的使用权应为用益物权属性。理由如下：

1. 加强集体成员权制度立法是完善农村基层治理的有效途径。宅基地使用权的用益物权属性已在《民法典》中载明，其不足之处在于既有的宅基地使用权权能残缺。因此，无须通过叠设新的用益物权来修正现有物权法体系的不协调之处。宅基地使用权制度在农村已经形成了稳定的实践结构，导致农村土地制度运行存在问题并非宅基地使用权的属性不明，而是立法对于集体成员权制度建构的不完善。为了保障集体成员与成员集体权益的实现，应调整农村集体所有权，并建构与之相匹配的团体法。目前，针对集体所有权的运行机制、成员资格的得失以及成员权利的行使规则等方面，现行立法并未给出明确的规范。这导致了农民作为集体所有权的实质主体无法通过成员权的行使实现其在集体所有权下的权益。因此，集中关注权能不足而忽视整个农村土地权利体系的构建以及农民真正需求的现象应该得到避免。[1] 在加强集体成员权制度建设的同时,也应有利于维护现有法权结构的稳定性。

2. 分置的使用权作为用益物权,承接了去除身份属性后的宅基地使用权的物权内容,通过成员权这一桥梁实现了所有权与用益物权的有效联结,符合“一物一权”的物权法原则。宅基地资格权作为集体成员权的一部分,属于人法的内容。在试点实践中,将宅基地资格权定性为用益物权违背了“一物一权”的物权法原则,同时也与中央政策文件精神不符。宅基地资格权的定位错乱会导致分置后的使用权无处安放。《中共中央关于全面深化改革若干重大问题的决定》已经明确指出,宅基地的“三权分置”改革应“保障宅基地农户资格权和农民房屋财产权”。农户的资格权属于取得宅基地使用权的身份资格,是前提,属于成员权的内容。农民基于成员身份取得的宅基地使用权属于“放活”的对象。因此,分置的使用权应恢复完整的权能并剥离身份属性,成为纯粹的用益物权,形成“集体所有权 + 集体成员权(资格权) + 宅基地使用权(分置后)”的法权结构。这样的法权构造既符合制度创新的逻辑,通过集体成员权制度的完善,实现集体所有权与分置的使用权(用益物权)的有效连接,又有利于物权法体系的协调。集体成员基于其成员资格取得的宅基地使用权符合所有权派生用益物权的权利构造。

(二)定性为用益物权具有实践可行性

在现有产权框架下,利益主体之间的博弈导致宅基地在利用中频繁出现问题,其中的核心问题是产权和收益分配。[2] 为了解决这一问题,宅基地“三权分置”改革形成了内外有别的利用机制,实现了宅基地产权的合理配置和利益的三方共享。

---

〔1〕 参见许中缘、高振凯:《民法典物权编的编纂应贯彻团体法思维——基于农民集体成员权的视角》,载《中国不动产研究》2018 年第 1 期。

〔2〕 参见杨璐璐:《农村宅基地制度面临的挑战与改革出路——基于产权完善的收益共享机制构建》,载《南京社会科学》2017 年第 11 期。

首先,在成员集体内部,通过集体成员权制度建构实现了宅基地集体所有权与成员利用权的产权配置。在“两权分离”下,宅基地使用权具有制度福利性和身份性,用于保障农民的居住权。而“三权分置”改革的目的是通过剥离宅基地使用权上的身份属性和社会保障功能,实现其财产功能。然而,随之而来的问题就是如何处理身份属性和社会保障功能。通过集体成员权制度的建构,集体成员在其资格保持期间可以持久地享有该项用益物权。但是,一旦成员资格丧失或发生法定的宅基地使用权灭失情况,基于所有权的弹力性,宅基地使用权就会由集体无偿或有偿收回。通过构建集体成员权制度这种方式,既保障了集体所有权的实现,避免了集体所有权被虚置,同时也完成了宅基地使用权的保障居住等功能。

其次,宅基地使用权向外流转,通过分置后的使用权建构实现了土地收益在集体、成员和其他社会主体之间的合理分配。集体成员取得宅基地使用权之后既可以进行自主利用,用于建设住宅或从事经营性活动,也可以在保障居住的前提下通过使用权流转实现其他利用。当集体成员自主利用时,分置的使用权属于用益物权,不会引发争议。在这种情况下,集体成员基于身份因素获得利用宅基地的期待权,可以在条件具备时无偿或有偿取得宅基地使用权。而当宅基地使用权被转让给其他人实现其他利用时,受让人获得的宅基地使用权是涉及流转收益处理的问题,需要确定其实质属于用益物权还是债权。

综上所述,宅基地“三权分置”改革通过内外有别的利用机制,解决了现有产权框架下利益博弈导致的宅基地利用问题。在集体内部,通过集体成员权制度建构实现了宅基地集体所有权和成员利用权的合理配置。在宅基地使用权向外流转时,通过分置后的使用权建构实现了土地收益在集体、成员和其他社会主体之间的合理分配。这一改革促进了宅基地产权的合理配置和利益的多方共享。

(三)分置后的使用权被界定为用益物权更符合实践需求

自20世纪50年代形成的宅基地使用权制度已经存在多年。然而,随着以城市为主导的国家政策的不断推进,农村地区长期以来未经历制度变革的问题日益凸显。宅基地使用权制度在制度层面上虽然严格限制了流转,但实际上存在大量的“小产权房”和“隐性流转”现象,这是因为非正式流转制度在制度变革过程中合理地安排了潜在的收益。通过对宅基地的固有属性和现有非正式流转制度的反思,可以从一个方面证明现有改革思路的可行性。

首先,实践中的非正式流转实际上是物权性利用。为了最大限度地实现土地价值增值利益,“小产权房”的买卖现象在实践中广泛存在。由于地理位置和现有制度安排的限制,“小产权房”主要存在于城市建成区内的城中村和城市郊区,这些地区的土地价值较高。“小产权房”由于缺乏完整的土地使用和建设手续,无法办理物权登记手续,在法律上不会发生物权公示的效力。尽管“小产权房”的买卖不受法律保护,或可能面临行政处罚,但买卖行为仍然屡禁不止。“小产权房”买卖双方实际上进行的是以物权转让为目的的交易行为。

其次,宅基地固有的特征决定了通过用益物权实现宅基地流转的价值。根据《土地管理法》的规定,宅基地的面积不得超过省、自治区、直辖市规定的标准。宅基地的分配主要是为了解决农民的居住需求,单个宅基地面积较小且零散分布,难以进行规模化利用,高昂的交易成本使市场手段无法有效实现土地权益的集中,而分散的土地权益会严重影响土地利用效率。因此,通过建立集体成员权制度,完善集体所有权和宅基地使用权的衔接机制,就足以实现集体所有权和农民合法权益的保护。需要说明的是,允许农民自行处置分配后的使用权,并不会侵犯集体所有权。

综上所述,通过对宅基地的固有属性和现有非正式流转制度的合理反思,可以发现,物权性利用和用益物权是宅基地流转的核心问题。通过充分发挥农民集体的权利和优势,结合市场机制,建立合理的制度安排,既能够保障集体所有权,又能够满足农民的土地利用需求,从而推动宅基地制度改革。

三、“三权分置”下宅基地使用权的内涵

《民法典》规定,宅基地使用权是指使用权人依法对集体所有的土地享有占有和使用的权利,有权依法利用该土地建造住宅及其附属设施。[1] 但是,权利主体仅包括农民个人,权利客体仅为农民所属集体所有的土地,不包括国有土地,且无期限限制,无须支付对价,禁止抵押。可以看出,宅基地使用权呈现出身份性、无偿性、长期性的特征,且收益权能缺失,严格限制流转。此种制度设计的初衷是强调宅基地的福利属性,保障农民户有所居。而“三权分置”改革的目标在于适度放活宅基地使用权,实现宅基地的财产性、经济性、宅基地资格权(集体成员权)的证成及其承担相应的保障属性,这需完成现行宅基地使用权身份性的剥离。在此背景下,应当赋予宅基地使用权新的内涵,包括以下几个方面:

(一)宅基地使用权的还权赋能

宅基地使用权作为一种法定的用益物权,在现行法律中并未赋予其收益和处分权能。然而,随着社会经济的发展,人们对这种限制的合理性提出了越来越多的质疑。

首先,与同为地上权的建设用地使用权相比,宅基地使用权的权利内容存在明显差距,这反映了城乡差距和分割的现实情况,具有不平等和不合理性。因此,这种限制缺乏法理上的正当性。[2] 其次,现行的宅基地使用权制度已经失去了适应性。宅基地闲置、一户多宅以及隐形交易市场的存在,实际上揭示了现有制度对宅基地使用权权能的不当限制。[3] 最后,在“房地一体”的原则下,农房与宅基地紧密相连,但其买卖和抵押遭遇制度上的难题。政策文件中多次提及保障农户宅基地用益物权、增加农民财产收入等问题,这表明应当解决宅基地使用权的制度难题。

---

[1] 参见《民法典》第362条。
[2] 参见张新宝、石霞:《因地制宜推进农村宅基地流转》,载《理论前沿》2009年第12期。
[3] 参见陈小君:《宅基地使用权的制度困局与破解之维》,载《法学研究》2019年第3期。

鉴于此,在宅基地“三权分置”改革的背景下,为了实现适度放活宅基地使用权的核心目标,解禁宅基地使用权的收益权能并实现其经济价值是非常必要的。实现收益权能需要保障处分权能,因此使用权人应当被赋予一定的出租、流转、抵押、入股等处分权能。

总之,随着社会经济的发展和人们对宅基地使用权制度的质疑,解禁宅基地使用权的收益权能并赋予处分权能是合理的。这将有助于推动宅基地制度的改革,实现宅基地使用权的经济价值,提高农民财产收入,进一步促进城乡发展的协调与融合。

（二）宅基地使用权的身份性

《民法典》第362条对宅基地使用权的主体进行了规定,将其定义为“宅基地使用权人”,这是一个开放式的概念,并没有明显的身份属性。然而,结合《土地管理法》和国家相关规定,一般认为宅基地使用权的主体具有身份属性,其取得和保有宅基地使用权必须基于主体作为本集体经济组织成员的身份。这种对宅基地使用权身份属性的制度设定主要是为了保障农民有住房,维护农村社会稳定。

然而,在“三权分置”改革的背景下,前文中提到宅基地资格权作为集体成员的权利可以承载农民的基本居住保障,这对于讨论使用权的身份属性的合理性显得尤为必要。一方面,宅基地使用权作为一种具有中国特色的用益物权制度,其独特性源于农村土地的集体所有制度和所有权与使用权相分离的土地制度。因此,需要区分使用权的内部分配和对外流转两种关系。农民基于成员身份取得的宅基地使用权属于集体内部的分配关系,并不能必然得出使用权具有身份属性的结论。另一方面,为了实现宅基地的经济价值,适度放活宅基地使用权的目标导向,要求通过市场化方式引入其他社会主体,这必然需要解除宅基地使用权主体的身份限制。

综上所述,在“三权分置”下,通过宅基地资格权（集体成员权）剥离了宅基地使用权的身份属性,与集体所有权相结合,从而消除了使用权在分置后对外流转的障碍。宅基地资格权作为一种身份权利,以农民的集体成员身份作为基础,承担保障功能。分置后的宅基地使用权则是解除了身份属性的完整用益物权。需要注意的是,在初始取得阶段,宅基地使用权仍然具有身份属性,集体成员基于资格权(成员身份)享有向集体申请分配宅基地的权利,但在使用权对外流转中,使用权不再具有身份属性。

第二节 适度放活宅基地使用权的理论意涵

适度放活使用权是宅基地"三权分置"改革的重要目标,其实质是实现宅基地使用权的有序流转,这对于集体土地利用效率的提升、农民财产性收入的增长都有着重要意义。但也应当认识到,制度变迁必然会带来一定的社会风险,因此,充分论证宅基地使用权适度放活的必要性、可行性,构建合理、完善的流转机制,设置相应的风险控制措施很有必要。

一、宅基地使用权流转的理论探索

对于如何扩充宅基地使用权的权能、放开宅基地的流转以发挥其收益权能,学术界进行了深入的探讨,存在以下理论主张。

(一)禁止流转说

持此观点的学者认为,应严格禁止宅基地使用权的自由流转,主要从防止农民丧失生存性保障和维护农村社会稳定的角度来论证这一观点。[1]

首先,宅基地使用权的本质属性是福利性的。宅基地使用权是农民基于集体组织成员的身份获得的一项权利,是平均分配的福利。这意味着宅基地使用权不应具备自由交易和流转入市的条件。[2] 基于宅基地使用权的性质,将其置于市场流转可能会导致资源分配不均,从而剥夺一部分农民的福利,并对农村社会稳定产生负面影响。

---

〔1〕 参见孟勤国:《中国农村土地流转问题研究》,法律出版社 2009 年版,第 68 页。
〔2〕 参见吴明发:《宅基地使用权流转机制研究》,南京农业大学 2012 年博士学位论文,第 82 页。

其次,宅基地是农民最低限度的生存保障。目前,农民整体抗风险能力较弱,允许宅基地自由流转会导致农民失去居住之所,进而影响其生存权保障,对农村社会秩序稳定构成威胁。[1] 因此,保护宅基地使用权的稳定性和连续性,有助于维护农民的基本生活权益,并促进农村社会的稳定发展。

最后,允许宅基地自由流转可能会破坏乡村伦理道德,并加剧乡村内部的不平等。乡村伦理道德在农村社会中具有重要意义,它体现了亲情、邻里和谐以及共同利益的价值观。允许宅基地自由流转可能会导致资源向社会强势群体集中,进而加剧农村内部的贫富差距和不平等现象。[2] 这将对农民的利益造成损害,并进一步削弱农村社会的凝聚力和稳定性。

基于以上理由,持此观点的学者认为禁止宅基地使用权的自由流转是必要的。宅基地使用权作为一项福利性权利,应当得到保护,以确保农民的生存保障和农村社会的稳定。允许宅基地自由流转可能会带来不公平的资源分配、农民生存权的威胁以及乡村伦理道德的破坏。因此,应当采取措施来加强对宅基地使用权的限制和管理,以促进农村社会的可持续发展和农民的整体福祉。

(二)限制流转说

此观点提出是指在满足特定条件下,适度推动宅基地的对外流转,同时对流转的范围、区域和方式做出明确的限制。持此观点的学者主张,宅基地使用权的流转应综合考虑经济价值的实现和功能的保障,需要采取限制性的流转模式。此观点的支持者存在两种立场:一种立场是主张必须在宅基地使用权的流转方式上实行必要的限制。宅基地使用权的转让、赠予、互换等行为应仅在本集体经济组织内部进行,不过,允许通过出租、抵押、入股等方式实现宅基地使用权的对外流转。[3] 这种限制在保障宅基地

---

〔1〕 参见孟勤国:《物权法开禁农村宅基地交易之辩》,载《法学评论》2005 年第 4 期。

〔2〕 参见陈柏峰:《农村宅基地限制交易的正当性》,载《中国土地科学》2007 年第 4 期。

〔3〕 参见董祚继:《以“三权分置”为农村宅基地改革突破口》,载《国土资源》2016 年第 12 期。

使用权基本性质的同时，也增加了宅基地使用权流转的可能性，为其经济价值的实现提供了可能。另一种立场则是主张需要对宅基地使用权的流转范围进行限制。流转范围应仅限于非本集体农民且限定在特定行政区域内，排除城镇居民的参与。[1] 这种限制旨在保障农村集体的主体地位和农村土地的基本性质，防止土地的过度城市化，从而保持农村社区的稳定和发展。

值得注意的是，对于该观点的支持者来说，宅基地使用权的流转限制是出于维护农村集体经济组织和农民利益的考虑。他们认为，限制流转可以防止宅基地被过度商业化开发，保护农民的合法权益，同时也确保宅基地在农村居民生活和农业生产中的重要作用；流转方式的限制则有助于控制宅基地的使用和管理，防止不当转让和流转引发的土地纠纷和资源浪费问题。对于流转范围的限制，支持者认为将其局限于特定行政区域之内的非本集体农民，可以有效控制宅基地的规模和使用，避免对城镇居民的资源倾斜。

（三）自由流转说

此观点主张取消对宅基地使用权流转主体的多项违反物权基本原则的限制，其中包括身份性限制，并明确宅基地可以通过出租、转让、抵押、入股及赠与等多种方式流转。[2] 此观点基于以下 3 个主要理由：

首先，从权利平等保护的角度考虑，实行宅基地使用权的自由流转由宅基地使用权的用益物权性质和物权平等保护原则所决定。[3] 宅基地使用权作为一种典型的用益物权，应该包括占有、使用、收益和相应的处分权能。它与国有建设用地使用权在权利性质上无本质区别。因此，实行自由流转不仅彰显了宅基地使用权的收益与处分权能的必然要求，也是实现与

---

〔1〕 参见高海：《宅基地“三权分置”的法实现》，载《法学家》2019 年第 4 期。
〔2〕 参见贺日开：《我国农村宅基地使用权流转的困境与出路》，载《江苏社会科学》2014 年第 6 期。
〔3〕 参见房绍坤：《农民住房抵押之制度设计》，载《法学家》2015 年第 6 期。

国有建设用地使用权平等保护的应然选择。[1]

其次,从保护农民财产权利的视角来看,农民的住房财产权属于他们的私有财产,农民对其具有占有、使用、收益和处分的权利。但是,限制宅基地使用权流转的制度设计实质上剥夺了农民的住房财产权,这对农民来说极不公平。[2]

最后,从经济效率的角度考虑,限制宅基地使用权的流转不符合市场经济资源配置的要求,这既不利于土地资源的优化配置,也不利于劳动力的自由流动。这种限制使得宅基地的真实交易价值无法得到充分体现,导致农民无法共享现代化成果。[3]

因此,主张宅基地使用权自由流转的观点认为,通过取消宅基地使用权流转限制,宅基地使用权可以更有效地进行流转,这既符合物权基本原则,又保护了农民的财产权利,同时还有助于实现经济效益的最大化。

当前,支持自由流转观点的学者占据主导地位,但他们普遍认为流转应该有一定的条件,并且应该针对不同类型的农村采取不同的政策。禁止流转和限制流转的观点过分强调了宅基地使用权的生存保障和社会福利功能,却忽视了社会经济快速发展下现有法律制度所导致的新矛盾和冲突。

适度放活宅基地使用权这一政策的目标是解决宅基地制度面临的挑战。宅基地作为农民的土地承载了农村居民的住房需求和生活基础设施,但在城市化进程和现代农业发展的推动下,出现了闲置宅基地和闲置农房的问题。传统的禁止流转和限制流转观点未能适应新形势下的需求,因此需要改革宅基地制度以适应新的经济发展。

---

〔1〕 参见王利明:《物权法研究》,中国人民大学出版社2007年版,第206页。
〔2〕 参见郭明瑞:《关于宅基地使用权的立法建议》,载《法学论坛》2007年第1期。
〔3〕 参见惠建利:《农村宅基地使用权及流转规范与法律制度创新》,载《湖南农业大学学报(社会科学版)》2016年第5期。

二、适度放活宅基地使用权的理论意涵

适度放活宅基地使用权作为政策层面的术语,必须完成政策用语向法律表达的必要转换。因此,深入探究其政策动因、政策内涵,才能科学地在法律层面构建完善的制度,以实现政策提出的目标。

(一)适度放活宅基地使用权的必要性

宅基地使用权被广泛认为是一项具备社会保障功能的用益物权,长期以来承担着保障农民居住需求的重要使命。因此,在制度设计方面对宅基地使用权流转进行了严格限制,这成为其显著的特征。不可否认,作为中国特有的农村土地制度,宅基地制度在特定时期起到了保障农民基本居住需求、促进农村生产、维持农村社会稳定的关键作用。然而,随着我国城市化和工业化的迅速发展,宅基地的保障属性与财产属性之间的矛盾日益突出。严格限制宅基地流转所引发的负面效应也越来越明显,主要表现在以下几个方面:

1. 宅基地使用权权能受限与实际权能扩张的矛盾。《民法典》规定了宅基地使用权人依法对集体所有土地享有占有和使用权利,并允许其在法律范围内利用该土地建造住宅及其附属设施。[1] 然而,尽管宅基地使用权被定义为一种用益物权,但其完整的用益物权权能并没有得到法律的支持,存在处分权和收益权的缺失问题。[2]

现行法律虽然对宅基地使用权权能实施了严格限制,但并没有阻止现实中宅基地使用权权能的扩张。这导致了无法律规制的隐形市场的兴起。在实际中,宅基地使用权存在大量的流转现象,包括买卖房屋、以租代售等多种形式,其中最典型的流转形式是通过“小产权房”来实现宅基地使用权的转让。[3] “小产权房”并不是一个规范的法律概念,而是在实践中形成

---

〔1〕 参见《民法典》第 362 条。

〔2〕 参见董新辉:《宅基地使用权流转制度的困境、出路与重塑》,载《学术交流》2018 年第 9 期。

〔3〕 参见贺日开:《我国农村宅基地使用权流转的困境与出路》,载《江苏社会科学》2014 年第 6 期。

的,特指在农村集体土地上建设的房屋。

可见,现实中的宅基地使用权已经与法律上的使用权产生了区别,具有较为完整的使用、处分和收益等权能。这反映了农民在宅基地使用中实际的权能需求。[1] 然而,这种超出法律规制的隐形流转现象不仅直接冲击了现行宅基地管理体系,而且常常引发社会纷争,存在严重的利益分配不公问题。因此,在法律制度层面构建宅基地使用权的有序流转机制成为解决这一问题的关键。

2. 赋予农民更多财产权利的内在要求。2013 年,中共十八届三中全会发布的《中共中央关于全面深化改革若干重大问题的决定》提出,农村土地制度改革的出发点是“赋予农民更多财产权利”。从 2014 年到 2022 年的中央一号文件多次提及增加农民财产性收入、适度放活宅基地和农民房屋使用权等类似内容。这表明农村土地制度改革作为乡村振兴的重要抓手之一,其根本目的是扩大农民参与经济活动的渠道,实现农民财产收入的增加。

在国家积极推进乡村振兴战略的背景下,农村经济将迎来质的飞跃,而宅基地作为稀缺土地资源的经济价值也将进一步凸显。在这一进程中,如何保障农民的财产权利成为制度层面必须考虑的问题。因此,通过适度放活宅基地使用权,赋予农民更多财产权利,实现宅基地“三权分置”改革是至关重要的。这一改革的出发点和落脚点在于确保农民能够充分享有自己的财产权利,并从中获得实际的经济收益。

3. 实现宅基地集约化利用的必然要求。在我国的宅基地管理和利用中存在两个突出问题:宅基地闲置和“一户多宅”现象。尽管农村常住人口在 2016 年减少到 5.89 亿人,相比 2000 年的 8.08 亿人减少了 27.1%,但在同一时期,农村宅基地面积却由 2.47 亿亩扩大到 2.98 亿亩,增加了 20.6%。2013 年的统计数据显示,农村宅基地闲置的比例高达 10%—

---

[1] 参见孔祥智:《宅基地改革:政策沿革和发展方向》,载《农村金融研究》2018 年第 11 期。

20%,而某些地区的闲置率甚至高达30%。[1] 此外,2016年第三次农业普查结果显示,拥有一处住房的农户占比为87.0%,拥有两处和三处住房的农户分别占11.6%和0.9%,[2]与第二次农业普查结果相比,拥有两处以上住宅的农民比例从6.8%上升至12.5%。[3] 这表明宅基地闲置和"一户多宅"问题日益严重。宅基地的粗放型利用不仅会导致农村建设用地的浪费,还可能威胁到耕地红线的保护。因此,解决这些问题迫在眉睫。

造成宅基地闲置和"一户多宅"现象的根本原因是对宅基地使用权流转的严格限制。目前的规定严格限制宅基地使用权在本集体经济组织内部成员之间流转,并且禁止向城市居民开放。尽管这种限制可以有效防止外来资本对农民基本生存空间的挤压,但从经济学的角度来看,宅基地使用权的流转被限制在狭窄的交易范围内,一方面阻碍了农民合法退出宅基地并转让房屋的途径,另一方面也阻碍了资金、人才、技术等资源从城市向农村的正常流动。

因此,适度放活宅基地使用权是实现宅基地集约化利用的必然要求。这意味着需要通过一定的市场机制来实现宅基地的流转和利用。这种放活的举措将为农民提供更广泛的选择,使他们能够更灵活地处理宅基地的使用权,从而促进资源的高效配置和农村经济的发展。这样的改革措施将有助于解决宅基地闲置和"一户多宅"问题,并为农民提供更多的经济机会和发展空间。

(二)适度放活宅基地使用权的内涵分析

应当认识到,中国正处于经济社会结构转轨的历史变革时期。一方面,农村土地产权体系从身份制向契约制的转变,从封闭式向开放式的演

---

[1] 参见梁倩、林远、姜刚:《多省区正探索宅基地退出模式》,载《经济参考报》2014年7月28日,第1版。

[2] 参见国家统计局:《第三次全国农业普查主要数据公报(第四号)》,载国家统计局官网,http://www.stats.gov.cn/tjsj/tjgb/nypcgb/qgnypcgb/201712/t20171215_1563634.html。

[3] 参见国家统计局:《第二次全国农业普查主要数据公报(第四号)》,载国家统计局官网,http://www.stats.gov.cn/tjsj/tjgb/nypcgb/qgnypcgb/200802/t20080226_30464.html。

变是历史发展的必然趋势。另一方面,我们也必须意识到农村社会保障供给机制建设的不足。在今后相当长的一段时间内,“依法保障农户宅基地用益物权”仍然是宅基地使用权改革的方向。[1] 因此,放活宅基地使用权的目的在于充分发挥市场优化配置宅基地资源的功能,实现宅基地的经济和财产价值。然而,我们也必须关注宅基地所承担的社会保障功能,完全无限制地放活必然会导致潜在的社会风险。[2] 因此,适度放活宅基地使用权以确保在改革过程中兼顾经济效益和社会保障的平衡是必要的。

总而言之,坚持“放活”是“三权分置”改革的主线,而“适度”则是底线。在宅基地使用权改革中,应当寻求一种平衡,既能够实现宅基地的经济效益,又能够保障农民的社会保障权益。

三、适度放活宅基地使用权的理论探索

鉴于对宅基地“三权分置”权利结构以及使用权和资格权性质的认知存在差异,对于实现适度放活使用权的路径选择存在不同观点,可概括为物权型利用和债权型利用。这些观点主要围绕宅基地使用权的本质和目标展开讨论,以确定合适的方式来实现宅基地的经济活化和价值提升。

(一)物权型利用

用益物权建构理论提供了两种方式来实现宅基地使用权的适度放活。一种方式是对现行宅基地使用权进行改造,通过彻底剥离宅基地使用权的身份属性,扩大其收益权能,赋予其物权性质,从而实现使用权的可转让性。同时,通过资格权来承担农民的基本居住保障,并引入一系列限制因素,例如继受主体的资格审核和严格的土地用途管控。[3] 这种方式构建了

---

〔1〕 参见张克俊、付宗平:《“三权分置”下适度放活宅基地使用权探析》,载《农业经济问题》2020 年第 5 期。

〔2〕 参见喻文莉:《论宅基地使用权初始取得的主体和基本方式》,载《河北法学》2011 年第 8 期。

〔3〕 参见刘广明、张俊慈:《“适度放活”视阈下宅基地使用权流转的理路探索与制度重构》,载《世界农业》2021 年第 3 期。

“宅基地所有权+资格权+使用权”的三权架构。另一种方式是设立新的次级用益物权，保持现行宅基地使用权的身份属性不变，但通过为第三方主体设定次级用益物权来实现使用权的利用。[1] 这种方式形成了“宅基地所有权+使用权+次级用益物权”的三权架构。次级用益物权可以采用不同的名称，比如宅基地经营权、宅基地利用权、经营性建设用地使用权等。

总之，用益物权建构理论为宅基地使用权的适度放活提供了两种不同的途径。一种是将使用权转变为具有物权性质的可转让权利，同时通过资格权确保农民的基本居住权益。另一种是保持现行使用权的身份属性不变，但通过设立次级用益物权来实现使用权的利用。这些理论和路径选择为宅基地改革提供了有益的思路和方向，然而实施时仍需综合考虑各种因素，以确保在农民权益得到充分保障的同时实现宅基地的经济价值最大化。

（二）债权型利用

债权化建构理论提出，尽管农民住宅和其占用的土地具有自然的不可分割性，但这种自然一体性并不能否定权利的独立性。具体而言，农民对自家住宅的所有权和他们对宅基地的使用权是两种独立的财产权。为此，该理论主张应明确农民住宅的产权，并允许其自由处置。然而，现行制度对宅基地使用权的自由流动施加了严格的限制，从而在产权的明确性和制度限制之间产生了冲突。为了解决这个问题，该理论提出设立法定租赁权以有效解决现行制度的困难。

在债权化建构理论的框架下，农民住宅的购买者将获得房屋的所有权，而这并不影响集体经济成员对宅基地使用权的享有，购买者所获得的是宅基地的租赁权。在这种情况下，宅基地使用权的持有者并没有失去他们作为集体经济组织成员的身份以及用益物权的主体地位，租赁关系的双方并不是房屋的买卖双方，而是通过法律直接规定的集体经济组织与购买

[1] 参见宋志红：《宅基地“三权分置”的法律内涵和制度设计》，载《法学评论》2018年第4期。

者之间的合同关系。

总而言之,债权化建构理论认为农民房屋的产权应当明确,并提出通过设立法定租赁权的方式来解决现行制度中的矛盾。这种理论构建了宅基地使用权与房屋所有权的独立性,并通过债权关系在集体经济组织和购买人之间实现宅基地使用权的流转。

本书赞成通过扩张权能、去除身份属性的方式改造现行宅基地使用权,实现其物权型利用。理由如下:首先,采用新设次级用益物权的方式会违背“一物一权”的原则。我国尚未有次级用益物权的立法先例和理论基础,强行引入西方的法律范例可能导致制度上的不适应。此外,用益物权上的叠加会导致法律关系的复杂化,既不能适应我国农村复杂的国情,也无法解决实际问题。

其次,法定租赁权的设立实际上是在集体所有权的基础上通过权利束的方式实现宅基地上房屋的流转,这与我国“房地一体”的物权法立法理念基础不相符。因此,需要进一步思考如何在符合我国物权法立法理念的前提下解决宅基地使用权流转的问题。

最后,对现行宅基地使用权进行改造,赋予其完整的用益物权,实现适度的灵活运用,更符合现行制度的衔接,也更具制度适应性。然而,在制度设计层面上需要解决两个关键问题:一是如何保障农民的基本居住需求,维护农村社会稳定;二是如何平衡集体、农民个体和社会主体的利益诉求,确保各方的合理利益得到平衡。

第三节 “三权分置”下适度放活使用权的实现路径

基于上述讨论,在对适度放活宅基地使用权政策的深入分析后,应当着重从以下方面构建适度放活宅基地使用权的制度体系:一是宅基地权利主体处分权和收益权的回归;二是适度放宽宅基地使用权的流转范围和方式;三是探索宅基地及农民房屋的经营性功能扩展;四是探索宅基地使用权抵押的实现路径。

一、宅基地权利主体处分权和收益权的回归

（一）处分权能的回归

土地处分权是一个多维度的概念，包含了对土地进行转让、交易、租赁、股份化、抵押、担保、置换、继承甚至赠与等权利。这些权利在维护和确保财产权得以充分实现的过程中发挥着至关重要的作用。[1] 然而，目前由于宅基地使用权所负担的特殊政治和社会功能，宅基地使用权的权能仅限制在占有和使用两个方面，尚未能全面实现使用权的经济价值。因此，逐步解除对宅基地使用权益的限制，无疑是实现宅基地使用权经济价值的逻辑且现实的选择。浙江省义乌市的宅基地“三权分置”改革便是实践这一观点的有力案例。在该地区的改革中，集体和农民不仅被赋予了更大的处置权，通过整合激活宅基地资格权，更成功地激发了乡村振兴的活力。这些措施不仅可以促进农村发展，从而促进乡村新业态的兴起，也为释放土地的价值潜能提供了可能性，同时还能适应并回应社会经济的变迁，为乡村的经济转型提供了动力和空间。

（二）收益权能的回归

用益物权的核心元素包括使用和收益，其中收益权是土地产权众多权能的终极体现。然而在我国的相关法律法规中，尤其是《民法典》，对宅基地使用权和收益权的认识和关注存在明显的缺失，这在一定程度上限制了宅基地财产价值的释放和实现。在农村土地征收和房屋拆迁的过程中，往往只对宅基地上的房屋进行补偿，而对于宅基地使用权价值和发展权价值的经济补偿却往往忽视，从而在实际上剥夺了农民对宅基地收益权的明显体现。

---

〔1〕 参见贺雪峰:《三项土地制度改革试点中的土地利用问题》，载《中南大学学报（社会科学版）》2018年第5期。

土地发展权作为集体土地所有权的固有属性,其价值和权益不应被忽视。农民作为农民集体的成员,是宅基地实际使用权的重要主体。在衡量宅基地的收益体现方面,除了要充分考虑到村集体所有者的利益并给予农民集体(集体经济组织)相应的补偿,还应重视宅基地实际使用者即农民因土地效益损失所需要得到的经济补偿。因此,赋予宅基地使用权主体在土地征收补偿中的收益权,是符合公平和正义的考虑。

总之,为了实现宅基地的充分价值和保护农民的权益,在相关法律中应该更加重视对宅基地使用权和收益权的规定。在农村征地拆迁时,除了补偿房屋,还应该合理补偿宅基地使用权和发展权的价值损失,使农民能够获得应有的收益。这将有助于促进农村土地资源的合理利用和农村的可持续发展。

二、适度放宽宅基地使用权的流转范围和方式

在城乡资源要素日益频繁交换与互动的大背景下,对宅基地使用权主体的范围和获取方式进行人为的限制,特别是仅将其对象限定为本集体内部成员之间的封闭性使用和交易,将无法充分发掘和利用宅基地使用权的潜在经济价值。为此,在政策制定和实施中,应当逐渐放宽对宅基地使用权主体的限制,扩大其覆盖范围和获取方式。

除了根据资格权确定的集体经济组织成员可以从本集体经济组织获取宅基地初始使用权,我们还应该考虑允许非本集体经济组织成员参与到宅基地的使用权流转中来。以安徽省旌德县为实践案例,该地区在宅基地使用权受让人的范围上进行了创新性的突破,打破了本集体范围的限制,允许持有农村户口的非村集体成员作为使用权受让人。更进一步来说,我们应当考虑允许非本集体经济组织成员通过各种流转方式从农民手中获取宅基地使用权,并允许这些使用权在第三方主体之间进一步流转。

这种政策变革不仅可以有效地解放和提升宅基地使用权的经济价值,也有助于打破传统的土地使用模式,激发乡村经济发展的活力和潜能,为

推动我国乡村振兴和农村改革开辟新的道路。我们应当在政策上创新,充分活化宅基地使用权的经济价值。逐步放开宅基地使用权主体的范围和获取方式,包括允许非本集体经济组织成员之间进行宅基地的流转以及非本集体经济组织成员通过流转方式从农民手中获得宅基地使用权。这种政策上的改变可以促进资源利用,有助于更有效地进行城乡整合,从而推动农村经济的发展。

我国现行的法律制度,包括《土地管理法》和《民法典》在内的法律法规,并未明确禁止宅基地使用权在本集体经济组织内部进行转让。在这样的法律背景下,宅基地使用权的跨集体转让应当被视为适度放活宅基地使用权的重要组成部分。

在现实生活中,存在许多农户因结婚、分户等原因,对申请宅基地有着迫切的需求。然而,他们可能面临本村集体无可分配宅基地的情况,或者因为同一集体经济组织成员无意愿转让,或者因为虽有转让但所要求的价格过高等问题。这些因素使得原本有资格无偿从集体申请宅基地的人群无法实际享受到宅基地使用权。在这种情况下,跨集体经济组织购买宅基地使用权可能成为解决基本居住需求的一种可行策略。通过开放跨集体转让,不仅可以帮助这部分人群解决基本居住问题,同时也有助于更有效地活化宅基地使用权,并进一步释放其潜在的经济价值。

综上所述,《土地管理法》和《民法典》并未明确禁止宅基地使用权的跨集体转让,我们应认识到这一方式对于实现农户基本居住需求的潜在重要性。为了充分活化宅基地使用权,我们需要在政策上进行深入思考,以适应不断变化的实际需求,进而更有效地满足农户的基本居住需求。

三、探索宅基地及农民房屋的经营性功能扩展

宅基地具备生产与居住的双重功能。一方面,它为农村庭院经济和家庭作坊等提供了场所,可以用于支持农村的经济活动。另一方面,它也为农民提供了住所。在传统农业社会中,宅基地的居住和耕作功能是合二为

一的。在现阶段,农村存量建设用地主要指的就是宅基地,它在农村二、三产业的发展中扮演着重要的角色。但很长一段时间以来,宅基地的用途受到制度的严格限制,仅限于农民的居住使用,无法充分发挥宅基地的财产功能。通过“三权分置”改革的实施,宅基地的使用权范围得到了扩大,一些符合条件的宅基地和农民的住房可以被扩展为经营性用途。这种做法有利于推动农业新产业和新业态的发展,促进农村一、二、三产业的融合,实现乡村振兴。

(一)允许农户利用存量宅基地及房屋从事经营性活动

目前的法律规定,在依法取得宅基地使用权后,不得随意改变宅基地用途,须在批准的宅基地上建造住宅。然而在实践中,大量宅基地已经被用于商业经营,特别是在城市建成区和郊区。事实上,活化闲置的宅基地并用于发展乡村新产业和新业态,是完全符合乡村振兴战略的目标。[1] 仅仅将宅基地限制为住宅用途无疑是忽视了其财产功能的重要性。因此,无论是农户在自己的宅基地上进行商业活动,还是通过放活使用权流转后由其他社会主体进行商业活动,都需要扩展宅基地的经营功能。

各地的试点经验表明,利用宅基地和建筑进行商业活动可以有效增加农民的财产性收入。例如,大理市银桥镇对宅基地进行商业利用的实践相当广泛,据初步统计,目前银桥镇共有 103 户客栈经营户和 90 户餐饮经营户。[2] 这样的宅基地利用模式,一方面活化了闲置的宅基地和房屋,有效促进了乡村经济的发展和农民收入的增加;另一方面实现了土地使用权与宅基地权利体系的分离。因此,在放活宅基地使用权的同时,我们还需要将其用途扩展到商业、旅游等经营性用途。

首先,将宅基地用途扩展到经营性用途,并不与中央政策严格实行土地用途管制的原则冲突。关于“严格实行土地用途管制”的中央政策文件

---

〔1〕 参见宋志红:《宅基地“三权分置”的法律内涵和制度设计》,载《法学评论》2018 年第 4 期。

〔2〕 参见刘圣欢、杨砚池:《农村宅基地“三权分置”的权利结构与实施路径——基于大理市银桥镇农村宅基地制度改革试点》,载《华中师范大学学报(人文社会科学版)》2018 年第 5 期。

的精神应被理解为,只有基于其成员身份获取的宅基地使用权才应在规划许可的范围内用于建设住宅和其他附属设施,而不能用于商品房的开发和建设等。至于农户自己建造的房屋和附属设施,其实际使用用途不应仅限于居住。在“一户一宅”和面积法定的约束下,改变宅基地和房屋的用途并不会对集体土地利用制度造成实质性冲击。当前,我们应该更加重视村庄规划,规范并监督农民宅基地的使用和流转,以促进宅基地使用权流转市场交易行为的健康发展。[1]

其次,必须注意到宅基地商业用途的限制。我们需要正确理解中央政策文件的精神,区分对于存量和增量宅基地的用途管制。对于存量宅基地和农民住房的商业利用,应严格遵守村庄规划,按照合理布局的原则进行,不得对周边农户的正常生活造成不利影响,同时,还应加强安全管理,比如消防和防疫等。

最后,对于变更用途的宅基地和房屋,应由集体进行统一管理。一方面,宅基地和房屋的商业化会带来农户财产收入的增加,但也会增加村庄在垃圾处理、给排水等公共服务方面的负担。另一方面,比如乡村旅游、休闲养生等经营活动均依赖于乡村特有的人文和自然资源,如果缺乏统一管理,就可能导致经营活动的无序发展。此外,集体应按照一定比例收取公益调节金,这样既可以用于弥补公共服务负担的增加,也可以用于向集体成员进行利益分配。

(二)探索宅基地使用权向集体经营性建设用地使用权的转换

农村宅基地作为一种稀缺资源,其分配和配置应理所当然地采用市场机制。[2] 为宅基地赋予生产经营性功能将有助于全面实现其财产功能。然而,农村宅基地所展现出的特性,比如单块面积小、分布零散以及“权微利薄”的特点,[3]使得将其直接纳入建设用地市场进行交易的实践意义有

[1] 参见汪晖、陶然:《中国土地制度改革难点、突破和政策组合》,商务印书馆2013年版,第119页。
[2] 参见吴九兴:《中国农村宅基地制度演进的逻辑研究》,载《农业经济》2017年第9期。
[3] 参见陈明:《农村宅基地财产权实现的法律创新》,载《中州学刊》2018年第5期。

所缺失。因此,探索宅基地使用权依法转换为集体经营性建设用地使用权,并由成员集体统筹整合成更大的经营实体,有着重要的理论价值和实践意义。在这一过程中,必须确保转换活动符合土地使用的规划和管制要求,以便在保护农村宅基地原有功能的基础上,推动集体建设用地对外流转,发挥其更大的经济效益。

1.宅基地使用权向集体经营性建设用地使用权转换的必要性。探索宅基地使用权向集体经营性建设用地使用权转换对于盘活农村闲置宅基地、实现宅基地的集约化利用有着重大实践意义。首先,此类转换机制有助于大幅提升集体建设用地流转的效率。集体建设用地主要由集体经营性建设用地、宅基地以及集体公益性建设用地组成。然而,在我国的农村地区,大约80%的地方并没有集体经营性用地,宅基地成为了集体建设用地的主体。过分强调经营性建设用地的出让在实际中并不具备普遍意义。其次,闲置的存量宅基地和房屋已经失去了其原本用于农民居住的功能,将其转换为经营性建设用地并不会对宅基地的保障功能产生消减。通过有偿收回闲置或超标使用的宅基地,并将其依法转化为集体经营性建设用地,使其能够进入建设用地市场流转,既可以实现成员集体的统筹利用,实现规模效应,又能避免直接将宅基地使用权投入市场导致的潜在风险。最后,将宅基地使用权转换为经营性建设用地使用权并进入交易市场,这一策略可以避免宅基地使用权直接入市对现有建设用地制度的冲击,有效降低改革的成本。其中一种常见的做法是将复垦、腾退节约的建设用地指标通过支付对价的方式转换为国有建设用地。值得注意的是,这些做法虽然让农民可以获得相应的补偿,但这种转换过程实际上对集体所有权造成了实质性的侵犯。

综上所述,通过合理的法律程序和政策设计,依法将宅基地使用权转换为集体经营性建设用地使用权,并由成员集体统筹整合,既能实现规模效应,又能避免制度冲击和对集体所有权的侵害,这为解决农村宅基地问题提供了一种可能的路径。同时,这也强调了在进行农村宅基地改革时,必须兼顾保障农民的居住和经济利益，防止过度市场化导致的问题。

2. 宅基地使用权向集体经营性建设用地使用权转换的方式。在宅基地使用权向集体经营性建设用地使用权转换的过程中，转换的对象包括经复垦或闲置的宅基地以及超出标准使用或由农户主动退出的宅基地。这种转换可由成员集体通过统筹调整节余的宅基地来实现，目的在于达到连片成块利用，在满足土地利用总体规划的前提下，经由县级人民政府审核批准转换为经营性建设用地。同时，集体成员也可以将复垦、腾退的宅基地折算为相应的经营性建设用地指标，用于参与市场流转。

在统一的城乡建设用地交易市场或集体产权交易市场中，经过转换的集体经营性建设用地可进行公开交易。这种交易不是直接在农户与其他社会主体之间进行，而是其他社会主体通过公开有偿方式从农户或成员集体处获取建设用地使用权。根据试点经验，集体和农户也可以将节余的建设用地指标作为交易对象。经过这样的流转后，宅基地失去了原有的福利分配属性，而是根据集体建设用地的使用年限和价值，实行市场竞价有偿获取，并有期限地使用。[1]

流转所获得的收益，在集体统筹利用的情况下，由成员集体在扣除复垦费用、收回宅基地及房屋支付的对价等必要费用后，剩余的费用在集体成员之间进行分配。在农户参与流转的情况下，农户需要将一部分流转收益作为指标调节金，以保护集体所有权。

总的来说，集体通过对零散的宅基地进行统筹调配，经批准后这些宅基地转换为经营性建设用地，依据“同等入市、同权同价”的原则，进入土地一级市场进行交易。这种方式既能有效缓解城镇化进程中的建设用地需求，又能确保集体、成员以及其他社会主体的利益均得到满足，在满足新型城镇化需求的同时，也保障了农民的利益，推动了农村经济的可持续发展。

---

〔1〕参见韩立达、王艳西、韩冬：《农村宅基地“三权分置”：内在要求、权利性质与实现形式》，载《农业经济问题》2018 年第 7 期。

3. 对于宅基地使用权向集体经营性建设用地转换的限制。将宅基地使用权引入集体产权交易市场,从而实现土地流转,对于城乡统一建设用地市场的培育和发展具有重要的促进作用。然而,由于土地资源的特殊性,比如缺乏有效规划市场可能会失灵,集体经营性建设用地同样不能独善其身。因此,对于转换后的集体经营性建设用地进入市场,必须设定相应的限制措施。

一方面,对于诸如炒房、炒地等非理性经营行为,可以通过税收来调节农村土地市场,以维护城镇商品房市场的正常秩序。如前文所述,利用集体经营性建设用地来建设租赁住房,可以有效地保障城市住房供应数量,对于抑制过高的房价具有积极的影响。然而,这种住房保障应以构建城市住房租赁市场为主,不得用于从事商品房的开发和建设,否则将对我国现有的商品房市场产生巨大的冲击。另一方面,必须禁止“小产权房”、超标占用等违法违规的宅基地使用权转换为集体经营性建设用地。集体应依据相关法律、法规,收回这些违法违规的宅基地使用权作为节余的宅基地指标。同时,虽然农户在权利转换后退出了宅基地使用权,但其在集体内的成员权并未丧失,农户的权利应根据集体成员权制度进行调整。当集体经营性建设用地的流转期限届满后,其并不能经收回而直接转变为宅基地使用权。

总的来说,实现农村宅基地使用权的市场化流转,需要一个综合性、动态的管理框架,确保农户、集体和其他社会主体的利益得到平衡保护。因此,有效防止市场的非理性行为,保障农村土地市场的健康运行,这对于推进农村土地制度改革,实现城乡统一的建设用地市场具有重要的理论和实践意义。

四、探索宅基地使用权及农民房屋抵押的实现路径

宅基地具有资源、资产和资本三大功能,其中,资本功能是指其具有的

土地融资功能。[1] 然而,在实际中,由于其福利性和社会保障功能,宅基地使用权的流转受到了限制,很难将其作为金融机构的抵押品。[2] 尽管如此,通过抵押实现宅基地的融资功能,仍是扩大农民财产性收入的最直接途径。无论是学界还是实务界,都对激活宅基地使用权和农民房屋抵押的行为有着强烈的期待。宅基地“三权分置”改革为宅基地使用权和农民房屋财产权的抵押提供了制度性的机会。

(一)现行宅基地使用权及农房抵押的立法梳理

在当前立法体系中,明确规定了宅基地不可用于设定抵押。[3] 一些学者指出,在现行的法律和政策框架下,宅基地使用权流转受到严格的限制,农民尽管拥有农村房屋的所有权,但其财产权无法得到有效的实现。实际上,农民房屋所有权的“虚有其表”与宅基地使用权的“僵化”导致资源配置无法优化,严重阻碍了城乡发展的一体化。[4]

对于宅基地使用权是否可以单独设定抵押,在《民法典》的立法过程中,曾产生过争议。[5] 最终,《民法典》明确了包括宅基地在内的集体所有的土地使用权以及农民住房财产权均不得抵押。抵押作为民法上的一种处分行为,法律明确规定宅基地使用权不得抵押,在这种情况下,农民住房财产权是否可以抵押成为了学者们关注的焦点和司法实践应回应的难题。[6] 有学者认为,根据《土地管理法》第 62 条第 4 款的规定,农民出售、出租房屋后不得再申请使用宅基地使用权,既然农民住房转让得到了

---

〔1〕 参见中国社会科学院农村发展研究所宏观经济研究室:《农村土地制度改革:国际比较研究》,社会科学文献出版社 2009 年版,第 168 页。

〔2〕 参见阎庆民、张晓朴:《农村土地产权抵质押创新的实现路径》,中国经济出版社 2015 年版,第 144 页。

〔3〕 参见《民法典》第 399 条。

〔4〕 参见钟三宇:《困境与革新:宅基地使用权抵押融资的法律思考——以宅基地使用权的物权属性为视角》,载《西南民族大学学报(人文社会科学版)》2014 年第 11 期。

〔5〕 参见王利明:《我国民法典物权编中担保物权制度的发展与完善》,载《法学评论》2017 年第 3 期。

〔6〕 参见焦富民:《农业现代化视域下农民住房财产权抵押制度的构建》,载《政法论坛》2018 年第 2 期。

法律认可,那么农民住房抵押并无法理障碍。[1] 然而,基于“房地一体”的原则,如果允许农民住房抵押,很可能会诱发以抵押、转让为名的变相抵押情况。

虽然《民法典》对于农民住房是否能够抵押并未作出明确规定,但根据对《民法典》的体系解读,我们不难得出农民住房不得抵押的结论。根据“房地一体”原则,由于宅基地使用权不能设定抵押,因此宅基地上建造的房屋也无法成为抵押权对象。同时,由于宅基地使用权制度的特殊性,《民法典》仅宣示性地规定了其法律属性为用益物权,并引入《土地管理法》的相关规定,规范宅基地使用权的行使等具体制度。《土地管理法》明确了农民仅能根据实际的居住需求利用宅基地建造住宅,并未明确允许农民利用宅基地上建造的房屋实现财产性利益。

事实上,《土地管理法》第 62 条第 4 款的规定已经明确了宅基地上房屋仅供农民居住之用,不得进行用途的改变。因此,在现实层面,允许农民住房财产权设定抵押也将面临现实的障碍。由于宅基地使用权的自由流转受到法律、政策的严格限制,即使允许利用农民住房设定抵押,也将面临抵押权实现通道受阻的问题。

(二)宅基地使用权及农房抵押的政策梳理

农房作为农民享有法定所有权的资产,理应能自由行使其支配权。然而,由于宅基地使用权的交易受到限制,农房的财产性权益也遭遇了显著的阻碍。这不仅淡化了宅基地使用权及其上的房屋所具备的资产属性和融资功能,也削减了农民通过它们获取财产性收入的途径。

为了解决这一问题,2013 年党的十八届三中全会通过的《中共中央关于全面深化改革若干重大问题的决定》提出“慎重稳妥推进农民住房财产

〔1〕 参见胡茂清:《农民住房财产权抵押贷款的困境与破解》,载《太原理工大学学报(社会科学版)》2018 年第 4 期。

权抵押、担保、转让”,首次提出了“农民住房财产权”的政策概念。[1] 此后,中央一号文件连续强调推进农民住房财产权抵押工作。2015 年,《国务院关于开展农村承包土地的经营权和农民住房财产权抵押贷款试点的指导意见》(以下简称《两权抵押意见》)建议在坚持“房地一体”的基础上,放开宅基地使用权的抵押限制,并明确指出在设立农民住房财产权的抵押时,宅基地使用权和住房所有权应一同抵押。[2] 2016 年,《国务院关于深入推进新型城镇化建设的若干意见》提出稳步开展农村承包土地的经营权和农民住房财产权抵押贷款试点。从政策的持续推进和强化可以看出,“农民住房财产权”的表述趋于稳定,其内涵与外延被界定为农民依法享有的宅基地使用权及农民自有房屋所有权的集合。[3]

为实现《中共中央关于全面深化改革若干重大问题的决定》提出的农民财产性收入倍增的目标,必须对宅基地使用权的物权属性给予认可,从而保障农民权益。对于宅基地使用权作为特殊的用益物权,其不得用于设定抵押的规定严重限制了其物权属性的体现。这一限制阻碍了宅基地使用权市场价值的实现,也导致农民房屋不能作为融资资产。宅基地使用权的抵押对新型城镇化建设、农民财产性收入的增长以及城乡统筹发展都具有积极影响。

总的来说,通过合理的制度设计,适度放开宅基地使用权的抵押,不仅可以在保障农村社会稳定的前提下拓宽农民的融资渠道,还能有效实现农民的财产性收入增长。因此,实施农民住房财产权的抵押,将有助于推动农村经济的健康发展,更好地保障农民的合法权益。

---

[1] 参见《中共中央关于全面深化改革若干重大问题的决定》,载中国政府网,https://www.gov.cn/zhengce/2013-11/15/content_5407874.htm。

[2] 参见《国务院关于开展农村承包土地的经营权和农民住房财产权抵押贷款试点的指导意见》,载中国政府网,https://www.gov.cn/zhengce/content/2015-08/24/content_10121.htm。

[3] 参见《国务院关于深入推进新型城镇化建设的若干意见》,载中国政府网,https://www.gov.cn/zhengce/content/2016-02/06/content_5039947.htm。

(三)宅基地使用权及农房抵押的制度构建

在“房地一体”思路下进行宅基地使用权及农民住房财产权抵押制度建构,推进宅基地使用权及农民住房财产权抵押,能够有效拓宽农民的融资渠道,要着重做好以下制度设计。

1. 明确宅基地使用权及农民住房财产权抵押的前置程序。首先,在构建农民住房财产权抵押制度的过程中,首要的环节是明确农民集体或集体经济组织的同意为前置条件。根据《两权抵押意见》和《农民住房财产权抵押贷款试点暂行办法》(以下简称《住房财产权抵押暂行办法》)的规定,抵押增值收益的分配方式及比例的确定必须得到农民集体的同意,但该规定并不包括农民住房财产权抵押。由于宅基地使用权是基于农民集体成员资格而无偿授予农户的,因此集体对于农民用于流转的宅基地使用权获取的增值收益有权参与分配。此外,在抵押权实现过程中,非集体组织成员需与农民集体签订合同,以便于持续利用宅基地使用权,并应明确其支付的受让对价中的宅基地使用权的价值。前置程序的设定有助于明确集体与成员间的分配比例和方式,方便抵押权的实现以及保障集体的合法权益。

其次,抵押的基本前提是不能违反农民的基本住房保障。《两权抵押意见》以及《住房财产权抵押暂行办法》均明确要求“保障农民基本居住权利”是金融机构实现抵押权的前提条件。虽然这一前置条件有利于防止农民在抵押权实现后流离失所,但这一限制条件与宅基地“三权分置”政策目标即实现农民财产性收入倍增的目标存在明显的冲突。这一限制条件不仅削弱了现代农民作为“理性经济人”的地位,也违背了现代民法平等精神的原则。[1] 即便在农民仅有一处住房的情况下,也可以通过对农民住房财产权抵押制度的设计保障其基本的住房权益。

综上所述,对农民住房财产权抵押制度的构建应兼顾农民集体权益、

〔1〕 参见焦富民:《农业现代化视域下农民住房财产权抵押制度的构建》,载《政法论坛》2018 年第 2 期。

保障农民基本住房权利，并有效激发农民住房财产权的价值功能。而《两权抵押意见》以及《住房财产权抵押暂行办法》等相关规定的实施和优化，能为农民住房财产权抵押制度提供有效的参考与指导。

2. 明确抵押率。首先，在构建农民住房财产权抵押制度时，需要确定农民住房的市场价值，这是办理抵押的前提条件。实践证明，当宅基地和农户的价值评估公平、科学时，农户办理住房财产权抵押的意愿更加强烈。〔1〕 然而，长期以来宅基地使用权的不可流转导致在办理农户房屋财产抵押过程中，宅基地使用权的价值缺乏科学的评估标准。一些试点地区采用了“一权一议、一块一定”的分散定价方式。因此，在落实宅基地“三权分置”改革的过程中，可以借助集体产权平台的建设，综合考虑宅基地所处的地理位置、地区经济发展水平等因素，确定区域内宅基地的基准地价。

其次，需要合理设定农民住房的抵押率。抵押率的设定应兼顾降低抵押权无法实现的风险，同时为抵押人预留部分变价款以保障其居住权利。〔2〕 虽然在宅基地“三权分置”改革后，宅基地使用权的市场流转不再受到本集体经济组织成员的限制，大大降低了抵押权实现的风险，但是考虑到现有农民住房财产权市场价值评估体系的不完善，以及农地产权作为抵押物固有的弱质性，设定合理的抵押率仍然是化解金融风险的有效手段。〔3〕

因此，在建立农民住房财产权抵押制度时，需要确保农民住房的市场价值能够被科学评估，可以借助集体产权平台的支持来确定基准地价。同时，设定合理的抵押率，既要降低风险，又要保障抵押人的居住权利，这将有助于促进农民住房财产权抵押制度的健康发展。

3. 抵押权的实现机制。在抵押权的实现机制方面，需关注以下几个方

---

〔1〕 参见何格、张绍阳、陈明红：《农民住房财产权抵押意愿影响因素——以成都市温江区为例》，载《农村经济》2016 年第 3 期。

〔2〕 参见高海：《论农民住房有限抵押》，载《中国农村观察》2017 年第 2 期。

〔3〕 参见中国人民银行眉山市中心支行课题组：《金融创新视角下的农村产权融资法律制度研究——基于农村“两权”融资实践引出的法律问题研究》，载《西南金融》2018 年第 2 期。

面的问题。首先,受让人的限制和优先购买权。《住房财产权抵押暂行办法》规定,农户住房财产权的受让人应受相关法律法规和国务院规定的限制。然而,将农民住房的受让人仅限定为本集体内部成员,会大大降低宅基地使用权的价值,增加抵押权人的变现难度,从而放大抵押风险。在宅基地“三权分置”改革的背景下,农户的宅基地使用权经过集体成员权的构建变为纯粹的用益物权,农民依法享有相应的处分权。非本集体成员的其他社会主体(包括法人、自然人和其他组织)应该能够通过竞拍方式获取农民房屋所有权和相应的宅基地使用权。同时,本集体的其他成员应享有对流转的宅基地使用权和农民房屋的优先购买权。

其次,集体回购程序的设置似乎是不必要的。有观点认为,为了保护集体公有制不受侵害,同时避免本集体内部成员购买欲望不强的情况,集体经济组织可以以合理的市场价格回购宅基地使用权。[1] 尽管这种观点可以最大限度地保障宅基地在本集体内部的流转,但集体公有制的实现是以集体所有权得到妥善保障为前提的。宅基地“三权分置”改革实现宅基地使用权的流转,并不会导致集体公有制受到冲击,因为流转的只是一定期限内的宅基地使用权,并不改变集体的所有权。此外,主张集体回购的观点也忽略了集体回购意愿和经济能力的实践意义。

因此,在抵押权的实现机制构建上,应该允许非村集体成员参与竞拍农民房屋所有权和宅基地使用权,同时也应给予村集体成员优先购买权。需要注意的是,集体回购的程序设置似乎是不必要的,应重点保障集体所有权的稳定,并充分考虑集体回购的意愿和经济能力。这些制度设计有助于促进农民住房财产权抵押制度的完善与发展。

---

〔1〕 参见胡茂清:《农民住房财产权抵押贷款的困境与破解》,载《太原理工大学学报(社会科学版)》2018 年第 4 期。